EL SEXO DE LAS MADRES

SONIA ENCINAS

EL SEXO DE LAS MADRES

Sobre **gozar** y **criar** en este sistema

Rocaeditorial •

Primera edición: abril de 2025

© 2025, Sonia Encinas
© 2025, Roca Editorial de Libros, S. L. U.
Travessera de Gràcia, 47-49. 08021 Barcelona
Ilustraciones de las pp. 49 y 50: © María López Creative
Ilustración de la p. 108: © Shutterstock

Roca Editorial de Libros, S. L. U., es una compañía de Penguin Random House Grupo Editorial que apoya la protección de la propiedad intelectual. La propiedad intelectual estimula la creatividad, defiende la diversidad en el ámbito de las ideas y el conocimiento, promueve la libre expresión y favorece una cultura viva. Gracias por comprar una edición autorizada de este libro y por respetar las leyes de propiedad intelectual al no reproducir ni distribuir ninguna parte de esta obra por ningún medio sin permiso. Al hacerlo está respaldando a los autores y permitiendo que PRHGE continúe publicando libros para todos los lectores. De conformidad con lo dispuesto en el artículo 67.3 del Real Decreto Ley 24/2021, de 2 de noviembre, PRHGE se reserva expresamente los derechos de reproducción y de uso de esta obra y de todos sus elementos mediante medios de lectura mecánica y otros medios adecuados a tal fin. Diríjase a CEDRO (Centro Español de Derechos Reprográficos, http://www.cedro.org) si necesita reproducir algún fragmento de esta obra.
En caso de necesidad, contacte con: seguridadproductos@penguinrandomhouse.com.

Printed in Spain – Impreso en España

ISBN: 978-84-19965-21-9
Depósito legal: B-2643-2025

Compuesto en Grafime, S. L.

Impreso en Liberdúplex
Sant Llorenç d'Hortons (Barcelona)

RE 65219

*A las compañeras y amigas que han aportado
su sabiduría y luz a este libro cuando el camino
se me hacía demasiado oscuro.
A todas mis comadres, por ser una tabla de salvación.
A mi pareja, por hacer malabares para sostenerlo todo durante
mis periodos de aislamiento creativo.
A mi hijo, por ser mi pequeño maestro.*

ÍNDICE

Notas de la autora 15
Primer ataque de ansiedad 21
Carta a todas las mujeres del mundo 25

1. El sexo a. C. (antes de la Criatura) 27
Que nada cambie, por favor 29
Disfrutar del sexo durante el enamoramiento. 33
Disfrutar del sexo durante el amor maduro 41
Descubrir el estímulo para gozar (antes de ser madres) . . . 45
Habitar el cuerpo para encontrar el placer 56
Cultivar un sexo gozoso. 60
Empezando el viaje. 63

2. Un embarazo erótico 67
Eres pura abundancia sexual 73
Desconectadas de nuestra fertilidad 76
La búsqueda del embarazo. 78
Rehabilitar el útero espástico 83
Corporalidad, gordofobia e influencia en el autoconcepto . 88
Los cambios físicos también son parte de nuestra
   sexualidad. 90
Deseo sexual y sexo durante el embarazo. 94
El potencial orgásmico del embarazo 103
Beneficios del sexo durante el embarazo. 105

Repensar el mapa erótico 107
Influencias en la vivencia sexual 113

3. El parto es un acto sexual. 118
Mi parto merece ser narrado 118
Entender el sexo después del parto 124
La sexualidad es movimiento 126
Un hito en nuestra historia sexual 128
Acompañar un parto es observar el origen de la humanidad . 132
El relato de Ana 137
Tu parto merece ser narrado 141

4. El posparto es parte de nuestra sexualidad 143
Aterrizar en el posparto 145
Tener o no tener ganas 147
Cuando pasa la cuarentena 148
El sexo no se da por hecho 151
Sexualidad maternal o perinatal 158
La maternidad es sexual en esencia 161
No se habla del sexo de las madres 164
Conocimiento versus sabiduría sexual 165
Anticipar la decadencia sexual 169
La profecía sexual autocumplida 173
Dónde quedó el deseo por la pareja 177
El foco sexual está desplazado 180
La lactancia es (otro) acto sexual 184
Y llegó el destete, ¿final o principio? 201
Recuperar la ovulación, ¡no todo son hormonas! 209
Menstruar cuando eres madre 222
La crudeza del cuerpo puérpero 231
¿Dormir o follar? ¿Colechar? 239
Recuperas el espacio, ¿y el deseo? 246

La revolución sexual masculina 254
Los trece pasos para la vivencia plena de tu sexualidad . . . 264
Hacer el humor: la reconquista 289
El puerperio libidinoso. 292

5. El sexo d. C. (después de la Criatura) 299
El despuerperio 302
Tu sexualidad cambia como cambias tú 305
Sexo y amor son idiomas distintos 309
Separarse no es un fracaso 315
Hay vida (y sexo) después del posparto 318
¿Cómo viven las madres el sexo? 332
La cantidad de sexo no refleja la salud de tu relación. 342
No es mejor tener más deseo que tener menos 345
El mayor problema sexual es el sistema 346
Sexo gozoso tras años de relación 350
Desplantes radicales para conquistar el buen vivir 365

Epílogo. Vamos a ponérnoslo fácil 373

La ordenación patriarcal de las cosas se mantiene reduciendo la sexualidad a la genitalidad, puesto que una de sus principales premisas es la de atajar toda la sexualidad espontánea que no sea falocéntrica, coital y adulta. Así es como se sustrae la maternidad de la vida sexual de la mujer, dejando en manos de la medicina las manipulaciones necesarias para hacer funcionar su fisiología sin libido.

> Casilda Rodrigáñez Bustos y Ana Cachafeiro,
> *La represión del deseo materno
> y la génesis del estado de sumisión inconsciente*

NOTAS DE LA AUTORA

Puede ser impactante descubrir que una madre tiene una vida aparte de sus hijos. Eso pensaba ahora, después de escribir en mi diario, mientras mi hijo retoza en el sofá recuperándose de su laringitis, y a mí, que quiero estar con él, me asaltan pensamientos de todo lo que querría estar haciendo ahora sin él.

La maternidad te conecta con tanta ambivalencia que, como no escuches a otras y pienses que solo te pasa a ti, crees que estás realmente loca. ¿Puede que si un día mi hijo lee lo que escribo le sorprenda encontrar a alguien con una vida más allá y más acá de él?

Las madres pueden ser absolutas desconocidas para sus hijos. Y está bien. Pero no lo son para otras madres.

No deja de sorprenderme cómo el discurso que se impone acerca de la sexualidad de las mujeres es que tienen menos deseo sexual. ¿Perdón? La vida sexual no está aparte. No podemos desconectar de la vida para tener sexo. Va todo juntito.

Quizá el problema no sea tu libido, ¿no?

Vives con la sensación constante de que no llegas.

Te pones el despertador, sales de casa corriendo y pasas un rato en el medio de transporte hasta tu trabajo.

Si eres madre, levantas, vistes, soportas alguna batallita, le das a tu peque un desayuno sencillo (pero nutritivo, ¿eh?), tú ni desayunas, preparas su almuerzo... y sales volando.

En el trabajo te esperan ocho o nueve horas en una silla, apagando fuegos, con la sensación de que no haces lo suficiente.

Quizá te quedas un rato más que no se te reconoce o quizá corres para recoger a tu peque (del cole, de casa de las abuelas, de una cuidadora).

Estás derrotada. Te tirarías en el sofá. Y no puedes. Siempre te queda algo pendiente. ¿Lavadora? ¿Deberes? ¿Un curso al que en algún momento te apuntaste?

Puede que tengas pareja y hagáis un buen equipo. O posiblemente no y veas que recae sobre ti mucho más trabajo de ese que no te valora nadie, pero que no puede dejarse sin hacer.

«Joé, tía, te rayas mucho», «Eres una loca de la limpieza», «Tú lo haces mejor», «Los niños quieren que les duermas tú», etcétera.

Muchos días estás harta y sueñas con irte a un resort SOLA. Es que ni con un/a amante fantasearías. O sí (pero que luego se vaya a su casa).

Es muy fuerte comprobar el porcentaje enorme de mujeres que a «¿Qué tal estás?» contesta «Cansada». Cansancio naturalizado. Cansancio crónico.

Otra pandemia.

¿Que dónde está la libido de las mujeres? Pues quizá en esa trigésima lavadora que no pusiste o en esa quincuagésima vez que no pensaste la lista de la compra o dormiste a tu peque o interpretaste las ganas de cariños como un coito en potencia. O quizá en esa ropa sucia que se pasó siete días tirada en el suelo. O en el polvo, pero el que no limpiaste.

Y no nos engañemos. Si alguna no está cansada o comparte su vida con alguien corresponsable, no significa que este problema no exista. Por cada *afortunada,* hay decenas de mujeres a su alrededor tremendamente desgastadas.

Lo veo cada día.

No podemos seguir hablando de deseo sexual sin contexto.

NOTAS DE LA AUTORA

No podemos hablar de libido sin espacio para el autocuidado. No podemos hablar de follar sin abordar antes la corresponsabilidad.
No es que las mujeres deseen menos.
Es que están hasta el coño.

He intentado escribir *para* todas. O quizá, demasiado ambiciosa, he querido escribir *desde* todas. He tratado de hacer malabares con el lenguaje, incluir todas las posibilidades, y hasta he temblado al darme cuenta de que presento una imagen de la maternidad y la sexualidad absolutamente sesgada por mi mirada de mujer feminista, heterosexual, que tiene una relación de pareja sólida, disfruta de una situación socioeconómica privilegiada y vive su sexualidad con mucho permiso, alegría y libertad. Y, aun así —ojo con caer en el romanticismo o la idealización—, una mujer que *tiene sus mierdas*.

Así que aquí hablo de mí y hago uso de las vivencias de otras mujeres y parejas a las que he acompañado durante todos estos años o que forman parte de mi entorno, protegiendo siempre su privacidad e intimidad. Sí, existen muchas diferencias entre unas y otras. Pero también existen infinidad de similitudes. ¡Y soy consciente de las muchas realidades que no puedo ver, aunque intente con mucho esfuerzo —y quizá no tanto éxito— tenerlas en cuenta! Así que estoy segura de que, aunque en las próximas páginas no todo hable de ti, algo sí lo hará. Quédate con lo que te pueda servir.

Ha sido muy interesante escribir este libro en tres tiempos entremezclados. Pero necesito que lo sepas: muchos de los textos, aunque han sido editados, fueron escritos durante mi propia experiencia en el embarazo y posparto. ¡Y menos mal! Porque desde el lugar en el que estoy ahora, cinco años después, he perdido el acceso a todos esos matices que, cuando releo, me parecen fascinantes. Parí en 2019, y considero que el posparto dura dos años. Mi posparto, por tanto, es relativamente reciente; sin embargo, el cambio de la vida sin hijo a la vida con el bebé fuera de mí fue tan drástico como ahora siento que ha sido salir del universo puerperal. Menudo viaje.

El segundo tempo fue empezar a revisar, corregir y redactar cuando salí de la etapa posparto, durante el *despuerperio,* mientras recuperaba algunos espacios en mi cuerpo, en mi mente y en mi día a día. Entonces el lenguaje puerperal aún me resultaba propio, lo sentía cerca, me interpelaba. Maticé algunos puntos de mis textos escritos en pleno posparto, porque cuando los leía me parecían demasiado absolutos y románticos. Es curioso, pero mi vivencia del posparto era mucho más amable que el relato que he generado después de esa etapa, que ahora me parece demasiado exigente y asfixiante.

No sé si a otras mujeres les pasará igual. Sospecho que sí, porque si algo he aprendido de la maternidad es que, incluso en aquellas emociones o pensamientos que más te avergüenzan, no estás sola ni eres rara. La maternidad es una experiencia universal. Han pasado cinco años, sí, pero aún estoy en pañales en esto de la maternidad, me veo como una impostora a veces. Una *mala madre,* otras. Siento que mi maternidad es a menudo una lucha por preservar mi individualidad, para no perderla en mi *yo madre.*

Y así es como llego al tercer tempo en el que está escrito este libro, ya pasado el *despuerperio.* Estos años he sentido emociones de rechazo e incluso miedo al posparto transitado, con actitudes de lucha por recuperar partes de mi yo anterior y espacios que antes tenía, pero ahora no. No sabría decir si en este periodo *despuerperado,* mi emoción protagonista es la frustración, la rabia o el *pormisantocoño.*

En este tercer tempo, he vuelto a revisar mis escritos para flexibilizarlos y convertirlos en una experiencia más inclusiva. Me he visto corrigiendo comentarios como «Parir nos hace poderosas», «Las madres somos la hostia» o «La sexualidad maternal nos conecta con la sabiduría sexual usurpada». He tenido que corregir cosas así, porque en pleno posparto me parecían verdades absolutas, dijera nadie lo que dijera. Pero ahora, fuera del colocón puerperal, dudo: por un lado, sé que fueron mi verdad y son la de muchas. Siento que, de veras, la experiencia maternal es una absoluta subversión del sistema y la sexualidad patriarcal —y aquí empieza la ambivalencia, porque esto es así siempre y cuando no nos sometamos, a lo que hay que oponer resistencia, lo que conlleva un coste en salud mental—; por otro lado, lo último que querría es trasladar la idea de que solo a través de la experiencia biológica maternal podemos recuperar la sabiduría sexual que el sistema nos ha usurpado a las mujeres. Ni de lejos —y de nuevo la ambivalencia que me lleva a enloquecer, porque escribo *ni de lejos* y siento que soy una *bienqueda* y una estafadora, pues una parte de mí sí cree que la experiencia biológica maternal es una vía única hacia esa sabiduría—.

¿Y por qué siento la necesidad de justificarme? ¿Por qué me resulta tan evidente que hay otras experiencias vitales —y también maternales— que te aportan aprendizajes únicos que yo no experimentaré y no puedo decir lo mismo de la maternidad biológica? Creo que es porque la maternidad biológica está colocada en una categoría de poder y prioridad mayor en la escala de la feminidad normativa. Es decir, el sistema espera de las mujeres que se reproduzcan y paran a sus criaturas. Y el resto de las experiencias femeninas y maternales han tenido que luchar y luchan por un reconocimiento y lugar, además de que, en algunos casos, conllevan duelos y dolor. Así que ¿qué tipo de persona sería yo si transmitiera el mensaje de que «Solo tú, madre que has parido, puedes acceder a una sabiduría ancestral que nos han robado hace siglos» a una mujer que desea atravesar esa experiencia y no puede? No me atrevo a responderme.

Estos tres tempos son, al fin y al cabo, tres partes que conviven en mí. Quizá es hora de que dejemos de fingir que no somos seres complejos e incoherentes. Quizá haya que dejar de asumir que existe en nosotras una única versión o que, de haberla, nuestra (mi) versión sea incompatible con otras versiones.

He procrastinado este libro. Me da miedo. Contiene mucha ambivalencia, lucha por contar *mi* verdad (que choca, reconozco, con otras verdades que conozco) y batallas entre razón, conocimiento y experiencia emocional. Con las vueltas y vueltas que ha dado este manuscrito, redactado con años de retraso y rascando ya horas a mis acompañamientos, a mi descanso, a mi vida familiar —¡y a mi hijo!—, y en plena desesperación por conciliarlo todo durante los meses de verano en los que eso de *conciliar* demuestra ser una absoluta ficción, es un honor que me acompañes. Solo espero que abras tu cuerpo a este viaje y que, a pesar del oleaje, te lleve al final a buen puerto.

Te pido disculpas de antemano si algo de lo que lees aquí te remueve, incomoda u ofende.

PERO ¿POR QUÉ A LAS MUJERES NOS CUESTA MÁS PEDIR PERMISO QUE PERDÓN?

PRIMER ATAQUE DE ANSIEDAD

Gloria, mi psicóloga, me ha dicho que renuncie a la idea de escribir este libro con *todo lo demás* ordenado. Hace justo un año que empecé a hacer terapia con ella, después de dos intentos con otras profesionales a las que terminé abandonando, muy seguramente por mis expectativas desajustadas de que alguien me *arreglara* (el malestar). A la tercera va la vencida, dicen.

Desde que soy madre, he conocido la ansiedad, una emoción que antes me era ajena. Recuerdo el día que sufrí lo que después supe que era un ataque de ansiedad. Enero de 2021: acabábamos de salir de casa después de unos días encerrados por la borrasca Filomena; mi hijo tenía diecisiete meses y estaba en plena fase de exploración bípeda del mundo. Casi un año después del primer confinamiento mundial por la covid-19, mi pareja dio positivo por primera vez en una prueba. Sergi estuvo confinado diez días —después volvió a trabajar— y nuestro hijo y yo —que no dimos positivo en ningún momento— tuvimos que permanecer en casa el doble de tiempo. Cada profesional al que llamaba, desesperada, me daba una pauta distinta. Parecía que el protocolo podía ser interpretado de distintas maneras, y *lo mejor* era que nos quedáramos en casa hasta pasar las tres semanas por si dábamos positivo en algún momento.

Hacía pocas semanas del destete total y coincidió con una época de noches horribles. Las peores que hemos pasado. Despertares entre llantos, rabietas de madrugada que duraban horas y mi convencimiento de que, si pasaba una noche más así, iba a enloquecer. Y luego, el día entero encerrados en casa. Así, semana tras semana. Tic, tac, tic, tac.

Una de las tardes que pasé sola con mi hijo, hacia el final, fue tal mi nivel de angustia y soledad —junto a la incredulidad por saber que Sergi podía salir a trabajar y nosotros, ni siquiera dar un paseo al aire libre— que, presa de la claustrofobia y el miedo a encontrarme *así* estando a cargo del peque, lo metí en el carrito, me puse la mascarilla FP2 y *me escapé*.

Mi sistema nervioso respondió a la altura de una huida de prisión con los cuerpos de seguridad pisándonos los talones. Ese día de enero hacía un frío que pelaba y debajo de la capucha, tras la mascarilla, rompí a llorar. Mandé un mensaje a mi pareja para que nos encontráramos a medio camino y, cuando lo hicimos, le dejé el carrito y le pedí que tiraran para casa. Yo iría, a mi ritmo, detrás. Mientras ellos se alejaban, las lágrimas congeladas sobre mi cara dieron paso a un hormigueo y, a continuación, a la paresia en la mitad del rostro. No recuerdo si fue el lado derecho o el izquierdo. Jamás me había pasado algo así.

Pedí cita (telefónica) *de urgencia,* mi médica estaba de baja, y un médico me llamó *a los dos días.* Me recetó diazepam. Lo tomé durante tres días, hasta que mi médica —madre de tres— se reincorporó y, un día antes de cumplir los veintiún días de encierro, me dijo que no compartía la pauta que nos habían dado, que era preferible salir a la calle y dar un paseo lejos de la gente que perder la salud mental, y nos dio el alta. Fue la primera vez que me topé de frente con la palabra *ansiedad,* pero no sería la última.

Decía que hoy mi psicóloga me ha dicho que tendría que acabar este libro en medio de todo el ruido, porque tener *todo lo demás* ordenado es una fantasía de control que responde a la ansiedad que me genera afrontar la escritura de este proyecto por el miedo a *fracasar.* Son tales las ganas que tengo de hablar sobre el sexo de las madres y tal la necesidad que existe de hacerlo —y la que tengo yo de hacerlo— que cada vez que me siento delante del teclado, me bloqueo.

Dos minutos antes de entrar a terapia, he hecho un esquema que describe lo que significa *todo lo demás*. Lo miro y siento una mezcla entre risa y compasión. En el esquema, yo estoy en el centro y unas cuantas flechas salen de mí para indicar mis ocupaciones. Ahora mismo, en mi cabeza, todo es El Libro. Por eso lo pinto por encima de mí. Pero en mi realidad, a mi altura y por debajo, está mi hijo en sus vacaciones de verano (gestión); mi pareja, siempre corresponsable, pero *justo ahora* recién operada por una lesión (gestión); mi perra, que sale tres veces al día y que justo ahora está con gastroenteritis (gestión); el orden y limpieza de mi casa, porque no puedo soportar otro estado, y menos cuando tengo que escribir (gestión y gran esfuerzo constante); mi casa en el campo, que es nuestro refugio de fin de semana y que para ir no solo necesitamos organización de compras semanales, sino que implica la faena propia de una casa que compramos hace un año (¡GESTIÓN!). Gestión es igual a carga mental. Y entremezcladas con todo esto están mis emociones cíclicas, de las que intento disociarme hasta que suben el volumen en mi cuerpo y desembocan en ansiedad.

Ahora leo y releo estas primeras páginas y siento miedo de escribir un relato sobre la maternidad que suene demasiado pesimista. Porque no creo que sea así.

Pero...

Las madres *gestionamos* demasiado y, a diferencia de los padres corresponsables —porque de los otros estamos a años luz y hablaremos después—, lo hacemos con la sensación de que nunca es suficiente. Nunca somos suficientemente buenas madres, ni buenas amas de casa, ni buenas parejas, ni buenas hijas, ni buenas trabajadoras. Y quizá, en algunos casos en los que me incluyo, lo laboral se convierte en ese lugar de validación en el que sabemos *bien* lo que tenemos que hacer.

Hace poco una amiga me decía que ella termina el día bastante más cansada cuando pasa las tardes sola a cargo de sus dos hijos que cuando le toca trabajar en turno partido.

Y con todo esto, las madres queremos follar y gozar.

¡Imagínate!

CARTA A TODAS LAS MUJERES DEL MUNDO

Niña, esta sociedad patriarcal duele y deja heridas. Está hecha a la medida de los Hombres de Verdad, que también padecen, pero no lo saben aún. Les contaron otra historia. Ellos están a por uvas. Uvas o billetes, ya sabes. Tú ten claro lo que es ser Mujer aquí para sobrevivir y, mientras creces, no pierdas nunca de vista el objetivo inalcanzable que debes alcanzar. Acuérdate de [escribe aquí el nombre de la mujer de referencia de la familia que se volvió loca, se quedó soltera o enfermó]. A ti no te pasará eso, porque te voy a enseñar cómo lo tienes que hacer. No hagas lo que hice yo, haz lo que yo te digo.

Paso número uno. Recuerda que tu valor reside en gustar a los hombres. En engatusarlos. Que uno te elija y se quede es una victoria. Luego deberás conservarlo. Aguantarlo.

Paso número dos. Lo mejor que te puede pasar en la vida es ser madre. No joven, porque perderás tu vida. No mayor, porque se perderá tu vida. Y tú serás una buena madre. Siempre has jugado con muñecos, carritos y biberones. Es que lo llevas en los genes. Una madre de las que no molestan y tienen criaturas que tampoco. Lo haréis fenomenal. No serás de las que se sacan la teta en cualquier sitio. Como en un autobús o en medio de un restaurante. Si el bebé llora es que todavía tiene que aprender modales. Si tú lloras... Tú no llores, acuérdate de [escribe aquí el nombre de la mujer de referencia de la familia que *enloqueció*].

Tú, la mamá perfecta, que perfectamente se queda en casa cuidando el bien más preciado de su vida mientras trabaja, perfectamente, fuera de casa al menos ocho horas. Venga, que tú puedes. Que las chicas de hoy lo tenéis todo, toda la información, y no te olvides, niña, de recuperar rápido tu peso anterior. Yo me he pasado la vida de dieta en dieta. Porque para ser bella (gustar, engatusar, conservar) hay que sufrir una *mijita*. Si pariste ayer, pero nadie lo diría, te aplaudirán y sacarán en portadas de revista como ejemplo —de aleccionamiento— para muchas. Ser madre es lo mejor que te puede pasar, pero que no se note. Tú mira hacia el frente y esfuérzate por acercarte lo máximo que puedas al estereotipo de belleza de hoy: madre que no ha sido madre; delgada, pero no enferma; con curvas, pero que no marean; tersa, pero que nunca se opera. Siempre simpática, pero no alocada; amable, pero no complaciente; atractiva, pero nunca indecente.

Tú lucha por lo importante: una pareja —hombre, que si no es vicio—, una carrera —que puedas adornar en una plataforma digital de empleo—, un trabajo —la más comprometida, si hay que repartir premios que nunca tocan—. Y se me olvidaba decirte que el sexo entra en el paquete. Algo así como una transacción de la que *tienes* que disfrutar.

Las chicas de hoy lo tenéis más fácil. Nosotras ni nos podíamos quejar. Pero si no te pones las pilas con esto, enseguida te cambian por otra. Acuérdate de [escribe aquí el nombre de la mujer de referencia de la familia a la que abandonaron].

Aunque las cosas han cambiado mucho ya.

Bueno, yo te digo lo que hay. Ahora haz lo que tú quieras.

¿Te han entrado ganas de follar?

1
EL SEXO A. C. (ANTES DE LA CRIATURA)

> El amor son dos soledades que se protegen, se tocan mutuamente y se saludan.
>
> Sigrid Nunez, *El amigo*

«El concepto de deseo materno provoca un cambio en nuestro universo semántico y simbólico, y un paradigma distinto de humanidad que incluye un paradigma de pareja distinto. [...] La unidad básica o pareja básica del tejido social humano no debería ser la sustentada por la libido coital, sino la que sustenta la libido materna. [...] Si en nuestras vidas y en nuestro universo simbólico no cambiamos el paradigma de pareja, creo honestamente que la humanidad no tiene salvación posible».[1]

---

1. Casilda Rodrigáñez Bustos y Ana Cachafeiro, *La represión del deseo materno y la génesis del estado de sumisión inconsciente,* Cañadas de San Pedro, Cauac Editorial Nativa, 2005.

Crecimos con la idea de que el sexo no era lugar para nosotras.

No para las «buenas chicas».

¿Y quién desea crecer sabiéndose en el saco de «las otras»?

Nos dijeron que...

ellos siempre buscaban sexo —sin excepción—,

que les apetecía siempre —sin excepción—

y que los tíos «son así» —todos—.

No había otra posibilidad.

Nos polarizamos entre películas románticas que nos enseñaban que ellos tenían la varita mágica para despertarnos el goce o la idea de que quizá nunca lo haríamos (o no igual) porque a nosotras el sexo no nos gustaba tanto, solo era una forma de satisfacerlos.

¿En qué momento aceptamos el discurso de no ser nosotras merecedoras de placer, de que no podemos disfrutar del sexo igual (o más)? ¿En qué momento decir «Me gusta el sexo» se convirtió en algo negativo si lo decíamos nosotras? ¿O en la percepción de un regalo para ellos? ¿O en algo que nos convierte en culpables?

Las que se salieron del raíl y no se compartieron con hombres cargaron a sus espaldas con la duda eterna de si habrían despertado alguna vez (porque solo un pene tiene el poder de hacerlo en este sistema).

Disfrutar del sexo, así, se convierte en un acto subversivo. Hacerlo solas, más aún. Hacerlo entre nosotras...

> *¡NI TE CUENTO! Resquebraja un sistema sexual que está obsoleto, podrido.*
>
> *Y cuando nos permitimos buscar el placer, cuando nacen las ganas de ir más allá, cuando podemos reconocer que también queremos disfrutar, que nos gusta hacerlo y que anhelamos compartirnos con cuerpos sedientos de aprender, que no tienen miedo a no saber porque confían en descubrirlo..., nos redibujamos en color, reaparecemos, nos encendemos, nos encontramos.*

Que nada cambie, por favor

Antes de ser madre, uno de mis mayores miedos respecto a la pareja era que nuestra forma de vivir la sexualidad cambiara. Así, en general, como si la sexualidad fuera algo estático que permanece en el tiempo, aunque nada más lo haga. Ahora me doy cuenta de que, en realidad, mis miedos eran más concretos. Anticipaba que los cambios que ocurrirían en la esfera sexual iban a impactar negativamente en mi relación de pareja. Había visto muchas veces lo que vivían otras parejas y cómo hablar de sexo generaba tensiones que se incrementaban con el paso de los años.

Me engañaba pensando que yo tenía recursos, que a mí no me pasaría igual. Que yo era una profesional. Pero me daba miedo (esto y otras muchas cosas que atribuía a la maternidad), porque nuestra cultura nos cuenta que el sexo en pareja siempre va a peor, y nos lo hemos tragado. Porque, aunque racionalmente entendamos que la satisfacción sexual no se mide cuantitativamente, tenemos grabado a fuego un número concreto de veces que hay que follar cada equis tiempo para ser normales. Así de claro.

Antes de aterrizar sin paracaídas en la experiencia *mapaternal* (sobre todo cuando lo hacemos por primera vez), damos por hecho que, con su llegada, la vida sexual irá a peor. Esto no ocurre solo en esta etapa, podemos extrapolarlo. Si revisamos creencias sexuales, es fácil que hayamos interiorizado que, con el paso del tiempo, el sexo en pareja monógama pierde gas. Es más, lo naturalizamos. Entonces, cuando la vida nos va pasando por encima y el sexo va bajando en la escala de prioridades hasta, a veces, desaparecer, le restamos importancia de boquilla: «Tenía que pasar», «Es lo que le pasa a todo el mundo». Luego, como es algo de lo que no se habla, porque nos sentimos juzgadas como pareja, nos reconcome por dentro el pensamiento opuesto: «Esto solo me pasa a mí». Sea como sea, la situación resta bienestar, crea conflictos en las parejas y termina siendo una bola de nieve que va creciendo y no sabemos cómo parar.

El deseo también es cultural. Y social. Con esto quiero decir que el problema de base es la poca y mala cultura sexual que tenemos, ya que nuestro imaginario sexual gira en torno a las prácticas sexuales, al coito, de hecho, y a la idealización de cómo tenemos que llegar a él (con esa libido desbordante que provoca hasta dolor físico de las ganas que tienes, que no puedas pensar en otra cosa, que prefieras follar antes que beber, comer o dormir). Y encima, creyendo que el impulso nace de la nada. Como si en ese «estado tan animal» —decimos—, que no es sostenible en el tiempo, no tuvieran nada que ver las fantasías que nos hemos montado. ¿Cuántas veces la libido se ha disparado y, después, el encuentro sexual no estuvo a la altura de la escena ideal que imaginabas una y otra vez y te tenía tan excitada?

La fantasía es el recurso.

Pero vivimos en pareja bajo mandatos castradores (también asumidos) y dejamos la fantasía de lado porque parece que está feo excitarte pensando…, imaginando…, viendo…, si tu pareja no es coprotagonista. Así que cerramos el grifo y apostamos todo a una: es mi pareja la que me tiene que excitar, con la que tengo que soñar, con la que tengo que practicar sexo y si, casualmente, me excito con una escena de ficción *random*, es con mi pareja con la que tengo que aprovecharlo.

Esto, justo esto que te cuento, es aprendido (cultural) y nos separa de disfrutar una vida sexual plena durante toda nuestra vida. Tenemos que abrirnos a la posibilidad que nos dan la fantasía y la imaginación y pensar en el sexo como algo maravilloso que practicar a solas, tener presente en nuestra cotidianidad y también disfrutar, a veces, en compañía. Pensar en sexo, fantasear con sexo, tener sexo con una misma… aumenta la posibilidad de gozar en pareja. Pero si no lo pensamos, no lo practicamos, no le damos importancia alguna…, las ganas no van a llegar solas.

¿Qué primeros pasos podemos dar?

- Identificar qué educación sexual he recibido y, por tanto, qué ideas y creencias tengo acerca de la sexualidad.
- Saber qué me gusta del sexo y qué querría disfrutar más.
- Comprometerme a abrir las compuertas informándome, formándome, leyendo, permitiendo la curiosidad y la exploración.
- Mucha mucha comunicación. Con una misma (reflexionando sobre el tema y, quizá, pidiendo ayuda profesional) y, por supuesto, en pareja.

> - Trabajar el permiso para poner límites. No tener sexo cuando no lo deseo (hacerlo por evitar el conflicto o por la otra persona), porque al pasarme por encima, me voy alejando poco a poco del bienestar sexual.

Durante mucho tiempo, temí los posibles cambios sexuales después de la maternidad. Pero cuando los cambios llegaron, me di cuenta de varias cosas:

- Todas partimos de la misma cultura sexual castradora. La diferencia está en el tiempo que llevamos intentando deconstruirla para dibujar una nueva. Y esto es un trabajo para toda la vida.
- Cuando tienes la información de lo que estás viviendo (la experiencia maternal y sus especificidades sexuales), te das más permiso para respetar tus ritmos y aparece menos la culpa.
- Con una buena comunicación en pareja, ganas de entenderse e intención de tejer juntas, no hay nada que temer.
- Puedes tener menos sexo, pero no por ello perder satisfacción sexual.

La sexualidad es dinámica, dejemos de exigirle ser siempre la misma para poder disfrutarla más.

Disfrutar del sexo durante el enamoramiento

«Follo, luego existo».

El sexo tiene el poder de hacernos sentir vistas.
Un chute de existencia refutada.
Me ven, me tocan, me desean.
Luego existo.
En una sociedad frenética en la que nos rodeamos de personas a las que no vemos y de ojos que no nos ven, el sexo se convierte en un pause en HD.

No siempre, vaya.

Pero necesitamos que alguien nos vea.
Que alguien demuestre nuestra existencia más allá de nuestra capacidad de producir. Más allá de la performance estética a la que hemos dedicado años.
Alguien nos ve la piel.
Alguien nos toca la fibra.
Alguien escucha nuestro aullido.

El sexo tiene el poder de hacernos visibles cuando ser invisibles parece una irremediable consecuencia de vivir en un sistema atroz.
Pero el sistema... somos nosotras.
Invisibles para sobrevivir.
Visibles para existir.

> *El placer nos dibuja en color.*
> *El orgasmo formatea cada partícula del ser durante unos segundos.*
>
> *En el mejor de los casos, reímos.*
> *Pero, a veces, el sexo puede ser una trampa.*
> *Un espejismo.*
> *Una necesidad de verse reflejada para encontrarse otra vez con el vacío.*
> *Y buscar. Y buscar.*
> *En otros cuerpos y en otras camas.*
>
> *Buscar fuera, desesperadamente, el anhelo de dentro.*
> *Buscar fuera, ansiosamente, el grito que rompe dentro.*
>
> *El sexo tiene el poder de mostrarnos o borrarnos.*
> *La cuestión es: ¿queremos dejarnos ver?*

«Antes las cosas iban bien».

Fue lo que me dijeron en su primera sesión Cristina y Yon, una de las primeras parejas a las que acompañé. Es una afirmación que, de un modo u otro, repiten muchas parejas cuando tienen que explicarme el motivo por el que inician un proceso sexológico tras la llegada de una criatura a sus vidas. «Antes teníamos más sexo», es lo que, la mayoría de las veces, quieren decir.

Y es que hemos aprendido a contar el sexo, en vez de sentirlo. A veces es totalmente cierto: antes las cosas iban bien (sexualmente) y ahora no. Otras veces no es del todo cierto: antes las cosas

EL SEXO A. C. (ANTES DE LA CRIATURA)

tampoco iban del todo bien, aunque no lo veíamos. Esta última situación es por la que vamos a empezar, porque de los motivos por los que el sexo realmente no va bien después de tener criaturas, hablaremos más adelante.

Cuando empezamos a trabajar juntos, Cristina y Yon llevaban más de diez años de relación y formaban una familia reconstituida. El motivo de consulta era la falta de deseo de Cristina. Ella tenía un hijo adolescente con su expareja y compartía otro con Yon. Cuando se conocieron, todo era pasión: «Fue un flechazo». El hijo mayor de Cristina tenía tres años entonces, la edad actual del hijo menor, pero en aquel momento «sentía por Yon un deseo brutal» y tenía muchas ganas de practicar sexo con él. Ahora no.

Cuando empezaron a salir, Cristina y Yon practicaban sexo «cada vez que se veían». No les resultaba fácil, porque él tenía un negocio recién inaugurado y ella una criatura pequeña, así que pasaban días hasta que podían tener un encuentro a solas. A veces, semanas. Mientras, se enviaban mensajes picantes, flirteaban cuando se encontraban en la calle, intentaban tocarse disimuladamente y dedicaban horas a fantasear con su siguiente encuentro. Así que, cuando llegaba el momento, estaban ansiosos por tocarse y muy excitados. «Follábamos como locos», repetía Yon con una sonrisa en más de una consulta. A Cristina se le torcía el gesto cada vez que lo oía.

—¿Qué hay detrás de ese gesto? —le pregunté.

—Cada vez que dice que follábamos como locos, se le ilumina la cara y, entonces, me doy más cuenta de su decepción actual y me pongo triste. Escucharle decir eso me suena a reproche, Sonia.

A medida que avanzaban las sesiones conmigo, Cristina empezó a darse cuenta de que, aunque en sus inicios se lo pasaba superbién, muchas veces no tenía orgasmos:

—Y no pasa nada, porque el sexo con Yon era increíble, lo pasábamos genial, pero es verdad que todo giraba en torno a la penetración, ¡y a mí ya me iba bien! Como mucho, sexo oral un rato. Yo muchas veces no me corría, pero aun así era muy placentero.

—¡Pero si eres tú la que no te dejas hacer sexo oral, con lo que me gusta a mí hacértelo! —replicó él.

—Ya te he dicho que, aunque me guste, me rayo si no me acabo de duchar.

—¡Antes no te importaba el olor!

—Sí me importaba, pero me daba vergüenza decírtelo. Te veía tan excitado que no quería cortarte el rollo.

Cristina se divertía mucho porque llegaba excitadísima a los encuentros y solo el hecho de sentir corporalmente a Yon la satisfacía. Se sentía muy afortunada. A lo largo de su vida, tampoco le había resultado fácil tener orgasmos con otras parejas —a solas, dedicaba muy poco espacio a la masturbación—, pero también reconocía que gran parte de lo que disfrutaba al principio era seducir y conquistar a Yon, sentirse validada y deseada por él. Después de haberse creído apagada sexualmente tras su maternidad y su relación anterior, suponía un chute de autoestima percibirse juguetona, deseable y seductora. Pero a medida que la relación se fue consolidando, conquistar a Yon dejó de ser un reto.

—Él siempre estaba disponible para el sexo y, además, ya empezó con bromitas que escondían cierta actitud de reproche y queja.

Como la conquista bajó su intensidad, fue tomando más protagonismo lo que ocurría en el sexo en sí. Cristina disfrutaba, pero había cosas que habría podido disfrutar más y nunca se lo había dicho a Yon. Es más, no se había planteado que ella pudiera hacer algo distinto, ni que fuera beneficioso pedir lo que le gustaba, ni que hubiera otras maneras de practicar sexo, porque tenía el Guion Sexual bien interiorizado.

Yon creía que él había actuado igual desde el principio (no se había planteado la importancia de ir actualizando sus maneras a medida que la relación evolucionaba), que no había cambiado nada en su motivación y ganas, aunque reconocía que «quizá», por falta de tiempo, ahora iba más directo al grano: «¡La vida nos pasa por encima!». Y como su *modus operandi* tenía cada vez menos éxito con Cristina, se acercaba a ella refunfuñando —él decía que «bromeando»— con frases tipo «A ver si hoy tengo suerte, porque últimamente...», a lo que ella respondía con rechazo. Yon se sentía cada vez más inseguro de su capacidad para seducirla.

Directo al grano significaba besarla y, si ella se mostraba receptiva, empezar a tocar zonas erógenas y, si ella se mostraba receptiva, pasar a sexo genital/coital. Lo que en mi libro *Feminidad salvaje*[2] explico como el ABC de la sexualidad (Abrazos, Besos, Coito).[3] En sus inicios como pareja, Yon agarraba a Cristina de la cintura muchas veces, le besaba el cuello en medio de la calle, se tiraba un buen rato oliéndole el pelo mientras cocinaba y le mandaba mensajes amorosos. También se acurrucaban más a menudo para charlar y se besaban muchísimo más. Por su parte, Cristina le decía muchas veces a Yon lo sexy que le parecía verle trabajar con las manos, su voz y su acento. Pero a medida que pasaron los años, estos reconocimientos y acercamientos corporales íntimos se fueron reduciendo porque nunca había tiempo, así que tenían que ir «directamente al sexo».

—¿Qué entendéis por sexo? —les pregunté.

Los dos se referían exclusivamente al sexo coital.

Seguían siendo los mismos, pero se sentían inseguros y ya no se paraban a observar los detalles que antes les hacían conectar.

---

2. Sonia Encinas, *Feminidad salvaje. Manifiesto de una sexualidad propia*, Barcelona, B de Bolsillo, 2022.
3. Concepto usado por Ana Márquez, psicóloga, sexóloga y terapeuta de parejas, presidenta de la Fundación Sexpol, en la que yo me formé y de la que soy docente en la actualidad.

Aprendemos a valorar el sexo tomando como referencia la etapa de enamoramiento. Culturalmente, hemos aprendido que los inicios son el momento sexual óptimo por la motivación que supone la conquista y las ganas de explorar lo novedoso, lo que nos es desconocido. Las películas, las canciones, las novelas… nos hablan de relaciones que empiezan y de las actitudes pasionales que tienen a los sujetos todo el día excitados y deseosos de sexo (entendido por coito).

Por mi experiencia de estos años de trabajo sexual con parejas, lo de que «Antes todo iba bien» [y ahora no] hay que cogerlo con pinzas y explorarlo. A veces responde más a que «No nos daba problemas» por dos motivos frecuentes. El primero suele ser que la cantidad de encuentros sexuales cumplía las expectativas de lo que la pareja creía que debía ser. Y el segundo, que una de las partes, generalmente la mujer en el caso de las relaciones heterosexuales, pasaba por encima de sus deseos, gustos o señales corporales y se acoplaba a las del otro, porque lo satisfactorio y divertido lo encontraba en la conquista o porque creía que es lo que hay que hacer (aunque tuviera pocas ganas).

Al final, con el paso del tiempo, el interés por el sexo va disminuyendo hasta, en ocasiones, desaparecer. Cuando la conquista ya no es un reto —pasar del enamoramiento al amor maduro supone justo eso: dejar de lado la ansiedad de la conquista para dar paso a la calma de la seguridad en el vínculo—, el sexo en sí nos tiene que gustar y debemos tener energía física disponible para practicarlo. Y si «La vida nos pasa por encima», una expresión demasiado habitual, nos deja poca. Cuanto más nos guste el sexo en sí —y aquí tanto el placer como la excitación y los orgasmos tienen un papel importante—, más probable será que sigamos compartiéndolo con el paso de los años. Porque *no podemos desear lo que no vamos a disfrutar,* suelo decir.

En el enamoramiento, el deseo sexual es como el hambre voraz, un impulso por fundirte con otra persona. Cuando hay mucha hambre, cualquier alimento es bienvenido. El enamoramiento es vivir en un estado alterado de conciencia, y una vez pasado, nuestro sistema nervioso y estado vital vuelven a regularse. En ese estado alterado, la satisfacción sexual es más sencilla, porque la excitación previa es muy alta y entran en juego más factores (la conquista), por lo que las prácticas sexuales pueden ser menos armónicas y tenemos más capacidad de disfrutar, aunque no sean los estímulos más adecuados para nuestro cuerpo.

Cuando las prácticas sexuales compartidas no son demasiado placenteras, nos tocará explorarnos, comunicarnos y encajarnos poco a poco. Podemos aprender. A veces conseguiremos encajar y otras no (porque nuestros gustos pueden ser incompatibles, por ejemplo). Pero, aunque sean placenteras y armónicas desde el principio, pasada la etapa de enamoramiento, el sexo ocupará otro lugar de prioridad y dejará espacio a otras formas de alimentar la intimidad y a un abanico de placeres compartidos más amplio (que alimentarán a su vez la intimidad). Con el amor maduro, también llegarán las preocupaciones, responsabilidades y cargas de la vida adulta que, todavía hoy, no suelen repartirse de manera equilibrada en las parejas. El reparto desigual de tareas y la carga mental son otro de los temas habituales en consulta.

Cristina y Yon habían tenido encuentros que consideraban muy pasionales y frecuentes, pero Cristina aún debía aprender cuáles eran los estímulos más adecuados para ella —trabajamos juntas la manera de hacer más presente la masturbación en su cotidianidad, ya sin prejuicios ni culpas— y lo que necesitaba para relajarse y dejarse llevar en el sexo hasta encontrarlo apetecible.

¿Cómo y por qué deberíamos desear algo que no disfrutamos?

¿De dónde nace esa lógica?

¿Por qué nos preocupa el deseo antes que un sexo mediocre que no tiene en cuenta nuestros gustos o nuestros cuerpos?

Nos importa el deseo cuando afecta a nuestra relación con otra persona.

Cuando la hace temblar.

Pero esto es solo la punta del iceberg.

Le pedimos al deseo que pase de cero a cien en un chasquido, cuando llevamos años (o toda la vida) sin cultivarlo.

Esperamos que el deseo cumpla su función, la de confirmar la relación de pareja, a pesar de que el disfrute no entiende de parámetros productivos.

Le suplicamos al deseo que vuelva, como forma de conservar el vínculo.

A veces, a la desesperada. Como último recurso por explorar.

En definitiva, a veces le exigimos al deseo que esté «al servicio».

Y si algo tienen los deseos es que no se pueden domar.

No podemos desear lo que no vamos a disfrutar.

Lo que hemos dado por perdido.

Lo que creemos que no es para nosotras.

Lo que no nos produce placer ni goce.

Lo que nos han obligado a callar.

> *Así que antes de ocuparnos del deseo, toca revisar si el sexo que practicamos es una posibilidad apetecible.*
> *Si nos enciende el cuerpo, nos apaga la mente y nos permite dejarnos llevar.*
> *Quizá, si le exigiésemos menos al sexo, si aprendiéramos a separarlo de tantas connotaciones, creencias, vergüenzas... para colocarlo como un placer más de la vida, entenderíamos que, sin duda, podemos aprender a disfrutar.*
> *Es posible que cuando disfrutemos de verdad, el deseo vuelva a brillar.*
> *El sexo es un juego.*
> *Y podemos aprender a jugar.*

Disfrutar del sexo durante el amor maduro

Yon también tenía trabajo que hacer. Para empezar, darse cuenta de que sus maneras de seducir, lo que yo llamo *los códigos de seducción*, necesitaban actualizarse y ampliarse. Necesitaba salirse del Guion Sexual heredado. Su autoestima estaba muy relacionada con percibirse deseable y hacía tiempo que no se sentía así, y, además, era muy consciente de la influencia patriarcal en la construcción de una masculinidad normativa en la que se reconocía, y se machacaba por ello, lo que a su vez minaba más su autoestima.

—Yon me sigue gustando mucho, pero ahora tengo pocas ganas de sexo —confesó Cristina al principio de nuestras sesiones.

Los primeros meses de su relación fueron una sorpresa para

ella, que llevaba años viviendo una sexualidad apagada con su expareja. Pero también para Yon, que nunca se había sentido tan reconocido y deseado.

—Ella me encanta, pero no sé cómo acercarme sin molestar —decía frustrado.

Después de unos meses de relación, dieron el paso de vivir juntos y, poco a poco, la fogosidad y el tiempo para el sexo fue menguando. No lo vivieron con preocupación hasta que, después de nacer su segunda criatura, sintieron sus ritmos sexuales tan distintos y los acercamientos tan problemáticos (él ansioso y exigente, ella reactiva y esquiva) que empezaron a salir a la luz malestares que habían callado y acumulado, incluso, sin darse cuenta.

—Yon solo se acerca a mí cuando quiere sexo y va directo a tocarme el culo o las tetas, ¡me da una rabia! Y cuando lo rechazo, se molesta. Es como si no me escuchara. Antes era más seductor, más pillo.

—Cristina ni siquiera me mira y, a veces, tengo miedo de que le pase como con su ex —confesó Yon—. Antes no paraba de buscarme y se ponía lencería sexy para mí. Me sorprende que diga que le gusto, porque a mí no me lo dice.

El caso de Cristina y Yon es muy habitual en consulta. Pareja en etapa de crianza, trabajos que ocupan mucho tiempo, poca red de apoyo que facilite la conciliación o los ratos sin criaturas y pocas ideas sobre cómo cuidar el espacio sexual. Además, Cristina creía que no podía esperar nada más del sexo («Con el tiempo pierdo el interés»), y menos con Yon, que era la mejor pareja sexual que había tenido. También caía en el error de comparar su situación actual, en la que tenía un hijo de tres años, con el momento en el que su hijo mayor tuvo tres años, conoció a Yon y se despertó en ella un deseo que creía desaparecido y, además, de tal intensidad que creyó que no podía cambiar.

Cuando cambió, pensó que algo en ella «funcionaba así» y

EL SEXO A. C. (ANTES DE LA CRIATURA)

que «algún problema tenía», a pesar de que su pareja le seguía gustando. No se daba cuenta de, al menos, cuatro cosas:

- Yon había traído motivación a una vida que no la satisfacía, y la novedad es un gran incitador de la libido —si no el que más—, porque es lo que hemos aprendido a erotizar. Pero, con el paso del tiempo, también Yon iba a dejar de ser novedad. El enamoramiento es una pila de un solo uso que, sí o sí, se va a agotar.
- Consumida la novedad, tendría la oportunidad de redescubrir la sexualidad para hacer del sexo una práctica más estimulante y gozosa. A su medida. Hace falta bajar las expectativas sobre la espontaneidad y subir las referidas a la intención. Hay que poner energía en potenciar la erótica propia y explorar y descubrir lo que nos da placer. Me gusta explicar que somos seres eróticos independientes que, desde la propia consciencia y satisfacción sexual, se pueden encontrar y gozar.
- Con la llegada del amor maduro nos toca aprender a cuidar el espacio sexual, y no darlo por hecho. Sin embargo, en vez de poner el ojo en qué haría el sexo compartido más apetecible para ella y qué necesitaba para conectar más con su deseo por Yon, se estaba comparando con otra etapa vital y exigiéndose encajar en un rol en el que ya no estaba.
- Las responsabilidades, la carga mental y la falta de tiempo son los peores enemigos del deseo sexual.

Yon, sin embargo, había aprendido que mientras hay amor el sexo va a ocurrir solo. Y que como a él le seguía apeteciendo tener encuentros con Cristina igual que antes y creía que sus códigos de seducción funcionaban, porque eran los que le motivaban a él, la que tenía el problema era ella. Yon no se daba cuenta de estas cuatro cosas:

- Sexo y amor no son lo mismo, y creer que el sexo ocurrirá solo cuando nos queremos es condenar el espacio sexual a la deriva. Me gusta explicar que sexo y amor son dos líneas rectas que avanzan juntas y que a veces se cruzan y otras no. Durante el amor maduro, tenemos que aprender a hacer que se crucen.
- Los códigos de seducción que los hombres utilizan *de serie* son los que han aprendido por influencia del Guion Sexual, ese que dicta lo que es la sexualidad «según ellos y para ellos». Por eso, él deseaba que Cristina utilizara esos códigos, pues no solo estaban hechos a su medida, sino que, además, eran los únicos referentes de seducción a su alcance.
- Cristina asumía más responsabilidades. («Sí, aunque tú te hagas cargo de muchas cosas, en vuestros listados vemos que ella está asumiendo más si tienes que recurrir a ella para preguntar cómo se hace tal o cual cosa, aunque luego lo hagas tú»).
- Las mujeres no aprenden a relacionarse con el sexo con permiso, sino como algo de lo que deben prevenirse (lo que puedan decir de nosotras, lo que nos pueda pasar, lo que nos puedan hacer), por lo que en situaciones de estrés no solo no recurrimos al sexo como una actividad que nos regula, sino que tenemos otras muchas actividades que lo hacen (dar un paseo, leer, llamar a una amiga, hacer yoga, ir a terapia). Sin embargo, los hombres aprenden a relacionarse con el sexo con permiso (incluso cierta obligatoriedad si quieren ser considerados «hombres de verdad»), como una actividad (de las pocas) que puede regularlos emocionalmente (junto con el deporte).

Con el paso del tiempo, por la falta de una educación sexual y afectiva de calidad y de unos referentes sexuales realistas y libres de tabúes, dejamos de cuidar el espacio sexual compartido. En vez de currárnoslo más y ser más creativos, nos quedamos a la espera de que el deseo y el sexo sigan funcionando por arte de magia, o sea, por influencia de la química alterada en la etapa de enamoramiento.

Me encuentro muchas veces a parejas que, igual que en el caso de Cristina y Yon, han creado un relato tan idealizado de sus inicios que cualquier otra vivencia no les parece a la misma altura. Sin embargo, cuando empezamos a indagar en sus vivencias sexuales, a veces se dan cuenta de que el sexo en sí no era tan satisfactorio entonces como lo es ahora (era mucho más estimulante la conquista), aunque el deseo de encontrarse sea menos frecuente. Y es que esto es perfectamente posible y de lo más habitual, porque ya hemos visto que en los inicios prima la cantidad, como respuesta a esa alta necesidad de conexión-pertenencia —que es pasajera, pero con el paso del tiempo, lo que queda es la calidad, la satisfacción—.

Además, entran en la escena de la relación otros muchos factores que al principio no tienen espacio, como la intimidad (que antes solo encontrábamos en el sexo), pero también las dinámicas de la convivencia, la manera de afrontar las responsabilidades, el apoyo emocional ante situaciones difíciles, los acuerdos o pactos económicos, los cuidados, la crianza... Un vínculo no puede consolidarse estancándose en la etapa de enamoramiento. El vínculo se consolida cuando deja paso al amor maduro. Desde la seguridad y la confianza, podemos encontrar nuevas maneras de relacionarnos eróticamente que no son incompatibles con el juego y la pasión. Y si el sexo no va tan bien, no hay por qué mirar a otro lado, tenemos mucho margen de aprendizaje.

Descubrir el estímulo para gozar (antes de ser madres)

Gozar del sexo es saber lo que le gusta a una o tener la intención de descubrirlo. El hecho de crecer pensando que la sexualidad es un tema del que no se debe hablar —¡y menos nosotras!— y que es normal tener que esforzarse tanto para que nuestros cuerpos sean válidos son dos componentes que dificultan enormemente nuestro goce, pero también nuestro autoconocimiento sexual. De alguna manera, ese era el caso de Cristina (y de tantísimas mujeres a las que acompaño): no había dedicado demasiado tiempo a explorarse ella misma, «No por nada, es que ni se me ocurre». Por eso, fue necesario que empezásemos un trabajo de conciencia corporal y de exploración de sensaciones y estímulos sobre el que quiero hacerte reflexionar.

¿Cómo voy a tener un orgasmo...
si he interiorizado que el sexo no es mío?
si no me creo merecedora de tal placer?
si pienso que jamás lo podré tener?
si lo doy por perdido?
si cada vez que conecto con el placer me obsesiono con alcanzarlo como único objetivo?

¿Cómo voy a tener un orgasmo...
si pensar en sexo me tensa?
si me avergüenza expresar mi placer?
si no estoy excitada?
si me da miedo soltar el control?
si mi vulnerabilidad me pone en riesgo?

¿Cómo voy a tener un orgasmo...
si no me permito tocarme con gusto?
si desconozco lo que me hace disfrutar?

EL SEXO A. C. (ANTES DE LA CRIATURA)

si no dedico tiempo a explorarme?
si entrego a otras manos la responsabilidad de descubrirme?

¿Cómo voy a tener un orgasmo...
si el sexo que practico no me lleva al éxtasis?
si me da vértigo dejarme llevar?
si no soy capaz de pedir o priorizarme?
si acepté que con que disfrutase él ya me valía?
si me contaron que mi sexualidad era difícil?

¿Cómo voy a tener un orgasmo...
si tocarme me convierte en una guarra?
si masturbarme me deja impregnada de culpa?
si gozar a solas me parece egoísta?
si el sexo conmigo me convierte en una desesperada?

¿Cómo voy a tener un orgasmo...
si no he aprendido a tenerlo?
si lo considero tan difícil?
si fantasear o desatar mi imaginación erótica me hace sentir sucia?
si cuando estoy follando estoy pensando en que luzca bien mi cuerpo?
si me cuesta estar presente?
si no confío en mi capacidad innata para llegar?
si me da miedo abandonarme a las sensaciones?
si me acompañan tantas expectativas?
si me digo que «debo estar rota»?

EL SEXO DE LAS MADRES

> *si creo que soy la única a la que le pasa todo esto, que soy rara?*
> *si no tengo referentes reales?*
> *si no lo hablo con mis amigas para no sentirme juzgada?*
> *si me he acostumbrado a fingir?*
> *si aprendí que el orgasmo es un regalo que le hago a otro?*
> *si me fuerzo a tener sexo aunque no me apetezca?*
> *si estoy esperando al «cuerpo ideal»?*
> *si no doy prioridad a mis placeres?*
> *si me dejo siempre para el final?*
>
> Con todo este panorama...,
> ¿cómo voy a tener un orgasmo?
> ¡Lo sorprendente es que aún podamos tenerlos!
>
> Pero...
> todas podemos alcanzarlo.
> Y si lo tienes, celébralo.
> Y si no lo tienes, puedes aprender a conquistarlo.

Empecemos por nuestra anatomía sexual

¿Sabrías dibujar tu aparato sexual y colocar cada parte más o menos en su lugar sin dejarte nada? Es más, ¿podrías visualizar su tamaño real aproximado? Tu útero, tus trompas, tus ovarios, tu cérvix, la parte interna de tu clítoris, tu vagina...

EL SEXO A. C. (ANTES DE LA CRIATURA)

ANATOMÍA SEXUAL

Órganos sexuales externos: vulva

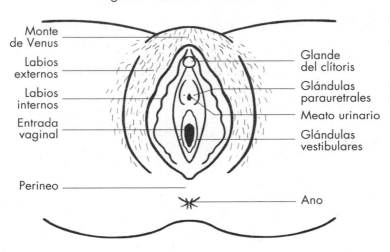

Órganos sexuales internos: clítoris

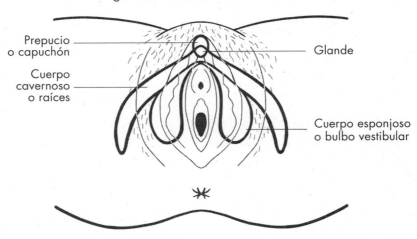

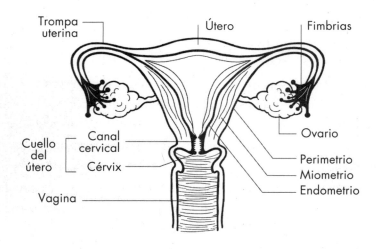

Órganos sexuales internos: útero, trompas, ovarios

Muchas mujeres no. Es lo más frecuente. Y tiene sentido, porque es una información a la que accedemos rara vez. Si ya nos cuesta dibujar los genitales con detalle y podemos verlos cada día, ¡imagina nuestros órganos sexuales internos!

Aunque pueda no parecerte de vital importancia, ¡lo es! Porque el desconocimiento nos aleja de nuestro cuerpo. Lo que no conoces no existe para ti. Y si no existe, ¿cómo puedes aprender a percibir sus sensaciones y sus señales?

«El patriarcado, las personas físicas que ostentan hoy en nuestra sociedad el poder patriarcal, saben que si pierden el poder de manipulación del cuerpo femenino a medio plazo habrán perdido todo su poder. [...] Esta estrategia de manipulación del aparato reproductor femenino descansa en gran medida en esta cuestión: que no se sepa que su funcionamiento normal debe producirse en un estado amoroso de la mujer, ni que la maternidad es un aspecto de la sexualidad femenina».[4]

4. Rodrigáñez y Cachafeiro, *op. cit.*

Qué gran recurso para silenciar nuestra sexualidad el de borrar nuestro cuerpo de nuestra consciencia, colocando en su lugar un dibujo imposible, irreal, que, por perseguirlo hasta la extenuación, nos violenta y deja rígidas, a la defensiva, poco disponibles para la *amorosidad sexual*.

Si no sé cómo es mi útero, qué tamaño tienen mis trompas o mis ovarios, dónde está mi cuello del útero (o cérvix) y cuál es su función, cuál es la textura de mi vagina o el aspecto de mi vulva, de mi perineo, de mi ano..., ¡soy una turista en mi propia sexualidad!

Educar a las niñas para que tengan la información completa de su cuerpo (cada órgano y su función) les permitirá plantar cara a siglos de machismo y hacerse dueñas y señoras de su hogar. Las adultas de hoy no hemos tenido esa oportunidad y, al final, paga el pato nuestra sexualidad.

Ya no somos niñas, pero a nosotras también nos toca empezar.

Sigamos por la urgencia de liberar nuestros genitales

¿Alguna vez te has preguntado cómo es tu relación con tus genitales? ¿De dónde vienen las ideas que tienes sobre ellos? ¿Qué lugar ocupan en el imaginario social?

Los relacionamos con el espacio íntimo, pero también con lo oculto y secreto.

Sucios. Feos. Vergonzosos.

Pero luego, protagonistas de nuestra sexualidad.

O sea, ¿pretendemos vivir con goce lo que percibimos como sucio, feo y vergonzoso?

¡Que alguien me lo explique!

El lugar más fácil para acceder a una representación de ellos es el porno, y este no es, precisamente, un lugar de naturalidad y diversidad. Al contrario, el porno es un lugar donde se refuerza y graba a fuego el pesado canon de belleza que dicta lo que está bien, y por tanto es deseable, y lo que está mal, y por tanto no lo es. ¡También entre nuestras piernas!

El porno dicta el tipo de vulva deseable: perversamente infantil, inhabitualmente simétrica, falsamente lampiña, exclusivamente blanca. Y si no encaja en el molde, se le pone un *tag* espacial: «negras», «peludas», «viejas», «gordibuenas». Violencia contra las mujeres, que aceptamos moldearnos a golpe de bisturí con la esperanza de ser válidas. Con potencial de ser amadas, al fin y al cabo.

Sí, sí. Nuestros genitales sufren también el yugo de la estética patriarcal. Sin embargo, la gran mayoría de las mujeres, si bien tiene una idea de cómo debería ser una vulva, no tiene referencias en su imaginario de otras vulvas reales (porque, como he dicho, los genitales son secretos y enseñarlos da vergüenza).

Es más, también la gran mayoría de las mujeres no se ha parado con detenimiento a mirar los suyos. Y no digo echar un vistazo con un espejo pequeño, digo con detenimiento. O sea, sentarte en una posición cómoda frente a un buen espejo, con buena luz y explorar cada recoveco de tu maravillosa vulva: los labios externos, los internos, el clítoris, mirar los pliegues, los distintos colores, las texturas, la uretra, la vagina, el perineo, el ano..., ¡todo, todito!

Desde la sexología intentamos quitar la presión y exigencia que recaen sobre los genitales cuando hablamos de sexo, y explicamos que el placer está en todo el cuerpo para salir de una visión de la experiencia sexual limitada y estrecha, demasiado *concentrada*. Hasta ahí, todas de acuerdo. Pero no podemos asumir que los genitales *solo* son una parte más, porque estaríamos invisibilizando toda la carga judeocristiana y patriarcal que recae sobre ellos y que nos dificulta conquistar la mirada amable que necesitamos para dejarnos llevar y gozar.

Pueden o no parecerte bellos. Da igual. A mí me parecen maravillosos y fascinantes. Lo que no son de ninguna manera es sucios ni vergonzosos, sino portadores del potencial inmenso de hacernos gozar.

Nuestros genitales tienen mucho protagonismo y hasta que no les quitemos de encima la vergüenza, la culpa, la presión estética y funcional —las expectativas externas—, no podremos liberar del todo nuestra sexualidad.

Imagínate, además, con todo esto, cómo nos acercamos a ellos tras la maternidad.

Y no nos olvidemos de un trato especial al clítoris

Llevamos décadas buscando el placer sexual de las mujeres donde no suele estar. O, al menos, no del modo en el que estamos acostumbradas a pretenderlo. Nos emperramos en disfrutar y tener orgasmos a través de la vagina y muchas mujeres ignoran que, muy fácilmente, encontrarán el goce *¡a roce de clítoris!* Para convencerte, voy a darte unos cuantos datos sobre este órgano cuya función es precisamente esa, hacernos sentir un placer sin igual:

1. Encontrarás la parte visible del clítoris en tu maravillosa vulva, coronando los labios internos.
2. ¡Pero es mucho más de lo que ves! Su tamaño total ronda los nueve centímetros gracias a sus raíces y los bulbos vestibulares (lo que no ves).
3. Está formado por tejido eréctil, o sea, que cuando te excitas, se llena de sangre, crece y se erecta.
4. Posee ocho mil terminaciones nerviosas, ¡el doble que el glande del pene! Imagina el potencial.

5. El único motivo de su existencia es conectarnos con el placer durante el sexo. Sácale partido, que para eso está.
6. Como no forma parte del sistema reproductor y vivimos en un sistema patriarcal muy *hardcore,* que tiene los cuerpos femeninos invisibilizados, ¡la información sobre él no interesa! Así que no aparece en libros de texto ni en las clases de biología.
7. Es el órgano más sensible del cuerpo humano (así que trátalo con amor).
8. Cuando alcanzas el orgasmo, se retrae contra el hueso púbico para evitar la sobreestimulación.
9. Debido al modelo de sexualidad patriarcal imperante, la vagina le roba mucho protagonismo. Pero no olvides prestarle atención y hablar de él, explorarlo y conocer la forma de estimularlo que prefieres, para colocarlo al nivel que merece (ni más ni menos que el que tú le quieras dar una vez que ganes confianza).
10. Por desgracia, hay culturas en las que lo maltratan y mutilan para evitar la libertad sexual de las mujeres (esto es violencia machista y patriarcal).
11. Por último, aunque es muy muy importante para tu placer, no es la única forma de obtenerlo ni mucho menos (el útero también está bastante invisibilizado): todo tu cuerpo es un gran órgano de placer en el que, si dedicas tiempo y amor, encontrarás infinidad de sensaciones gozosas.

Todo esto para recordarte que habites tu cuerpo, te des permiso y te explores con la curiosidad de quien está deseando redescubrir, desde otro lugar, su sexualidad.

¡Y que te toques/n el clítoris, obvio!

EL SEXO A. C. (ANTES DE LA CRIATURA)

Follar sin exigencias

No sabemos disfrutar. No solo es que no nos hayan enseñado. Es que además se nos ha castigado. Así que sí, es posible no saber. No saber tocarse, no saber dónde, no saber cómo, no saber qué nos gusta o despierta. No saber cómo mirarnos o leernos. No tener un mapa con el que guiarnos. Es posible, incluso, no saber dejarnos llevar. No encontrar la calma para conectar con el placer, porque nos dijeron por activa y por pasiva que relajarnos en lo sexual podría ser un peligro.

Pero podemos aprender. A veces, empezamos y aparecen los «No siento nada», «Me desconcentro», «No me da placer», «Algo en mi cuerpo está mal». Y es que nos acercamos al cuerpo desde la exigencia: «Tengo que...» o «Debería...». Desde un discurso mental que no deja espacio a la curiosidad, a la creatividad, a la exploración, al aprendizaje. ¡A la erótica!

Para más inri, se cuelan valoraciones como: «Esto no es para ti», «Esto es sucio», «Esto es vergonzoso», que hemos escuchado hasta la saciedad desde niñas.

No podemos gozar cuando sentimos vergüenza o culpa. Porque el goce, antes de llegar al cuerpo, habla mucho del relato mental que nos acompaña. El erotismo es una forma de mirar el mundo, es la posibilidad, es dejarse impregnar de estímulos que nos encienden, es buscar de forma consciente los placeres. Cuando nos acompaña un relato bien nutrido sobre lo sexual, el sexo se convierte en una posibilidad maravillosa que experimentar.

Habitar el cuerpo para encontrar el placer

Uno de los problemas de Cristina era el de la mayoría de nosotras: vivimos a toda prisa, en un sistema displacentero, antilibido por tanto. Los ritmos de vida son acelerados, siempre hay algo más que hacer, y la validación social la encontramos en un éxito medido por lo que poseemos.

Las *millennials*, especialmente, somos la generación de una «necesidad de reconocimiento» que, de adultas, buscamos en nuestra profesión (¿qué mirada recibimos en la infancia?, ¿cuándo nos miraban o aplaudían?). Y resulta que aterrizamos en el mundo laboral en plena crisis económica, cuando la mayoría pudimos acceder a los estudios superiores que nos prometían el éxito, pero una minoría solo a un puesto de trabajo (ni siquiera diré *digno*). Y para sobrevivir a los ritmos del sistema, llevamos ya varias generaciones desconectando del cuerpo, porque lo que este tiene que decir es demasiado incómodo de escuchar. No sabemos vivir en el cuerpo, porque hemos necesitado independizarnos de él y hacemos oídos sordos a sus consecuencias. Así que empecemos por integrar que cada cosa que hagamos por cuidar nuestro cuerpo desde el disfrute, y no desde la exigencia, es un paso más cerca que estamos de él. Y cuanto más cerca, más posibilidades de vivir una sexualidad plena.

Podemos leer mil manuales. Podemos asistir a mil cursos. Podemos trabajar mil veces nuestras creencias y pensamientos. Pero para vivir una sexualidad plena que nos aporte placer y bienestar nos toca bajar al cuerpo, habitarlo.

Nuestro cuerpo nos habla y no sabemos escucharlo. Nos hemos acostumbrado a silenciarlo con medicamentos que apaguen los síntomas de aquello de lo que no nos queremos ocupar. O no podemos. Y así pasa el tiempo y terminamos desconectadas de él, disociadas, sin tener ni la menor idea del lenguaje que habla.

EL SEXO A. C. (ANTES DE LA CRIATURA)

Y él termina por gritarnos, por pedirnos atención a través del dolor —contracturas musculares, jaquecas, dolor de estómago... ¡y órganos sexuales!—. ¿Te suena? Ibuprofeno para arriba, ibuprofeno para abajo. Anticonceptivas para *apagar* el ciclo menstrual porque la regla duele. Omeprazol cuando el estómago arde. Ansiolíticos cuando la emoción molesta... ¡Y *p'alante*! A seguir con nuestra rutina diaria de tareas infinitas y con nuestros rangos de productividad.

Nos cuidamos las últimas. No nos priorizamos. No atendemos nuestras necesidades. No ponemos en primer lugar de la lista nuestro bienestar, nuestra salud y nuestro placer (¡este, menos aún!). «¿Cómo me cuido, Sonia? ¿Cómo me priorizo?», me decía esta mañana una mujer a la que acompaño. Luego nos preguntamos por qué caminamos por la vida tan perdidas, tan confusas y en búsqueda constante de algo que no sabemos qué es. Quizá nos estemos buscando a nosotras mismas.

Además, está nuestra ciclicidad. Cada ciclo menstrual nos da la oportunidad de reconciliarnos con todas las versiones que somos: la vivaz y productiva preovulatoria, la amorosa, sensual y empática ovulatoria, la profunda y guerrera premenstrual o la sabia e intuitiva menstrual. Somos todas esas versiones de nosotras, aunque nos enseñaron a mirar con desconfianza nuestro dinamismo con la fusta a golpe de «Estáis todas locas». Somos cíclicas, ¿quién nos contó eso en nuestra infancia? Ya no te digo a las generaciones anteriores, que no podían batir mayonesa por si se cortaba. ¿Realmente estamos transmitiendo nosotras la sabiduría sexual a las que vienen detrás, sin caer en idealizaciones ni exigencias? Entender el significado de lo que supone ovular durante una parte importante de nuestras vidas nos permite entendernos y expresar, poco a poco, nuestros distintos estados con total libertad, sin ese miedo tan patriarcal a ser *las locas de turno*.

Pero habitar el cuerpo es más que conocer, observar y abrazar los ritmos cíclicos. Habitar el cuerpo es rebobinar la cinta, volver a la niña que fuimos, y permitirnos explorar, desde la inocencia de quien tiene aún todo por descubrir, nuestras sensaciones a través de los sentidos, nuestros ritmos de movimiento, nuestras necesidades de hambre, de sed, de ir al baño, de sueño..., nuestros impulsos deseosos hacia elementos que nos rodean. ¿Qué deseamos, en realidad? ¿Y qué sentimos en el cuerpo cuando deseamos?

Es más, podemos empezar por preguntarnos qué sentimos en el cuerpo ahora mismo. Hay a quienes les cuesta identificarlo y, rápidamente, responden: «Estoy bien». Si no estamos acostumbradas a *bajar* (de la cabeza al cuerpo), necesitamos tomarnos un tiempo para aprender a hacerlo.

¿Y cómo se hace eso? Respondiendo a la pregunta una y otra vez: ¿qué siento en el cuerpo ahora mismo? Observando cada matiz, escaneando las distintas zonas.

EJERCICIO DEL ESCÁNER CORPORAL

Si diriges la atención a tu cuerpo, ¿qué zona es la primera que llama tu atención?

¿Cómo describirías la sensación en esa zona? Intenta hacerlo de forma más precisa.

Si te quedas en esa sensación, ¿hay algo que necesites?

¿Te pide tu cuerpo algún tipo de movimiento o cambio postural?

Haz lo mismo con la siguiente zona que llame tu atención. Y así, una tras otra.

Ahora dirige tu atención a una zona que sientas menos.

Cuando prestas atención, ¿qué sensaciones aparecen?

¿Cómo describirías el estado de esta parte del cuerpo?

Como es una zona a la que no sueles prestar mucha atención, cuando lo haces, ¿te das cuenta de algo que necesites modificar allí?

Ahora observa tu respiración sin pretender cambiar nada.

¿Cómo describirías su funcionamiento?

¿Dirías que es superficial o profunda? ¿Acelerada o pausada?

¿Tu respiración se expande por el cuerpo, se bloquea o se queda concentrada en una zona?

Prueba a bajar el ritmo de la respiración, a hacer inhalaciones y exhalaciones más lentas.

Tómate un tiempo y observa si hay algo que se va modificando en tu cuerpo.

Prueba a dirigir la respiración hacia las zonas del cuerpo que más llamaban tu atención al principio. ¿Notas alguna diferencia?

Prueba, después, a dirigir tu respiración hacia las zonas del cuerpo que no sentías o sentías menos y, ahora, quizá se han redibujado. ¿Notas alguna diferencia?

¿Qué ha cambiado en tu respiración en el momento en el que has empezado a prestarle atención?

¿Qué ha cambiado, en general, después de tomarte este pequeño rato para escanear tu cuerpo?

Observa. Siente. Respira. Un poco más lento.
Este podría ser un buen mantra.

Cultivar un sexo gozoso

¿Cómo puedo cultivar un sexo gozoso? La gran pregunta. Y déjame empezar por la respuesta que no le gusta a nadie: no hay una única manera de cultivar un sexo gozoso, tampoco una que funcione para todo el mundo, ni mucho menos una que pueda servirnos para siempre con total garantía. Eso sí, espero que leer este libro te inspire de distintas maneras, aquellas que puedan encajarte a ti.

Para empezar, cuando hablo de sexo gozoso me refiero a una práctica sexual muy muy placentera y estimulante para ti. No olvides que el sexo gozoso es egoísta, no porque no desee el goce de tu *partenaire* (si es que el encuentro es compartido), sino porque la motivación principal es que disfrutes tú, por mucho placer que te genere ver disfrutar a la otra persona. En definitiva, es una práctica sexual a la que deseas volver.

Cristina y Yon mantuvieron durante años la creencia de que el sexo es generoso y que lo normal es que hagas las cosas para el otro. Por su parte, Cristina (como mujer) había integrado inconscientemente que la dificultad para correrse era lo normal en las mujeres porque «nuestros cuerpos son más difíciles», que no podía pedir más (tampoco sabía qué pedir), y que debía acceder a tener sexo porque «Es lo que hacen las parejas». Todo esto lo tuvimos que desmontar, y tú lo irás haciendo conmigo también a medida que avances en la lectura.

Yon (como hombre) se creía el responsable único de despertar el deseo de Cristina, y también de saber cómo satisfacerla sexualmente para que tuviera orgasmos. Él tuvo que aprender que, si bien podía colaborar de distintas formas en esos asuntos, no era

EL SEXO A. C. (ANTES DE LA CRIATURA)

suya la responsabilidad final, porque, en primer lugar, el deseo es propio, individual y responsabilidad de una/o misma/o. Además, Yon tuvo que aprender a colocarse en un rol de mayor humildad en el sexo, dejando a un lado la exigencia de que «tenía que saber satisfacer a una mujer» tan reforzada por el Guion Sexual patriarcal.

Así, cada uno fue cambiando su foco de atención, pasándolo del otro a uno mismo. Cristina pudo conquistar su motivación por descubrirse y explorar las cosas que la conectaban con su erótica y su deseo (fantasías, lecturas, películas, personas de su alrededor) para recuperar su poderío y dejar de actuar como si su sexualidad fuera de Yon. Y él pudo explorar su miedo a no ser deseado, como si eso significara el fin del amor, pero también a hacerse responsable de la frustración que sentía porque el ritmo sexual de Cristina no coincidiera con el suyo, creyendo que el suyo era «el normal» (y dejar de hacer responsable a Cristina de ello), para poco a poco estar en paz con ese ritmo y darse cuenta de que, aunque tenía ganas más veces, lo vivía con tranquilidad.

También dejó de sentirse culpable por masturbarse teniendo pareja, ya que entendió que su sexualidad (su deseo, sus fantasías, sus prácticas) era suya y que la masturbación es una práctica absolutamente beneficiosa que permite conectar con lo sexual a nuestro ritmo durante toda nuestra vida. Cristina y Yon empezaron a hablar de masturbación. Chin, chin.

Cristina se dio permiso para guiar a Yon por su cuerpo y dejó de esperar que él lo supiera todo. También empezó a decirle más veces a Yon cuánto le gustaba, no solo cuando estaba dispuesta a practicar sexo con él. Yon comenzó a explorar otras maneras de acercarse a Cristina más sutiles, pero, sobre todo, a disfrutar de los acercamientos corporales sin comportarse como si estuviera esperando algo más.

—Quizá lo esperes, Yon, porque es involuntario, pero hay que dejar de darlo por hecho, de vivir en el paso siguiente, para disfrutar del que acabas de dar —le expliqué.

Para disfrutar de un sexo gozoso hay que abrirse, primero, al placer. Una persona que goza mucho con el sexo es una persona disfrutona, en general, que se da tiempo para el placer y que lo cuida, porque reconoce lo importante que es. Partiendo de ahí, podremos definir lo que consideramos erótico, recrearnos en ello, dejar volar nuestra fantasía e imaginación, observar las respuestas de nuestro cuerpo, explorar el tacto con presencia y mucha respiración y, poco a poco, acercarnos sin prisa a las zonas erógenas para subir el volumen, quizá, a las sensaciones de placer.

Cristina y Yon no terminaron el proceso practicando más sexo, como al principio esperaban, se fueron disfrutando más de sus encuentros cuando se daban, exigiéndose menos y sintiéndose mejor.

> *Quizá si dejamos de pedirle al sexo que valide nuestra relación, podremos empezar a disfrutarlo.*
>
> *Le pedimos al sexo demasiado. No solo esperamos que nos proporcione placer —que ya es bastante—, sino que nos valide además individualmente, a la vez que confirma la salud de nuestra relación de pareja.*
>
> *Hemos aprendido a ver el sexo como un territorio aparte de nuestra vida, un cajón cerrado que, cuando lo abrimos, esperamos que nos regale fuegos artificiales. No lo miramos, no lo tocamos ni ventilamos. Pero lo abrimos y esperamos el Placer.*
>
> *Y esa expectativa aún no es suficiente. Además, la*

> *cantidad de veces que abrimos ese cajón debe contar algo importante de quiénes somos en lo relacional. A veces ni siquiera tenemos muy presente el qué y nos enredamos buscando desesperadamente la respuesta.*
>
> *Le pedimos al sexo tantas cosas que, cuando llegamos a él, estamos más pendientes de aprobar que de vivirlo. Lo sentimos, a veces, como un examen. Y desde esa exigencia, es difícil dejarse llevar, mostrarse vulnerable, escucharse y escuchar.*
>
> *Parece que el sexo da miedo. Diría que no por el sexo en sí, porque a veces ni llegamos al «en sí», sino por su capacidad de confirmar o desmentir la historia que nos han/hemos contado sobre nosotras.*
>
> *Para disfrutar del sexo hay que liberar su práctica de expectativas y funciones y aprender a acercarse desde la calma, buscando, si acaso, la intimidad. Solo si protegemos ese territorio como un lugar no productivo, sino de disfrute, podremos alcanzar la plenitud sexual.*

Empezando el viaje

Este viaje de la maternidad empezó con una decisión: quiero tener hijos con él.

Madrid. Otoño de 2018

Habíamos pasado un verano laboralmente complicado tras poner fin a un negocio familiar conjunto, y yo sentía mucha incertidumbre y preocupación, al mismo tiempo que ligereza y calma por dejar atrás una desmotivación que me pesaba desde hacía tiempo. Se colocaron muchas cosas en nuestras vidas individuales ese año, aunque, hacia el mes de septiembre, me sentía muy desregulada. Me habían pasado la referencia de un fisioterapeuta y acupuntor y fui a verlo. En medio de la sesión, me preguntó: «¿Estás pensando en ser madre?». Me quedé alucinada. Hacía años que Sergi quería ser padre, pero yo no me sentía preparada. Sin embargo, después de un periodo de mucha incomodidad e incertidumbre profesional, curiosamente algo se había desbloqueado en mí, que estaba, de repente, pensando en el asunto de la maternidad. ¡Pero no se lo había dicho a nadie! ¡Ni a Sergi! Un día, mientras comíamos en un café del barrio de La Latina con las ventanas aún abiertas de par en par y aprovechando que estábamos prácticamente solos en el local, Sergi decidió hacer una llamada personal importante para él, relacionada con un asunto familiar. Yo estaba ahí para apoyarlo. Y mientras lo escuchaba, lo veía conectado con su más profunda vulnerabilidad. Entonces algo se terminó de abrir en mí. Sentí que estaba preparada para ser madre. Con él.

Llevaba algo más de un año estudiando en

EL SEXO A. C. (ANTES DE LA CRIATURA)

> profundidad mi ciclo menstrual, después de dejar la píldora anticonceptiva a mis veintinueve. Estaba flipadísima con los cambios de mi cuerpo y con la recuperación de mi dinamismo sexual después de casi quince años sin ovular. En la siguiente fase ovulatoria, tuvimos encuentros sexuales preciosos, llenos de goce, ternura, piel, ilusión y nervios. Nos gusta el sexo, nuestra química es potente, pero aquellas veces hubo en esa fusión corporal algo más. Estábamos haciendo algo importante y lo vivimos expectantes.
>
> En ese clima, se sembró la semilla de nuestro bebé. Le estábamos dando la bienvenida.

Puede que el sexo te parezca algo «sin más».
Puede que nunca hayas encontrado ahí el interés.
O puede que haga mucho que no lo gozas.
Puede que escucharas que las mujeres no disfrutan tanto, que no desean tanto y que no tienen ninguna necesidad sexual.
Puede que hayas dado con parejas que prometían llevarte al cielo, pero que luego al cielo iban sin ti.

Pero luego «lo tienes que practicar» si no quieres quedarte sola, ¿eh?

Menudo mensaje: No disfrutes del sexo, pero ofréceselo a otro. ¡Vamos, que tu placer da igual!

Puede que lo repitieran tanto que terminaras mirando el sexo como una vía para conseguir algo más.

Puede que buscaras en el sexo desesperadamente el amor.
Porque así te lo hicieron buscar.

Puede que la cultura sexual en la que vives borrara intencionadamente tu placer.
Puede que lo colocaran como algo de segundas.
Puede que aspiraras a un modelo sexual, el supuestamente masculino (el reservado a los hombres), que nada tiene que ver contigo.

Y me pregunto:

¿Por qué vas a desear una práctica que no tiene en cuenta tu placer?
¿Por qué vas a desear un sexo que no disfrutas?
¿De dónde van a salir las ganas si lo que haces te aburre?

Ocurre. Es real. No eres solo tú.

Son muchas las mujeres que creen que el problema lo tienen ellas.
Que su deseo no funciona.
Que algo está mal.

El primer paso es entender que es absolutamente natural que pierdas el interés por algo que no disfrutas. O que te aburre. Por un sexo que no es para ti. Por un goce que es solo de una parte.

No lo llames falta de deseo. Llámalo aburrimiento coital.

Porque el coito puede ser éxtasis solo cuando lo practicas —o aprendes a practicarlo— como te gusta a ti.

2
UN EMBARAZO ERÓTICO

> En la atrofia del útero se encuentra el centro orgánico del actual estancamiento de la libido femenina, directamente relacionado con el parto y nacimiento violentos.
>
> Casilda Rodrigáñez,
> *Pariremos con placer*

15 de marzo de 2019

Hoy cumplo treinta y dos vueltas al sol y llevo el regalo dentro. Estoy embarazada de doce semanas y esta nueva aventura que me tiene alucinada —y un poco fuera de juego, a ratos, por las náuseas y el cansancio— es quizá lo más salvaje que he experimentado en mi piel, un auténtico chute de conexión con mi cuerpo (no siempre fácil).

Lejos del aspecto cultural, que nos lo vende todo dulce, suave, cuqui..., el embarazo es para mí SALVAJE con todas las letras, fuerza de la naturaleza que se impone, poder, entrañas removidas, cuerpo que se abre, nuevas sensaciones, intuición, inconsciente que alza la voz en medio de la noche.

Me esperan meses que deseo vivir consciente, respetando mis ritmos como he aprendido a hacer estos últimos años (¡o más!). Me siento feliz, un poco mágica y con más ganas que nunca de seguir haciendo lo que hago para dejar a este cachorro una sociedad mejor (más amable, más humana).

Querida yo embarazada:

Me habría gustado saber muchas cosas que ni podía imaginar. Si volviera atrás me abrazaría y me diría al oído:

Todo saldrá bien, CONFÍA.

Encontrarás tu lugar en la maternidad.

Eres más fuerte de lo que imaginas, pero no necesitas serlo todo el tiempo.

El posparto inmediato es difícil, pero hay mucho aprendizaje ahí.

Ríndete al ritmo lento de los inicios, fúndete con el cachorro sin mirar afuera.

No te preocupes tanto por usar pezoneras, te las quitarás cuando confíes.

Goza el piel con piel y que se acabe el mundo.

UN EMBARAZO ERÓTICO

Olvídate de cunitas y capazos. Tu cuerpo será su lugar favorito.

Te sentirás sola, a veces, por más acompañada que estés, y descubrirás lo que esa oscuridad tiene para ti.

Reunirás a un grupo de madres y caminaréis juntas. Serán tu salvación.

Lo vas a hacer ~~genial~~. Lo vas a hacer ~~lo mejor que puedes~~. Lo vas a hacer.

A veces serás fuerte, otras no tanto. ¡Ríndete!

Tu pareja será tu gran aliado.

Pide ayuda.

El mejor regalo será que cocinen, limpien, te garanticen espacios y tiempos para ti.

No pasa nada si no quieres que algunas personas cojan a tu cachorro. Lo tuyo es funcional, la falta de empatía para entenderlo no.

Habrá momentos en que no entiendas nada y tendrás que seguir con las dudas a cuestas.

Te vas a equivocar y cometer errores, pero también acertarás.

Cambiarás de opinión mil veces.

Ármate de paciencia (o no), porque quien menos esperas tiene algo que decir.

Vas a vivir una revolución auténtica y será una oportunidad.

Sabrás leer a otras madres como si hablaseis un lenguaje secreto.

Vas a entender muchas cosas también.

Conocerás a una nueva versión de ti que te sor-

> *prenderá, te gustará, te repateará, te avergonzará, te enorgullecerá.*
>
> *Amamantarás como si fuera lo más gozoso que has hecho y luego te hartarás.*
>
> *Aunque los días te parezcan eternos, los meses se pasarán volando y los años ni te cuento.*
>
> *Vas a dormir poco y sobrevivirás. No te queda otra que atravesarlo.*
>
> *¿Te he dicho ya que ~~eres fuerte~~ no tienes por qué ser siempre fuerte y que lo haces ~~genial~~ lo mejor que puedes? No hay mejor remedio que tenerte en cuenta y respetar tu necesidad.*

Hoy, cuando se habla de la sexualidad de las mujeres, lo que se hace es «abordar la sexualidad de una mujer que desde generaciones ya no vive según su deseo, y que se socializa en una desconexión corporal, con el útero espástico».[5]

Creemos que ser una mujer sexual significa algo así como ser una mujer con una apariencia determinada —sexy a ojos de la masculinidad normativa—, más relacionada con la estética que con la autoestima o seguridad propias, una actitud seductora —a ojos de la masculinidad normativa, de nuevo— y una vida sexual en la que se contabilizan el número de prácticas *que tiene* —prácticas genitales y, especialmente, aquellas en las que interviene la satisfacción de un pene—.

---

5. Casilda Rodrigáñez, *Pariremos con placer*, Cañadas de San Pedro, Cauac Editorial Nativa, 2007.

UN EMBARAZO ERÓTICO

La idea de lo que es una mujer sexual hoy es consecuencia absoluta del sistema patriarcal, porque ser mujer sexual no implica tener una libido desbordante ni prácticas compartidas frecuentes (esto puede ocurrir o no). Ser mujer sexual no puede medirse ni cuantificarse. Es algo que ya eres por el hecho de nacer y que lo sientes, lo sabes en lo más profundo de ti si te das/dan permiso. Todas lo somos, aunque hayamos aprendido a esconderlo. La vergüenza, la culpa, el estrés, el miedo, el odio al cuerpo, el exceso de racionalidad, el relato patriarcal del mundo... nos alejan de la mujer sexual que somos.

Pero hay momentos de nuestra vida en los que el muro que nos separa de ella se vuelve más fino y frágil. Y si estamos atentas, podemos escuchar con el cuerpo la llamada de nuestra sexualidad ancestral. El embarazo es uno de esos momentos. Es tal la potencia intuitiva y mamífera que brota en nosotras que, si nos dejamos llevar un poco, si podemos parar y desconectar del mundo cotidiano por un instante, la mujer sexual que somos corre a abrazarnos con una fuerza propia de la naturaleza.

En el seminario sobre la sexualidad en el posparto que imparto en Fundación Sexpol desde 2021, propongo a las alumnas el ejercicio de imaginar a una mujer embarazada. «La primera imagen que se os ocurra. ¿Cómo la describiríais? ¿Qué ropa viste? ¿Cuál es su postura corporal?». Una vez que lo han imaginado, les muestro el resultado de la primera página de imágenes de Google cuando escribes «mujer embarazada» en el buscado: muestra en un clic el imaginario cultural y esto es lo que nos cuenta de la mujer embarazada:

- Es blanca, viste colores claros, no tiene poros en la piel y se acaricia un vientre de unas veinte semanas (una tripa de cuarenta ya no resulta tan cómoda a la vista).

- No tiene rostro en muchas fotografías, que encuadran la escena entre el pecho y los muslos. En el imaginario social, una mujer embarazada es una tripa redonda sostenida por alguien secundario.
- No hay expresión emocional en el gesto, dinamismo, (in)comodidad, diversidad corporal o representación de estrías, poros ni flacidez.
- La imagen de una mujer embarazada es estática y aséptica, y responde a una mirada sanitaria (hospitalaria) y patriarcal.
- Para el sistema, una mujer embarazada es una mujer manejable y cómoda a la que se trata con paternalismo.

Pero ¿cuál sería la lectura de un embarazo erótico?

Después de este ejercicio, muestro a las alumnas otra mirada al embarazo a través de algunas fotografías llenas de poderío realizadas por Jade Beall, Esther Kiras y Vanessa Méndez. Es habitual que, en este punto, a las alumnas les cambie el gesto y sonrían, porque las imágenes transmiten una manera de mirar y, por tanto, representar el embarazo radicalmente distinta a la habitual: la diversidad racial y corporal, la desnudez, la piel, el movimiento. Son imágenes llenas de vida. De libido vital. De erotismo. «Por un momento, he creído que nos ibas a mostrar a mujeres embarazadas en las típicas poses eróticas», dijo una alumna una vez.

Y es que la mirada erótica, para ser revolucionaria y transformadora, debe huir de la hipersexualización a la que estamos habituadas. O por lo menos, para no ponerme puritana, debe ampliarla. La mirada erótica tiene que ver con la soberanía, el permiso y el goce en todas sus formas y expresiones. Cómo miramos y entendemos el embarazo influye en cómo lo vivimos y cómo nos vivimos cuando lo atravesamos. Hacerlo desde la mirada biomédica, desde la falta de confianza en el cuerpo, despojadas de nuestra voz y soberanía sexual, dista mucho de vivir el embarazo confiando en la sabiduría del cuerpo, dueñas y señoras de nuestra sexualidad.

Para una mujer, el embarazo puede ser cómodo o incómodo. Bienvenido o temido. Estar lleno de alegría o de miedo, de fascinación por el cuerpo o rechazo hacia el mismo, de vitalidad o cansancio, de bienestar o malestar. Y, por supuesto, el embarazo puede ser también de lo más erótico o no serlo en absoluto. Caben tantas experiencias como mujeres gestantes existen.

Eres pura abundancia sexual

Somos una sociedad necesitada de la piel cálida y el abrazo apretado de mamá. Los afectos, los cuidados, la ternura... suponen recorrer el camino de vuelta hacia la paz de la humanidad.

21 de marzo de 2019

El embarazo me tiene alucinada, especialmente ahora que he pasado el primer trimestre de náuseas, agotamiento y malestar generalizado. Si ya antes pensaba que el cuerpo era un templo, ahora lo siento multiplicado. Seamos o no conscientes del proceso, el cuerpo cumple su función con todos nuestros órganos trabajando en equipo para crear desde cero una vida. Vayamos a pasar por ello o no, ese poder creativo está dentro, así lo siento ahora, más conectada que nunca con el animal que soy.

Me siento profundamente sexual. No una sexualidad hacia fuera, sino hacia mí misma. Me percibo desbordando sensualidad por cada poro de mi piel. Creo que cuando nos sentimos así, de algún modo lo transmitimos. Me siento magnética. Me respeto y miro de forma renovada, a mí y a todas las mujeres, porque a pesar de vivir en una sociedad que nos pasa por encima, que no está construida a nuestra medida y que no nos lo pone fácil al no respetar nuestros ritmos, seguimos creando vida. Sin estos cuerpos abundantes, sin estos úteros que han sido hogar por siglos..., ¿qué sería de la humanidad?

No puedo evitar pensar ahora en compañeras activistas diciendo que el ser humano es la peor plaga y merece extinguirse. ¿Eso nos convierte en culpables de nuevo? Por supuesto que no lo hacemos todo solas, pero nuestra tarea es brutal. Qué mínimo que el reconocimiento y cuidado social, en vez de la condena a la invisibilidad y al segundo plano en el que se coloca a la mujer/madre. ¡No somos máquinas expendedoras al servicio de unos pocos!

Me pregunto: si el mundo fuera diferente, más femenino, si recuperásemos la sabiduría (ancestral) dejada atrás porque no encajaba en los mandatos de las sociedades patriarcales, si no fuese la productividad (económica) la que estuviese en el centro de todo..., ¿cómo sería la vida? ¿Estaríamos conectadas con nuestro cuerpo y ritmos y, por ende, más sanas y plenas? ¿Viviríamos nuestra sexualidad como un regalo, como agua que fluye indomable y libre por el cauce de los ríos? ¿Sin ninguna exigencia, pero con todo el goce? ¡Así lo imagino yo!

Quiero que la vida huela un poco a eso. Somos en esencia animales creativos y creadores, estamos preparadas para crear, ya sea nuevas vidas, nuevas ideas o nuevos proyectos. La creatividad nos es innata. Y por ello, somos también abundancia pura.

Reconociendo esto no solo reconocemos nuestro enorme poder, sino que conectamos de lleno con nuestra sexualidad, que es precisamente eso: creatividad, intuición, goce, presencia, placer, empatía, (auto)amor, sentidos despiertos como las orejas de una loba que aguarda en el bosque. Aceptando nuestra sexualidad salvaje (en bruto, sin pulir, sin intoxicar de cultura judeocristiana y patriarcal), nuestras prácticas sexuales a solas y compartidas se verán beneficiadas.

Entonces la Mujer Sexual que somos se sentirá llena de deseo por sí misma y por la vida, romperá las ataduras que la oprimen y empezará a caminar como río indomable. Supongo que el reto está en despertar la sabiduría antigua que sigue alojada en algún lugar de nuestras profundidades.

Desconectadas de nuestra fertilidad

> Una mujer solo puede ser fuerte, sana, creativa, completa y feliz si encuentra el camino de regreso a las raíces de su naturaleza instintiva, es decir, a la mujer lobo.
>
> ELLI H. RADINGER, *La sabiduría de los lobos*

Imagina un mundo en el que las mujeres no vivieran su menarquia con vergüenza y dolor.

Imagina un mundo en el que las mujeres no vivieran sus primeras prácticas sexuales compartidas (coitales) con dolor.

Imagina un mundo en el que menstruar no causara dolor.

Imagina un mundo en el que no se diera por hecho que parir es sinónimo de dolor.

Imagina un mundo en el que llegar a la menopausia no se viviera con dolor.

¿Lo imaginas?

Qué curioso, ¿no? Que todos los hitos de la historia sexual de las mujeres estén marcados por el dolor, la vergüenza o el sufrimiento. Qué curioso, porque la naturaleza no ha preparado nada de eso para que duela, sino todo lo contrario. El dolor es una alerta de que algo no va bien en el cuerpo, mientras que nuestros procesos sexuales se dan como muestra de que *todo va bien*. **El placer es el principio que rige la vida.**

Desde pequeñas nos enseñan a desconectar de nuestros cuerpos, a no mirar ni tocar *ahí abajo* —nuestros genitales, vulva y vagina— porque es sucio. A no expresar y mover nuestros cuerpos libremente, porque las señoritas están quietas, calladas y sonrientes. «La socialización de las niñas en la inhibición sistemática de las pulsiones sexuales hace que [las] conexiones neuromusculares [entre el cerebro y el útero] no se establezcan y por eso nos hacemos adultas sin sentir o percibir el útero».[6]

Pero un cambio es posible. Recuperarnos es posible. Vivir nuestra sexualidad con disfrute y placer es posible (y esto incluye todos nuestros hitos sexuales: pulsiones sexuales en la infancia, menarquia, ciclo menstrual, sexo, embarazos, partos, lactancias, crianzas, menopausia...). Estamos preparadas para el placer. Y aunque no sea cosa fácil ni rápida, desaprender la cultura patriarcal que nos enseña a odiarnos y nos separa del cuerpo es posible si empezamos a habitarlo, observando y entendiendo nuestros ritmos y fases sexuales.

Estamos desconectadas de nuestra sabiduría sexual. Hemos perdido el conocimiento sobre nuestros cuerpos, y con él, la confianza en nuestros procesos. Ignoramos el funcionamiento de nuestro ciclo menstrual. Vivimos la menarquia con rechazo y la silenciamos, porque así hemos aprendido a hacerlo. Nuestras madres y abuelas tampoco hablaban de la vivencia de sus menstruaciones ni de sus ciclos. No sabemos diferenciar los signos de los días fértiles —los que rondan la ovulación— de los no fértiles —los que preceden o siguen a los días de sangrado—. Centramos la vivencia del ciclo menstrual en los días en los que vemos la sangre, desconectadas de todo eso que ocurre en nosotras fisiológica,

---

6. *Ibid.*

emocional y socialmente el resto de los días del ciclo, entre sangrado y sangrado.

Todo eso que ocurre forma parte de nuestro dinamismo sexual y ya no lo escuchamos. Generación tras generación, hemos desaprendido el lenguaje del cuerpo. Así, la mayoría de las mujeres empieza a prestar atención a su fertilidad solo en el momento en el que deciden buscar un embarazo, a pesar de que conocer nuestra fertilidad es una herramienta brutal para autogestionar nuestra salud sexual, para comunicarnos *con* y confiar *en* nuestro cuerpo, para cuidar nuestra autoestima y para ser sexualmente soberanas.

Que menstruar sea uno de los mayores tabúes que han recaído sobre los cuerpos de las mujeres ha despertado en nosotras la vergüenza, y esta influye en nuestra salud. La química de nuestro cuerpo funciona de forma diferente si identificamos lo que nos ocurre como algo *malo* o *vergonzoso* que si lo identificamos como algo *bueno* y *necesario*. Por eso, para liberar nuestra sexualidad tenemos que sanar nuestros ciclos. Empecemos por transformar la idea de que menstruar es un rollo, un sufrimiento o un castigo, cuando, por el contrario, menstruar significa que ovulamos y ovular es una señal importantísima de salud. El ciclo menstrual es considerado el quinto signo vital. Si aprendemos a observar y entender nuestra ciclicidad, podremos tomar decisiones que nos acerquen a nuestro bienestar sexual y vivir de forma más sostenible y consciente.

La búsqueda del embarazo

Se da por hecho que de la fertilidad se ocupa la mujer. Habitualmente es así en las parejas heterosexuales. Si se trata de buscar el embarazo, ella debe ser conocedora de los días fértiles y de las pautas más adecuadas para concebir con éxito: qué días practicar sexo, cómo, qué suplementos son recomendables, qué tipo de alimentación. También cuáles son los tiempos medios para conseguirlo y a partir de cuándo consultar a la sanitaria de referencia por si hay alguna cuestión de salud que pueda estar dificultando la concepción. Puede que hasta ella lo tenga en cuenta antes, porque como las citas[7] tardan meses en llegar, ya la pedimos por si acaso. Lo que conlleva, a su vez, tener en mente las revisiones, agendar las citas y conocer las posibilidades que existen en caso de que el embarazo no ocurra de manera natural.

La mayoría de los hombres vive la búsqueda de forma despreocupada al principio o, al menos, sin tanta carga mental. ¿No suena un poco igual a lo que ocurre con la anticoncepción en las parejas hetero, que la responsabilidad también recae en mayor medida en la mujer? Mucho antes y después del embarazo, las mujeres necesitamos saber que entender nuestra fertilidad es empoderador siempre. La fertilidad no es solo una cuestión de concepción o anticoncepción, sino de sabiduría sexual y, por tanto, un pilar de nuestra salud. La autogestión de nuestra fertilidad es un camino de regreso a la sabiduría usurpada sobre nuestro cuerpo.

Escribo este libro para reflexionar sobre qué ocurre después de la *mapaternidad* con la sexualidad y, en concreto, con el sexo. Y lo que ocurra será consecuencia, a su vez, de lo que pasa en el espacio/vínculo de pareja. Cuando la mujer se hace responsable

---

7. «Las matronas hacemos una "consulta preconcepcional" en la que incluimos consejos de salud y fertilidad. La salud durante el embarazo depende, en gran medida, del estado de salud de antes, y el periodo de mayor vulnerabilidad para el embrión son las diez primeras semanas. Por eso es una visita superimportante, pero desconocida. Solemos hacerla de manera oportunista, aprovechando cuando vienen para otras cosas, por ejemplo, una citología. Preguntamos sobre su plan reproductivo, y si procede la hacemos: solicitamos analítica, entrevista completa y mucha educación. Hablamos de tiempos, fertilidad y, al menos yo, incluyo el placer», me explica Lucía Martínez Villarejo, matrona y sexóloga.

de la búsqueda del embarazo y quizá, una vez que ocurre, de tener toda la información de lo que pasará durante los siguientes nueve meses, ya partimos de una situación desigual. Desde el principio, es como si de ella dependiera el éxito de un proyecto que es, en cualquier caso, común. Una puede estar atravesando la vivencia, sosteniendo la vida en su propio cuerpo, y la pareja podría estar informada del proceso, de las pautas y preguntar por las necesidades de la mujer. No hace falta estar viviendo lo mismo para acompañarnos bien.

El embarazo es una revolución física, mental, emocional, hormonal, social, espiritual y sexual, y cómo se llegue al mismo influirá en la vivencia sexual durante y después. Para algunas parejas, la búsqueda del embarazo, sobre todo a medida que pasan los meses, se traduce en un sexo mecánico (especialmente, cuanto más tarda en llegar). Otras veces el sexo mecánico ya formaba parte de la práctica sexual.

Por experiencia sexológica, ya que es algo que ocurre a menudo en mis consultas, cuando se unen la intención de transformar un sexo mecánico o displacentero y la búsqueda urgente del embarazo, muchas veces hay que priorizar un objetivo (búsqueda del embarazo o experiencia sexual plena). Lo ideal es que ambas situaciones sean compatibles y, en la mayor parte de los casos, lo son.

Pero acompaño con frecuencia a parejas que, en medio de un proceso sexológico al que llegan con algunas dificultades sexuales, deciden buscar un embarazo. Años atrás, cuando se daban estos casos, proponía a las parejas priorizar objetivos y, en caso de que eligieran el embarazo, pausábamos el proceso sexológico hasta estar en el posparto avanzado o ya fuera de él. Actualmente, si las parejas lo desean, acompaño el proceso de búsqueda cuando se cruza en un proceso sexológico con la intención de minimizar el impacto en la vivencia del sexo si se está practicando bajo la presión del coito durante unos días concretos al mes.

A veces es necesario separar objetivos, porque para algunas parejas la búsqueda del embarazo no significa sexo placentero, sino sexo exigente. Eso sí, aclaro e insisto en que practicar sexo exigente puede tener importantes consecuencias en nuestra vida sexual, y cuanto más se alarguen en el tiempo, más puede costar reparar.

El sexo mecánico no es gratis. Yo, aunque lo entiendo y no lo juzgo (¡solo faltaría!), desde mi mirada sexológica, no lo recomiendo. En alguna ocasión, con mucha prudencia y respeto, he planteado a parejas que valoren (o adelanten) la posibilidad de acercarse a técnicas de reproducción asistida, para proteger el vínculo y la salud de su vida sexual. La reproducción asistida es un tema complejo que también tiene consecuencias sobre la salud física de la mujer y emocionales, en ocasiones, para ambas partes, lo que implica poner de nuevo en ella una mayor carga de responsabilidad.

Aunque nos pueda parecer ideal la búsqueda natural del embarazo, cuando no llega y esto influye negativamente en las dinámicas de la relación, hay que observar por qué tanta exigencia y esfuerzo por cumplir expectativas y si podría valer la pena tener en cuenta otras opciones. La realidad es que, en determinadas ocasiones, la búsqueda del embarazo es incompatible con el sexo pleno, al estar muy centrada en tiempos (días fértiles), ritmos (para que ellos eyaculen) y penetración.

Recalco los casos en los que existe dificultad porque cuando el embarazo buscado ocurre de manera natural y sin mayor preocupación, en caso de tener un efecto sobre la vida sexual, este será beneficioso. También es verdad que el hecho de que el sexo durante la búsqueda sea gozoso, que haya gran excitación y orgasmos, facilita la concepción porque durante el orgasmo la oxitocina produce contracciones del útero, que ayudan a transportar el esperma hacia el óvulo, y del cérvix, que succiona para absorber el esperma y que pueda iniciar dicho recorrido hacia la trompa donde el óvulo se encuentra.

Activar el tacto

Por influencia del porno en el imaginario sexual, tenemos como referencia de sexo placentero una práctica coital que dura lo que dure el coito. Esto no solo pone mucha presión en esta práctica sexual, sino que además nos desconecta por completo del goce. Aunque un poco más adelante propongo un ejercicio para potenciar la erótica y subir el volumen al disfrute sexual, anticipo que, para disfrutar del sexo en todo su potencial, tenemos que activar el tacto y aprender a conectarnos de nuevo con él.

Si yo pudiera, prohibiría (broma) llegar al sexo coital en menos de quince minutos desde que aparece la excitación corporal. Nos tenemos que tocar y aprender a derretirnos, gozarnos y desearnos (mucho) desde lo que despierta el tacto. Para disfrutar del sexo hay que *toquetearse* mucho y explorar ritmos, intensidades y zonas corporales. También en el embarazo. Tocarse ya es una práctica sexual de lo más estimulante. «Como tocarías a una flor, tócate tú», suelo decir.

El embarazo es una etapa de nuestra vida y de nuestra sexualidad muy corta durante la cual se dan muchísimos cambios fisiológicos, emocionales y sociales. Por eso, es la primera oportunidad de este viaje maternal para redescubrir la sexualidad. O la coges —adaptas tu sexualidad a tus necesidades actuales y gozas al máximo de lo que ahora hay— o la dejas pasar —y vives tu sexualidad en resistencia y con miedo o frustración—.

UN EMBARAZO ERÓTICO

> *11 de abril de 2019*
>
> Cada vez que te mueves ahí dentro, flipo en colores. Eres como la luna creciente de estos días. Como una semilla que germina. Como la misma tierra, que se transforma en primavera rodeándonos de abundancia. Y es mi cuerpo, mi útero, tu maravilloso hogar. Qué experiencia. El embarazo no solo es salvaje, sino que es pura fuerza vital. #20semanas

Rehabilitar el útero espástico

> El útero es el centro del sistema erógeno de la mujer y actúa como una caja de resonancia del placer; [Maryse] Choisy habla de un orgasmo cérvico-uterino que por lo general se confunde con el orgasmo vaginal, y que es el más intenso y de mayor placer que se extiende por todo el organismo.
>
> CASILDA RODRIGÁÑEZ, *Pariremos con placer*

Casilda Rodrigáñez expone que la matrística (llamada por los clásicos Edad Dorada) fue una sociedad regida según el principio materno de los cuidados mutuos, el amor y la empatía permitían la supervivencia de las criaturas o de las personas más vulnerables.[8]

---

8. Charla de Casilda Rodrigáñez para el Instituto Europeo de Salud Mental Perinatal, 2018, <https://youtu.be/T9kBRA0RQ38?si=t909hlN1npA62QQG>.

Con la revolución patriarcal, desaparecieron aquellas generaciones de mujeres y, con ellas, la paz sobre la tierra. El patriarcado construye sociedades basadas en la dominación, la guerra y la esclavitud. Estas sociedades patriarcales requerían un tipo de humanos diferentes, endurecidos emocionalmente.

Ya en el Neolítico se comprueba empíricamente que separar a las criaturas de sus madres al nacer tiene como resultado ese endurecimiento emocional. Y para justificar y sostener esa separación, se inventan distintos mitos a lo largo del tiempo, como por ejemplo que el calostro es nocivo —aparece aquí el autorrechazo a la pulsión de deseo materno que es ofrecer el pecho a la criatura—, que las mujeres somos impuras después de parir —diez días si pares un niño y cuarenta si es niña— o que el demonio está en la leche materna. La persecución y castigo del impulso libidinal materno (cuerpo, empatía y cuidados) no responde a otra cosa que a una pretensión de controlar la soberanía sexual femenina que acaba en las cazas de brujas que ocurren en Europa entre los siglos XV y XVII, un auténtico genocidio contra las mujeres que buscaba erradicar el conocimiento de la sexualidad femenina.

La separación de las mujeres de su sabiduría sexual las aleja y desconecta de sus cuerpos y, junto a los ritmos de vida capitalistas, siembra el precedente del útero espástico. La espasticidad, según la RAE, es la «hipertonía muscular de origen cerebral que se manifiesta por espasmos». Así, un útero espástico es un útero rígido, duro, que ha perdido la capacidad de desarrollar sus funciones sin dolor (menstruar o parir).

El útero es un órgano compuesto por fibras musculares circulares y longitudinales que lo cierran herméticamente a través de su cuello o cérvix. El sistema de apertura del cérvix está en la respuesta sexual, más concretamente en el orgasmo. Las fibras circulares del útero tienen la función de sujetar/retener —el feto, líquido amniótico o la bolsa— y están conectadas con el sistema nervioso simpático, es decir, se activan ante las señales de alarma o miedo. Las fibras longitudinales tienen la función de expulsar/vaciar —el endometrio (sangre menstrual), el feto, la placenta...— y están conectadas con el sistema nervioso parasimpático, es decir, se activan ante las señales de calma y bienestar. Cuando las longitudinales hacen sus movimientos, por ejemplo, a través de la oxitocina que se libera con el placer sexual y el orgasmo, las circulares se relajan y dejan de cerrar el útero herméticamente, porque funcionan de manera sincronizada.

Rodrigáñez cita a Frédérick Leboyer en *Pariremos con placer* para explicar que lo que conocemos como contracciones uterinas normales (o funcionales) son contracciones patológicas, «puesto que el útero debiera distenderse suavemente, con un movimiento rítmico y ondulante a lo largo de sus haces de fibras musculares, de arriba abajo, y tan suave y tierno como la respiración de una criatura cuando duerme plácidamente». Las contracciones espásticas contraen y sueltan el útero de golpe —en espasmos—, y producen importantes dolores por la activación de las fibras circulares (retenedoras) que responden al miedo o al estrés que genera en las mujeres parir desconectadas de su sexualidad y en condiciones contrarias a las que necesita su fisiología. El movimiento de las contracciones funcionales es similar al de un latido y produce placer en vez de dolor. Las patológicas empujan al bebé contra los huesos pélvicos, las funcionales facilitan su maniobra para salir por el canal pélvico.

Nos desarrollamos y vivimos en un régimen de negación de la sexualidad de la mujer que pretende mantenerla encorsetada en el Guion Sexual patriarcal. La maternidad es una etapa sexual que incluye los fenómenos físicos y psíquicos de la concepción, la gestación, el parto, el posparto (y la lactancia) y la crianza. Cada fenómeno fisiológico está impulsado por nuestro sistema sexual y es la preparación del siguiente, por lo que la maternidad debe ser entendida en todo su conjunto, como indica Rodrigáñez en su charla.

Nos hacen creer que el embarazo es un periodo de vulnerabilidad, que el parto —igual que otras de nuestras experiencias sexuales como la menstruación o la menopausia— es como una enfermedad del cuerpo que necesita medicalizarse, y así se inhibe, de nuevo, nuestra respuesta sexual y un poder que nos es innato.

«Desde mi punto de vista, una revolución feminista es recuperar la maternidad, es decir, no puede haber emancipación de la mujer si no hay recuperación de la maternidad y no puede haber recuperación de la maternidad sin emancipación de la mujer. [La revolución feminista] es recuperar la verdadera maternidad —cuya función es la sociabilidad del ser humano—, nuestros cuerpos, nuestra sexualidad y el bienestar de las criaturas al nacer. Va todo unido», insiste Rodrigáñez en su ponencia.

Al recuperar nuestra sexualidad, estaremos liberando a nuestros úteros de la rigidez a la que los condena el sistema.

Mientras esperamos a que semejante cuestión de justicia histórica ocurra, en *Pariremos con placer* encontramos tres formas de recuperar el útero y salvarlo de la rigidez a la que lo han sometido durante generaciones para poder devolver al placer y la calma su lugar protagonista en nuestra sexualidad:

1. Tener orgasmos. El orgasmo es la principal vía de *rehabilitación* del útero. Gracias a sus contracciones longitudinales, al movimiento generado, el útero va perdiendo tensión y rigidez y recupera movilidad y salud. El orgasmo es el placer de los placeres. Un gozo máximo. Ha sido invisibilizado, perseguido, cuestionado durante siglos (que si existía o no, que si clítoris o vagina). A veces, desde la sexología decimos que no es «el fin último» para aligerar la frustración que genera no alcanzarlo.

Pero es una parte fundamental de nuestra sexualidad. El orgasmo es salud, bienestar, disfrute, alegría, relajación, desconexión-conexión, cuerpo... ¡Revolución! Y no quiero que falte en mi vida, como tampoco quiero que falte en la tuya, porque el orgasmo mejora nuestra calidad de vida, alivia los malestares y dolores (incluyendo los menstruales), ejercita nuestro útero y suelo pélvico, aumenta la irrigación sanguínea en la pelvis... ¡y colabora en nuestra preparación al parto! Durante mi embarazo, el orgasmo estuvo bien presente, aumentando mis niveles de oxitocina y endorfinas, mi estado de ánimo, mi energía y mi vitalidad.

2. Cambiar la actitud ante el placer, dándole el lugar importantísimo que tiene en nuestra vida. El placer es un GPS para la supervivencia, para el buen vivir. Estamos programadas para guiarnos por el placer. Ya no se trata solo de derribar el tabú que condena al placer a las cavernas de la vida (por pecaminoso o improductivo), sino de conseguir integrarlo en nuestra cotidianidad, desde la comprensión de que no es algo de lo que podamos prescindir. El placer tiene una función fisiológica y psíquica. Sin el placer no es posible la percepción corporal ni la reconexión. «Reconocer el placer es soltar la inhibición automática socialmente adquirida», escribe Casilda Rodrigáñez.

3. Poner a trabajar al neocórtex (y así ser además conscientes de la importancia de desconectarlo durante nuestros partos y prácticas sexuales). La recuperación del útero también pasa por que las mujeres recuperemos el conocimiento sobre su función y dejemos de vivir ajenas a él. Usemos nuestra mente racional para buscar información que nos ayude a sanar nuestra feminidad y sexualidad. Cuanto más sepamos, más facilitaremos la reconexión. El neocórtex trazó el camino para introducir la moral sexual en nuestra vida hasta

alcanzar (¡y dominar!) nuestros cuerpos. Por eso también puede ser lo contrario: el camino de vuelta para reintroducir los saberes que nos fueron robados y que nos condenan a vivir desconectadas de nuestra sexualidad.

No olvidemos que recuperar la sexualidad femenina es una revolución contra cinco mil años de cultura patriarcal y que ya no se trata solo de derribar el tabú de la sexualidad, sino de conseguir integrar la sexualidad como una parte más de nuestra salud y bienestar para ocupar nuestro lugar en el mundo y conseguir sanar a la humanidad. Incluir dentro de esto la experiencia maternal es todavía más desafiante.

Corporalidad, gordofobia e influencia en el autoconcepto

Haz de tu cuerpo un hogar donde la vida pueda echar raíces.

Vivimos bajo una dictadura estética marcada por un canon único de belleza patriarcal y capitalista que genera sufrimiento en millones de mujeres. Este canon de belleza es una de las herramientas de control social más poderosas que existen, porque genera un beneficio anual millonario a través de productos, tratamientos, intervenciones, etcétera. Esta mirada única a los cuerpos, como si tuvieran que encajar dentro de un molde idéntico imposible, es la causa de la gordofobia.

La gordofobia se define como «el odio, rechazo y violencia que sufren las personas gordas por estar gordas. También se puede entender como el miedo a la gordura, a la propia (gordofobia interiorizada) y a la ajena. Se caracteriza por actitudes negativas, estereotipos y prejuicios hacia las personas gordas».[9] En una sociedad patriarcal que considera la belleza una herramienta de valor en las mujeres, todas convivimos con juicios y autojuicios a nuestros cuerpos, pero «la gordofobia es una opresión específica que no violenta a todos los cuerpos en igual medida».[10]

La dictadura estética hace que las mujeres crezcan con la presión de estar siempre delgadas o lo más cerca posible de un supuesto peso ideal que encaje en ese canon. Y demasiadas veces se dejan la salud (física y emocional) por el camino. De modo que, cuando llega un embarazo, son muchas las que viven con miedo el aumento de peso. No solo miedo a la imagen que ven en el espejo, sino a las revisiones sanitarias en las que te suben encima de una báscula para evaluarte.

Algunas mujeres acogen sus cambios físicos durante el embarazo con placer y se sienten más sexis, sensuales y sexuales que nunca. Otras viven los cambios físicos con rechazo. En ambos casos, cómo sea la relación con el cuerpo propio influirá en la vivencia y en la percepción de la sexualidad.

Por otro lado, ¿qué papel juega la mirada de la pareja, si la hay? Es tan importante que aprendamos a mirarnos bien a nosotras mismas como que recibamos una buena mirada por parte de nuestro entorno: permiso, reconocimiento, admiración. Acoger los cambios físicos con confianza implica a la mujer gestante y a todas las personas que la rodean.

---

9. Azahara Nieto, «Por qué el problema de la gordofobia es estructural y sistémico», *El País*, 2023, <https://elpais.com/salud-y-bienestar/nutrir-conciencia/2023-12-09/por-que-el-problema-de-la-gordofobia-es-estructural-y-sistemico.html>.
10. Marta Plaza, «La gordofobia perjudica seriamente la salud», *Pikara Magazine*, 29 de junio de 2022, <https://www.pikaramagazine.com/2022/06/la-gordofobia-perjudica-seriamente-la-salud/>.

Los cambios físicos también son parte de nuestra sexualidad

«No se nota que estás embarazada», me dijeron.

Un comentario que reconforta escuchar, un reconocimiento a que «has sido buena» y «lo has hecho bien», pero que esconde una trampa perversa. *¿Y si se me notase?* «No se nota que estás embarazada» es un eufemismo de «No has engordado», de que estéticamente «Sigues siendo tú». Porque la sociedad tiembla ante la idea de que las mujeres cambiemos (en cualquier etapa de nuestra sexualidad). No se nos permite. Vivimos una cultura gordófoba y gerontófoba que lucha con uñas y dientes para que las mujeres seamos jóvenes, delgadas y bellas siempre, y siempre del mismo modo. Una batalla perdida para nosotras en la que nuestra autoestima, seguridad y amor propio pagan el coste.

Gestas durante cuarenta semanas. Creas a un ser humano dentro de ti con todo lo que necesita para vivir y desarrollarse. Y tu única licencia son dieciséis kilos.[11] Los que marcarán la diferencia entre si has sido buena o mala mujer. Y después… ¡ponte rápido a recuperar tu cuerpo!, ¡vuelve a ser tú! No importa cómo te sientes, tu vulnerabilidad, tu proceso. Importa que no te alejes demasiado del canon con la excusa de la preocupación por «tu salud» (aunque nadie te pregunta por tus analíticas en ningún momento).

Obvio que la intención detrás del comentario «No se nota que estás embarazada» es buena, es hacernos sentir bien, es una palmadita en la espalda. *Pero ¿y si se me nota?* Hay que preguntarse qué hay detrás, cuál es nuestro miedo, cómo nos sentiríamos ante una mujer a la que «se le nota que está embarazada», qué narices significa eso.

11. *Guía de práctica clínica de atención al embarazo y puerperio*, Ministerio de Sanidad.

UN EMBARAZO ERÓTICO

¡Estoy embarazada! Gracias a nuestros embarazos los seres humanos llevamos en este mundo miles de años. ¿Acaso debo pretender que no se me note para recibir tu reconocimiento y aplauso? ¿Para tu comodidad? *¡Revísate! ¡Deja de opinar sobre otros cuerpos!*

Me cuido, me muevo, hago ejercicio… porque quiero sentirme ágil, fuerte, saludable y enérgica. Y aunque yo misma caigo en la trampa de la estética —¡cómo no, si vivo en esta sociedad!—, me reviso, cuestiono y aprendo para luchar contra un sistema que me quiere sumisa y obediente. Y conmigo que no cuente.

> *24 de marzo de 2019*
>
> El embarazo es una fase más de nuestra sexualidad y, como tal, conlleva una transformación enorme de nuestro cuerpo, nuestro universo emocional y nuestra experiencia sexual. Nuestra ciclicidad está en pausa durante unos meses, los estrógenos y la progesterona van aumentando a pasos agigantados —sobre todo esta última, la hormona de la paz, protagonista de nuestra fase premenstrual también, con todo lo que eso supone—, nuestros genitales cambian y aparecen sensaciones no reconocidas. Lo mismo pasa con nuestros pechos y pezones, que crecen y pueden estar hipersensibles. ¡A mí, en determinados momentos del día, me arden!
>
> Además, aparecen dudas y miedos a nivel sexual que jamás pensaba que tendría, en parte por la gran desinformación que hay en cuanto a las prácticas sexuales durante esta etapa y en parte porque nosotras

> mismas estamos en un proceso de transformación y creación importantísimo. Hablar de esto con otras mujeres, contar con guías femeninas, atrevernos a preguntar a nuestras matronas (¡si son sexólogas y feministas, punto extra!), compartir nuestras vivencias y tener el apoyo/sostén/escucha de nuestra pareja (si la tenemos) es vital.
>
> La información sexual es poder. Reconocernos y abrazar nuestros cambios en esta etapa tan importante es el primer ejemplo que damos al cachorro que vendrá para que aprenda a relacionarse con su cuerpo de forma más sana y más amorosa. El cambio empieza por cada una de nosotras rompiendo los muros patriarcales heredados para construir una sociedad más abierta, consciente y libre, donde la sexualidad femenina se libere de mitos, miedos y silencios.

A lo largo de los meses de gestación, se irán dando algunos cambios en el cuerpo, como por ejemplo:

- Aumento de peso y volumen.
- Aumento de lubricación y vascularización, lo que aumenta la sensibilidad en la vulva y la vagina.
- Aumento de tamaño y de firmeza de los pechos, cuyas areolas se agrandan.
- Mayor sensibilidad en los pezones.
- Suelen oscurecerse áreas como la cara, el cuello, las areolas y la línea alba.

- Al distenderse la piel, se pueden producir estrías por la pérdida de elasticidad.

¿Cómo vive cada mujer estos cambios? ¿Supondría alguna diferencia darle información previa —sin sesgo por peso—[12] de las posibles modificaciones que irá experimentando? ¿Sería más fácil vivirse sexual si no estuviera presente la mirada de la gordofobia? Si pudiéramos amar todos estos cambios, ¿gozaríamos la sexualidad con más intensidad? Sin duda, el autoconcepto influye en la vivencia de la sexualidad.

Teniendo en cuenta que algunos de los cambios físicos pueden mejorar la vida sexual —mayor sensibilidad genital y mamaria, ilusión por la experiencia vital, unión con la pareja— y que una vida sexual placentera tiene beneficios para el propio embarazo —como la liberación de oxitocina, que disfruta también el bebé—, tiene sentido plantear que ya en el embarazo aparece la oportunidad de redescubrir y potenciar el espacio sexual.

Aunque hay algunos peros. Aquí vengo a reconceptualizar el sexo de las madres, pero también, o más bien *por ello*, a ajustar expectativas.

---

12. «El sesgo por peso se define como actitudes y creencias negativas hacia los demás debido a su peso. Estas actitudes negativas se manifiestan en estereotipos y/o prejuicios hacia las personas con sobrepeso y obesidad. El estigma de la obesidad implica acciones que pueden conllevar exclusión y marginación y conducir a inequidades. Por ejemplo, cuando no reciben una atención médica adecuada o cuando son discriminadas en el lugar de trabajo o en entornos educativos», señalaba en 2017 el texto «Weight bias and obesity stigma. Considerations for the WHO European Region» «(Sesgo por peso y la estigmatización de la obesidad. Consideraciones para la región europea de la OMS»), *Pikara Magazine*.

EL SEXO DE LAS MADRES

Deseo sexual y sexo durante el embarazo

> La energía que introdujo al bebé ahí es la que lo saca fuera. Las mujeres experimentan el orgasmo más intenso de su vida cuando dan a luz en ambientes en que son amadas, adoradas y totalmente apoyadas.
>
> INA MAY GASKIN[13]

26 de marzo de 2019

Nos volvemos locas buscando rituales para conectar con nosotras mismas, deseando implantar cambios en nuestra vida que nos permitan ser más conscientes de nuestra feminidad. Pocas veces en esa búsqueda de rituales hablamos de masturbación, de autoplacer, de orgasmos. Quizá por vergüenza, quizá porque creemos que el sexo —con una misma— «va de otra cosa».

Y vaya, que no se me ocurre mejor ritual de autocuidado que un rato contigo (¡aunque sean cinco minutos!), en contacto con tu cuerpo, acariciando tu vulva, explorando tus genitales, despertando tu clítoris..., mientras buscas o no un orgasmo, simplemente disfrutando de las sensaciones sin más expectativa que el placer del momento que despereza el cuerpo y eriza la piel.

Otras veces el mejor ritual para una noche mágica

---

13. Esta partera ha dedicado su vida a la defensa del parto humanizado.

UN EMBARAZO ERÓTICO

> es saborear gestos cotidianos como estar en pijama en casa, que cocinen para ti al ritmo de la música, dar un paseo después de cenar o un masaje antes de dormir. Todo es placer y todos los placeres importan.

El deseo sexual y el sexo durante el embarazo son una experiencia diversa influenciada por factores fisiológicos —lo que ocurre en mi cuerpo a medida que las semanas avanzan—, psicológicos —de dónde vengo y qué emociones y pensamientos se despiertan— y sociales —en qué contexto vivo el embarazo, con qué recursos, con qué información, con qué red y sostén, qué trato recibo de mi entorno o del sistema sanitario—. La sexualidad es una parcelita de nuestra vida conectada con todas las demás. Nuestro cuerpo cambia y también sus sensaciones, y para hablar de sexo, lo primero es dejar de asociar libido con coito, porque es muy posible que nos sintamos exuberantes, sexuales y deseosas, pero que nos apetezcan más unas prácticas sexuales que otras y que, al final, por no tener un coito, nos las perdamos todas.

En cualquier caso, es posible que durante el embarazo sientas más ganas de practicar sexo o todo lo contrario, que no tengas libido en absoluto. Ambas situaciones pueden ser normales, pero vamos a repasar algunos aspectos que suelen ser comunes.

Mi compañera Lucía Martínez Villarejo, matrona y sexóloga feminista, me explica que las recomendaciones de cuándo limitar relaciones sexuales coitales no están muy claras.[14] Los estudios sobre sexo en

---

14. Lucía Martínez Villarejo tiene un máster en terapia sexual y de pareja con perspectiva de género. Investiga en salud sexual e imparte formación. Con su proyecto EXIMe consiguió el título de doctora, tres premios y tres becas. Es experta en anticoncepción, menopausia, ginecología y maternidad.

el embarazo se centran, sobre todo, en el coito, y en líneas generales, existe el acuerdo de informar a las mujeres de que pueden tener relaciones sexuales de manera habitual, porque no hay ningún riesgo para el feto. Solo habría que tener cuidado en caso de amenaza de aborto en el primer trimestre, rotura prematura de membranas, alguna enfermedad de transmisión genital por parte de la pareja, amenaza de parto prematuro, incompetencia cervical o placenta previa. Cada una de estas situaciones tiene sus peculiaridades y nuestra matrona debe informarnos de las pautas que se deben seguir en cada caso.

Durante el primer trimestre, el posible malestar en forma de cansancio o náuseas se traduce en un deseo sexual o actividad sexual bajos o nulos. Cuando no nos encontramos bien, no puede aparecer el deseo sexual, y esto es aplicable tanto en el embarazo como en cualquier otra etapa vital.

El inicio del embarazo puede ser muy ambivalente, puesto que, por un lado, hemos aprendido que es mejor ocultarlo hasta que pasa el primer trimestre, como si en caso de pérdida gestacional lo mejor fuera el silencio, *hacer que no ha pasado nada*. La pérdida gestacional es un tabú, y su duelo, silencioso. Por lo que, a veces, vivimos el primer trimestre bajo la sombra —más o menos densa— de este miedo, con los malestares a cuestas y solas.

Es fácil que el primer trimestre sea el momento del embarazo en el que sintamos mayor malestar, a la vez que menos se perciben los cambios, lo que unido a la costumbre de no dar la noticia *por si acaso*, nos hace sentir que no tenemos permiso para descansar o cuidarnos más —cuidarnos diferente y recibir cuidados—. Hay estudios que afirman que el 54 por ciento de las embarazadas no tiene deseo sexual durante el primer trimestre de embarazo.[15] En

---

15. «Los beneficios de tener sexo durante el embarazo», Quirón Salud, 18 de enero de 2022, <https://www.quironsalud.com/es/comunicacion/actualidad/beneficios-tener-sexo-embarazo>.

este trimestre, el riesgo de disfunción sexual es de un 65 por ciento[16] —«la jerga médica habla de *disfunciones*», matiza Martínez Villarejo, ya que, desde nuestro abordaje sexológico, hablamos de *dificultades*—, sobre todo por miedo a hacer daño al feto, y el porcentaje disminuye en multíparas porque tienen menos miedo.

Las dificultades más habituales están relacionadas con la disminución o falta de deseo, con el dolor en la penetración (es la práctica que se estudia) o la dificultad de conseguir el orgasmo. Y si el embarazo ha tardado en llegar, es probable que las relaciones sean más placenteras ahora que ya no hay presión por conseguirlo.

En cualquier caso, si te apetece practicar sexo a solas o compartido, ¡adelante! ¡Todas las posturas y prácticas son adecuadas, y el sexo, lejos de la falsa creencia de que puede ser peligroso, tiene muchos beneficios también durante el embarazo!

Recordatorio para unas prácticas sexuales seguras que aplican, más si cabe, durante el embarazo:

En el caso de contraer una infección de transmisión genital, los riesgos derivados son mayores, por lo que, dependiendo de cuál sea el pacto que tiene cada pareja a nivel sexual, quizá haya que tener más presente utilizar métodos anticonceptivos de barrera.

En caso de practicar sexo anal, nunca se debe introducir, después, el pene o juguete sexual en la vagina sin limpiarlo previamente.

---

16. F. del Río *et al.*, «The prevalence of the risk of sexual dysfunction in the first and third trimesters of pregnancy in a sample of Spanish women», *International Journal of Environmental Research and Public Health*, 20(5), 2023, p. 395.

A medida que el embarazo avanza, suelen desaparecer los síntomas del primer trimestre —aunque no siempre—, el vientre aumenta y empiezan a ser visibles los cambios físicos. Dichos cambios pueden hacer que nos sintamos bellas y poderosas, pero debido a la influencia de la dictadura de la belleza y del miedo a aumentar de peso y volumen, también hacen que algunas mujeres se sientan inseguras. Cómo nos veamos nosotras y con qué permiso y confianza vivamos el proceso influirá en las ganas de vivirnos y compartirnos eróticamente.

A su vez, la mirada de nuestra pareja, así como los comentarios del entorno, importan. ¿La pareja erotiza los cambios físicos de la mujer gestante y expresa su deseo de manera respetuosa y no exigente? No se trata de pasar de la mirada biomédica a la mujer gestante —como si estuviera enferma— a la hipersexualización patriarcal. Hay una escala de grises que tiene que ver con la admiración y el reconocimiento y con la expresión de esa mirada de forma respetuosa, no exigente —sin pretender que la expresión del deseo vaya unida a la satisfacción del mismo a través del sexo—.

Si en el embarazo nos encontramos bien, acogemos los cambios de nuestro cuerpo, recibimos la admiración y deseo no exigente de nuestra pareja y nos damos permiso para nuestro propio deseo, el sexo en el embarazo será gozoso, ya que muchos de nuestros cambios corporales —y genitales— propician que así sea. La vivencia del sexo durante el embarazo puede ser muy intensa. Por otro lado, a veces la pareja experimenta una bajada de la libido debido a miedos y mitos heredados relacionados con la posibilidad de dañar al bebé al practicar sexo (¡no tienen ni idea de todo lo que hay entre un pene dentro de una vagina y el bebé, la dimensión y la importante función de cada una de las partes!) y, también, debido a la construcción del deseo en torno al canon de belleza normativo, que no admite los cambios o evolución real del cuerpo de las mujeres —así pueden vendernos soluciones mágicas para *arreglarnos*—.

En el segundo trimestre, cuando el embarazo está más asentado, la experiencia suele cambiar. Que este trimestre —vivido en un contexto privilegiado— represente lo que es un embarazo en el imaginario social es la causa por la que existe la creencia extendida de que las mujeres embarazadas tienen mucha libido. Así, en general, sin tener en cuenta en qué momento del embarazo te encuentres ni cómo lo estés viviendo ni tu contexto. Sí, es habitual que la libido aumente en el segundo trimestre por la elevación de las hormonas sexuales y la desaparición de los malestares del primero, y que el sexo sea más placentero debido a la mayor vascularización. Los niveles fluctuantes de estrógenos, progesterona, relaxina, gonadotropina coriónica humana y prolactina podrían ser en parte los responsables.

También es en este momento cuando nos vemos más atractivas, de nuevo por el efecto de las hormonas, pero también de nuevo por coincidir con la idea estética estereotípica de la mujer embarazada que tiene el sistema. Pero el hecho de que la libido esté elevada (o muy elevada) no implica necesariamente ganas de sexo compartido. Puede que sí o puede que no. Puede que la libido esté dirigida a las ganas de masturbación y no de coito. La masturbación es igual de gozosa que otras prácticas —¡o más!—. Decía la gran Betty Dodson: «Con la masturbación se descubre el erotismo, se aprende a responder sexualmente y se adquiere confianza y respeto por una misma».[17]

«Yo recuerdo las masturbaciones con mucho agrado y como una conexión con el bebé. Michel Odent [médico y obstetra francés] dice que la segregación de endorfinas y los vaivenes de las contracciones uterinas que se producen durante el orgasmo resultan

---

17. Betty Dodson, *Sexo para uno. El placer del autoerotismo*, Madrid, Ediciones Temas de Hoy, 1989.

placenteros para el feto.[18] Estaba convencida de que al bebé le gustaba, y yo me lo gozaba. Al final del embarazo, me apetecía menos compartir [sexo], disfrutaba a solas y me conectaba con mi bebé», me cuenta Lucía Martínez.

Si existe el deseo de sexo compartido, salvo contraindicación específica, practicarlo tendrá los beneficios que tiene siempre el sexo gozoso, pero resulta que cuando tenemos orgasmos, nuestra sangre se llena de endorfinas, estas atraviesan la placenta y también le llegan al bebé. Esto puede chocar con creencias limitantes que suelen ser populares.

Lucía explica: «Lo que nos encontramos en consulta con mayor frecuencia es que [las parejas heterosexuales] tienen mucho miedo a tener relaciones sexuales, sobre todo coitales y sobre todo los hombres. Por el tema del pene y de su potencia extrema —añade con humor—. Creen que puede llegar a la cabeza del bebé y temen hacerle daño, provocar un parto prematuro, romper la bolsa amniótica o provocar sangrados e infecciones. Por eso es tan importante que [las matronas] desmitifiquemos todo esto en la consulta».

El sexo es una práctica segura y beneficiosa, y si nos liberamos de los mitos y las creencias limitantes, sería más fácil abandonarnos al deseo y entregarnos al goce.

¿Te das permiso para comunicar a tu pareja tu deseo y tus ganas de practicar sexo cuando las tienes? ¿Te da vergüenza o sientes culpa? El sexo gozoso forma parte de la experiencia humana y nuestros cuerpos, los de las mujeres, están programados para el placer y disfrute. Merecemos vivirlo sin cuestionamientos ni culpas. También cuando vamos a ser madres. Porque a pesar de la creencia, a veces inconsciente, de que las madres estamos

---

18. Michel Odent, *Las funciones de los orgasmos. La vía rápida hacia la trascendencia*, Santa Cruz de Tenerife, Ob Stare, 2009.

desexualizadas —como si nuestro único interés sexual fuera reproducirnos—, somos seres de luz exentos del peligroso y sucio erotismo heredado de la cultura judeocristiana, las madres somos seres libidinosos viviendo en sociedades antilibido, que nos aíslan y desgastan. Pero tenemos un enorme potencial para romper las cadenas y subvertir el sistema.

En el tercer trimestre, debido al aumento del volumen del útero, al cansancio provocado por el peso y a la incomodidad de las posturas, es habitual que las ganas de sexo (sobre todo compartido) vuelvan a disminuir. «Habrá más dificultades en la respuesta sexual a medida que avance el embarazo; de hecho, en el tercer trimestre, el riesgo de *disfunción* sexual asciende al 81 por ciento, siendo más frecuente la dificultad para llegar al orgasmo.[19]

Es importante tener en cuenta, además, que el orgasmo podría dejar una sensación residual de contracción uterina (barriga dura no dolorosa), que podría asustarnos si nos pilla desinformadas.[20] Durante la relación sexual, en el cerebro se segregan las mismas sustancias que durante el parto y, en vez de aparecer el reflejo de eyección del feto, aparece el reflejo del orgasmo. Si se monitorizara a una mujer que está teniendo una relación sexual, se vería que registra contracciones muy similares al parto, pero que en vez de doler dan placer.

Por otro lado, es interesante resaltar que al final del embarazo suele mejorar la relación de pareja, y esto puede estar relacionado con un mayor vínculo con el bebé ahora por parte de ambos, explica Lucía Martínez Villarejo. Quizá, si eliminásemos la mirada *coitocentrista* del sexo o dejásemos de ver el sexo exclusivamente como sexo compartido, descubriríamos que la libido es tan

---

19. F. J. del Río, *op. cit.*
20. J. R. Pauleta, N. M. Pereira y L. M. Graça, «Sexuality during pregnancy», *The Journal of Sexual Medicine*, 7(1 Pt 1), enero de 2010, pp. 136-142.

frecuente en el tercer trimestre como las ganas de invertirla en masturbarnos, porque la capacidad orgásmica está en aumento, y gozar del sexo sigue teniendo beneficios hasta el final (¡incluso, durante el parto!).

Se pueden adoptar posturas cómodas y muy placenteras —por ejemplo, tumbarse de lado haciendo la cucharita y que la pareja acaricie o estimule suavemente los pechos, la vulva o el clítoris—, jugar con vibradores para estimular el clítoris, usar aceites (de almendras dulces, coco u oliva virgen extra) o lubricante de base acuosa para mejorar la elasticidad en el perineo y hacer el masaje perineal con la pareja, siempre y cuando resulte agradable, como incentivo. «El masaje perineal durante el embarazo es muy recomendable para las mujeres nulíparas, pues consigue reducir de forma importante los traumatismos perineales. [...] También es útil para mujeres multíparas que sufrieron una episiotomía en partos anteriores».[21]

Durante el último mes, la práctica sexual coital podría ayudar a desencadenar el parto, ya que el semen contiene cantidades significativas de prostaglandinas, una sustancia crucial para inducir el trabajo de parto al estimular las contracciones uterinas y ablandar el cuello uterino; incluso a veces se utiliza como fármaco para la inducción al parto.

En resumen, los problemas sexuales más habituales durante el embarazo están relacionados con el miedo. «Por eso hay que hablar de sexo de manera muy explícita», afirma mi compañera Lucía. El embarazo «es un muy buen momento para redescubrirse, para el autoconocimiento, para vivir la sexualidad sola, también para explorar otras alternativas al coito u otras posturas durante el coito. En cuanto a la respuesta sexual, el orgasmo

---

21. <https://www.elpartoesnuestro.es/informacion/campanas/informacion-sobre-la-episiotomia/la-episiotomia/el-masaje-perineal-es-efectivo>.

puede ser más intenso y, el alivio de la congestión genital, durante la fase de resolución, es más lento especialmente en la segunda mitad del embarazo (10-15 minutos en madres primerizas, y 30-40 minutos en madres repetidoras)».[22]

Respecto al coito, es vital la forma en la que nuestra pareja entienda y atienda nuestras necesidades. Debemos saber expresar qué queremos, si buscamos un encuentro intenso lleno de sensibilidad y conexión, si queremos un encuentro lento, si queremos explorar, si queremos probar una u otra postura..., y el que podamos expresarlo dependerá mucho de la confianza y de cómo de escuchadas, respetadas y entendidas nos sintamos.

El potencial orgásmico del embarazo

Sabía que las personas podíamos experimentar orgasmos cuando soñamos, sin tan siquiera tocarnos, pero nunca lo había experimentado. Hasta el embarazo. Era tal el deseo y la intensidad de la excitación que, a medida que avanzaba el segundo trimestre (¡y hasta el parto!), mis noches estaban protagonizadas por sueños excitantes y libidinosos. Un día, durante uno de ellos, el orgasmo que sentí fue de tal intensidad que me despertaron las contracciones placenteras. Entonces aluciné con el potencial de un cerebro fantasioso que provoca una respuesta sexual de excitación y orgasmo sin un estímulo físico directo, debido a la enorme congestión sanguínea que la excitación provoca en los genitales y el clítoris.

Durante el embarazo hay diferencias a nivel vaginal, como alteraciones en la lubricación, en los tejidos y en los músculos, que producen un cambio en las sensaciones. Hay mujeres que relatan haber experimentado un orgasmo por primera vez en su

22. Pauleta, *op. cit.*

vida durante su embarazo. Pero en esta etapa también entran en juego los mitos y creencias que influyen en la capacidad de dejarse llevar, de abandonarse sin resistencia a la nueva experiencia sensorial del cuerpo.

> *16 de julio de 2019*
>
> Me da penita que el embarazo llegue a su fin. Me ha parecido un proceso alucinante que, si te dejas, te enseña cosas de ti misma que no podías imaginar.
>
> No he vivido un embarazo perfecto en el sentido que solemos entender (perfecto = como si no estuviera embarazada). Ha sido perfecto como debía ser.
>
> Pasé un primer trimestre difícil (náuseas, mareos, energía bajo cero). He padecido acidez desde el primer día. Ahora tengo el estómago aplastado y eso hace que las digestiones me cuesten un montón. Pero puedo decir que me he permitido sentir y vivirlo todo, respetando lo que me ha pedido el cuerpo.
>
> ¡Ay, el cuerpo! Estoy enamorada de su sabiduría, de lo que es capaz de hacer, de ver cómo creamos vida y cómo eso que solo era una pequeña semilla en una eco ahora se mueve tanto que puedo hasta notar sus pies.
>
> Es fácil sufrir el embarazo en una sociedad como la nuestra. Que borra nuestra sexualidad. Que nos obliga a seguir rindiendo y produciendo igual que siempre, a pesar de que, queramos aceptarlo o no, no estamos igual. Que no nos permite tomarnos nuestro espacio y tiempo. Por eso el embarazo puede ser un gran maestro.

> Nada de purpurina ni colores pastel. El embarazo es la experiencia más animal que he vivido, con lo maravilloso y lo incómodo en el mismo pack.
> #semana34

Beneficios del sexo durante el embarazo

Practicar sexo durante el embarazo es positivo, gozoso, beneficioso… ¡El sexo es bienestar y vida! Ojalá pudiésemos escucharlo más a menudo para sacudirnos los miedos, porque todas las compañeras profesionales a las que he consultado coinciden en que esto se dice poco y necesitamos oírlo mucho.

«Estudios recientes encuentran que la sexualidad durante el embarazo suele ser menos frecuente y menos satisfactoria que cuando no estamos embarazadas. Las causas son múltiples, pero en general hay un miedo a "hacer daño a la criatura"».[23] Sin embargo, practicar sexo durante el embarazo es seguro.

- Si el embarazo es normal, el sexo es bueno para la madre y para el bebé, ya que libera endorfinas, oxitocina (hormona del amor, la calma y principal agente hormonal del amor maternal) y otros neurotransmisores como la dopamina y la serotonina.
- Los músculos de la pelvis están más irrigados y hay más flujo sanguíneo, por lo que practicar sexo puede aliviar la

---

23. «La sexualidad en el embarazo», El Parto es Nuestro, <https://www.elpartoesnuestro.es/informacion/embarazo/cambios-fisicos-y-emocionales/la-sexualidad-en-el-embarazo>.

congestión y resultar más placentero debido al aumento de la sensibilidad. Y esto, a su vez, podría facilitar la fisiología del parto.
- Ayuda a disminuir el cortisol (hormona del estrés) porque durante el orgasmo se libera oxitocina. La oxitocina es una de las hormonas centrales de la excitación sexual y de los orgasmos. Con el orgasmo, aumentan aún más los niveles de esta hormona para producir contracciones que ayudan a transportar el esperma hacia el óvulo para facilitar la concepción. Estas contracciones son algo normal, fisiológico, una respuesta muscular que suele durar un par de minutos, que es el tiempo que permanece la oxitocina en sangre. No hay que alarmarse, a menos que sean dolorosas y rítmicas.
- Aumento en la calidad de la vivencia orgásmica.
- Fortalece el vínculo con la pareja, de nuevo por efecto de la liberación de oxitocina. Recuerda que sexo no es solo coito o solo contacto genital, los masajes, los abrazos, las caricias y los besos, todo el contacto físico y afectivo cuenta como prácticas sexuales.
- El placer y el bienestar que sentimos al practicar sexo relajan el bebé al liberarse endorfinas que le llegan a través de la placenta.
- Mejora el estado de ánimo.
- Facilita el sueño y el descanso.
- Contrarresta el dolor de las contracciones.
- Acelera la recuperación posparto, ya que fortalece los músculos del diafragma urogenital.

Mi amiga Sandra Gómez, fisioterapeuta y sexóloga especializada en suelo pélvico y salud femenina, añade que el sexo durante el embarazo también tiene estos efectos positivos:

- Mayor movilidad pélvica.
- Mayor drenaje pélvico.
- A nivel hormonal, favorece un ambiente químico óptimo para el desarrollo embrionario y fetal.

«Lo que no hay son perjuicios. ¡Siempre que nos apetezca a nosotras!», dice.

Repensar el mapa erótico

El embarazo y el posparto son claros momentos en los que se nos brinda la oportunidad de repensar nuestro mapa erótico de forma consciente. Entiendo como *mapa erótico* la representación e integración del resultado de un chequeo de nuestro cuerpo a través del sentido del tacto con el objetivo de descubrir las sensaciones placenteras (o displacenteras) para hacerlas conscientes y poder verbalizarlas. A ese mapa le pondremos intención erótica. La idea es compartirnos con nuestra propia sabiduría sexual, sin apegarnos a él, ya que es cambiante, absolutamente dinámico y puede transformarse cada vez que lo exploramos.

A lo largo de nuestra vida, puede que no disfrutemos de las mismas prácticas, de las mismas intensidades ni de las mismas zonas del cuerpo por igual, así que replantear la exploración de un nuevo mapa pondrá el placer en el centro en cada momento. La maternidad, y en este caso el embarazo, por ser una experiencia corporal muy intensa que incluye cambios muy rápidos en un tiempo breve, nos pide a gritos revisar las creencias que tenemos acerca de las sensaciones del cuerpo y acercarnos a él sin manual —ni Guion Sexual— para redescubrirlo con curiosidad.

EL SEXO DE LAS MADRES

EJERCICIO DEL MAPA ERÓTICO

El mapa erótico se puede plantear como un juego. Cada miembro de la pareja (o a solas), sobre una silueta de un cuerpo por delante y por detrás, deberá colorear las partes del cuerpo que considera placenteras (color rojo), las que considera neutras (color amarillo) y las que considera displacenteras (color azul). La idea es preguntarnos de qué nos damos cuenta cuando observamos el dibujo, mostrarlo a la pareja y llevarlo a la práctica con intención de contrastarlo, redescubrirlo y redibujarlo cada vez.

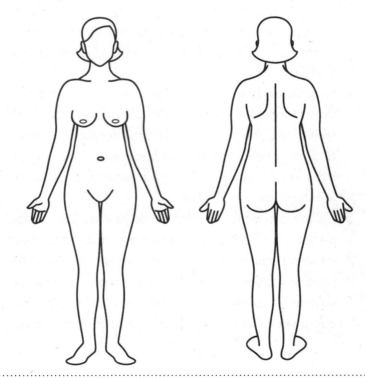

UN EMBARAZO ERÓTICO

Cómo acercarnos al cuerpo una vez pintado el mapa:

1. Es importante dedicar un rato a crear y preparar juntos un ambiente de intimidad, un contexto agradable: música suave, olores ricos, habitación ordenada, cama (o superficie para tumbarse) cómoda.
2. Hay que negociar con la pareja quién se coloca primero en la posición de dar y quién de recibir. El que da explora el cuerpo dejándose guiar por el mapa, respetando las zonas azules como límites, y el que recibe se abandona, se deja llevar.
3. Pactamos el tiempo, que será de mínimo treinta minutos por persona. Idealmente, una hora por persona. Aunque de entrada pueda parecerte mucho tiempo, confía en mí, lo necesitamos para el abandono y disfrute.
4. Podemos explorar estando desnudos o con ropa interior, depende de cómo nos sintamos emocionalmente más cómodos. Si existe resistencia o rechazo al sexo genital, recomiendo hacer este ejercicio con ropa interior para crear mayor seguridad y facilitar la relajación y el disfrute.
5. Os invito a inhibir el sentido de la vista (de ambas personas) o reducirlo al mínimo con la habitación en semipenumbra o completamente a oscuras. Se pueden vendar los ojos. De esta manera, subimos el volumen a la información del resto de los sentidos, que a veces tenemos olvidados y poco entrenados.

6. La persona que recibe se tumba boca abajo. La exploración empieza de espaldas, primero de talones a cabeza. Cuando llegamos a la mitad del tiempo, toca darse la vuelta y empezar de nuevo desde los pies hasta la cara. La persona que da controla el tiempo. Podemos ponernos una alarma suave que nos avise cuando toquen los cambios.
7. Imaginad que todo el cuerpo es un lienzo y que no deben quedar zonas en blanco, sin acariciar. Hablad, incluso, de si deseáis o no, en esta ocasión, acariciar aquellas coloreadas en azul y darles otra oportunidad. La exploración consiste en conectar con el sentido del tacto a través de un toqueteo erótico. No es un masaje para soltar contracturas musculares o relajar los músculos, son caricias de mayor o menor intensidad, con la mano completa, con la palma, con el dorso o con los dedos. Quien hace las caricias también debe poner el foco en su disfrute, en despertar su sentido del tacto a través del contacto. Se pueden usar aceites de masaje con los aromas que más os estimulen.
8. El ejercicio tiene tres fases. La primera vez que lo hacemos, no se pueden tocar genitales y no se puede tener otra práctica sexual después (por muy excitadas que estemos). La segunda vez se pueden tocar genitales incorporándolos como una parte más del cuerpo (nada de quedarse más rato allí, como si se tratara de una masturbación) y no se puede tener otra práctica sexual después (¡por muy excitadas

que estemos!). La tercera vez es libre. Os recomiendo encarecidamente que antes de comenzar esta fase, paséis por la primera y la segunda y toméis consciencia de todas las creencias, pensamientos y sensaciones que aparecen.
9. Después de cada sesión de tacto, es igual de importante que dediquéis los mismos minutos del ejercicio a comunicaros con honestidad y vulnerabilidad, desde el yo y no desde el tú. Es hora de expresar y dar espacio a las emociones que sentís, lo que más habéis disfrutado, lo que os ha sorprendido y lo que cambiaríais. Daos las gracias con un abrazo sentido e íntimo.

Algunas claves del mapa erótico

- Está en constante cambio.
- No debería haber zonas sin colorear dentro de las siluetas dibujadas, puesto que toda nuestra piel tiene sensibilidad.
- No debería haber zonas sin acariciar en la práctica —intentemos no pasar nada por alto—, puesto que toda nuestra piel tiene sensibilidad. Salvo aquellas zonas que hayamos marcado en azul y no deseemos explorar.
- Nuestro órgano sexual más grande es la piel.
- Las creencias desde las que nos acercamos al cuerpo condicionan nuestra erótica.

El objetivo del ejercicio es integrar nuestro cuerpo completo en la mirada erótica, explorar cada centímetro de piel para despertarlo. Y después, una vez que hayamos hecho conscientes las sensaciones y las hayamos integrado a través de la práctica, podemos volver a separarlas en partes que nos provocan más placer (responsabilizándonos de descubrir de qué manera han de ser estimuladas) y en partes que son menos agradables o, directamente, displacenteras (responsabilizándonos de poder expresarlo, de poner límites).

A través de este ejercicio, yo descubrí cuánto me excita que me estimulen la piel y cuánto goce me producen las caricias en la espalda y las manos, o que hundan las yemas de los dedos en mi cuero cabelludo. Y si el estímulo es acompañado de aromas, ¡uf! Son sensaciones orgásmicas. Después de practicar este ejercicio, el sexo siempre ha sido brutal.

20 de agosto de 2019

No lo pienses demasiado.
No te crees expectativas.
¿Sin epidural? ¡Ya verás cuando lleguen las contracciones!
Porque comas esto no te va a pasar nada, en mi época comíamos de todo.
¿Parto natural? Lo importante es que el bebé esté bien.
Bla. Bla. Bla.
Durante todo el embarazo estamos expuestas a opiniones, juicios y consejos que no hemos pedido. Preguntan y rápido juzgan las respuestas.

> Todo el mundo sabe mejor que nosotras lo que necesitamos y lo que tenemos que hacer. Un comportamiento, en el fondo, muy típico de una sociedad paternalista con las mujeres.
>
> No quiero opiniones no pedidas que no respetan mi individualidad ni advertencias sobre mis decisiones que tienen poco que ver conmigo.
>
> Estos días, agradezco y disfruto de frases como: «Todo saldrá bien», «Es normal que lo pienses tanto», «Te mando toda mi fuerza», «Deseo que tengas el parto que esperas», «Sea como sea, podrás hacerlo», «Escucha a tu intuición», «Confía en tu cuerpo», «Estás preparada para lo que venga».
>
> Las palabras pueden ser un bálsamo, son muy valiosas. Usémoslas bien. Debemos aprender a respetar, sin intentar cambiar, las emociones y deseos del resto. Si estoy nerviosa, si lo pienso demasiado o si quiero por encima de todo vivir una experiencia determinada..., ¡es cosa mía! Y si no sale como esperaba, me haré cargo.
>
> Qué bonito es saber acompañar, escuchar y apoyar cuando se necesita. Qué bonito es escuchar: «Confía en ti» o «Confío en ti».

Influencias en la vivencia sexual

En resumen, hay múltiples factores que influyen en la vivencia sexual de la mujer durante el embarazo. A nivel individual, nos atraviesa nuestra cultura, la educación recibida —incluida la sexual, y recuerda que, como explico en mi libro *Sexo afectivo*,[24] «no existe la no educación sexual»—, la situación socioeconómica, la situación sentimental actual, las experiencias sexuales previas, la vivencia de la sexualidad en el presente —y durante la búsqueda del embarazo—, la relación con el propio cuerpo a lo largo de la vida, los referentes relacionales de nuestro entorno y los que hubo en la infancia, el impacto del embarazo en la salud, la información de la que disponemos, entre otros aspectos.

A nivel de pareja —si la hay—, influyen en la vivencia sexual la salud y horizontalidad del vínculo, el rol que ocupa cada uno en la relación —y cómo nos sentimos al respecto de esos roles—, la seguridad y confianza en el proyecto común, las dinámicas de comunicación, los pactos negociados y cómo nos sentimos respetándolos, la vida sexual compartida hasta la fecha y su evolución en el tiempo, la información que tenemos de la sexualidad y de esta durante el embarazo.

Hay muchos miedos y mitos en cuanto al sexo en esta etapa y sería fundamental que las principales figuras sanitarias que nos acompañan y hacen un seguimiento en este tiempo nos dieran de manera activa una información abierta, desacomplejada y actualizada sobre el sexo (aunque no preguntemos). Y esto no es lo más común. A mí nadie me habló de sexo en mi embarazo. Si es deseado, el sexo durante el embarazo es seguro, beneficioso y tremendamente gozoso.

Lo practiques sola o acompañada.

---

24. Sonia Encinas, *Sexo afectivo. Todo lo que debes saber para disfrutar de un sexo consciente desde el primer día*, Barcelona, Montena, 2023.

UN EMBARAZO ERÓTICO

22 de agosto de 2019

Me he sentido muy sexy durante el embarazo. Y es que «sentirte sexy» es una actitud contigo misma que no depende del juicio ajeno. Nos han enseñado que ser sexy es un modelo único que debe ser validado por otros. Es ser jóvenes, con un cuerpo X y una actitud Y. La maternidad, con sus tintes de cultura judeocristiana, se presenta como casta y pura, desexualizada. La madre es un arquetipo desbordante de amor incondicional que se desvive por otros sin más ambición, puesto que «ya lo tiene todo». Pero no se representa en el imaginario como un arquetipo fuerte, poderoso, reivindicativo, con identidad propia y MUY SEXUAL.

Nadie ha de dictar qué es o no es sexy, ni encarcelar nuestra sensualidad en una edad, ni enjaular nuestra sexualidad en un cuerpo determinado o en un canon de belleza patriarcal. Nadie ni nada ha de acotar nuestro placer y disfrute dentro de un rol concreto. Merecemos una mirada a nosotras mismas que nos reconozca como sujeto sexual. Limpiarnos los ojos de filtros externos y aprender desde cero a encontrar la sensualidad en nuestra piel.

No se trata de buscar aquello que me gusta por encima de lo que no, sino de verme como una mujer completa y desbordante de sexualidad que merece desearse, desear y ser deseada por lo que es. Independientemente del momento de la vida en el que estemos. Mujer, seas como seas, TÚ ERES SEXY. Una venus llena de vida.

#semana39

> *No tengo miedo al parto.*
> *Confío en mi cuerpo mamífero, que está preparado para ello.*
> *Confío en mi bebé, que sabrá el camino que recorrer para venir al mundo.*
> *Confío en mi pareja, que será el entrenador más amoroso, mi mejor compañía y mi mayor apoyo.*
> *Confío en mis ancestras, que han parido durante miles de años para que hoy esté yo aquí.*
> *No tengo miedo al parto ni al dolor.*
> *Tengo ganas de saber hasta dónde puede llegar mi poder.*
> *Tengo ganas de sentir en mi piel, en mi útero, en mis caderas, en mi vagina... el secreto de la vida.*
> *No tengo miedo al parto porque estoy lista.*

Hay que ser muy valiente para ser madre en esta sociedad.
Hay que ser muy valiente para NO ser madre en esta sociedad.

Aquello que tiene que ver con las experiencias, vivencias y decisiones tradicionalmente femeninas siempre encuentra un juicio enfrente.

Hay que ser muy valiente para ser madre en este sistema. Soledad, desamparo, invisibilización, falsa conciliación, éxito medido por tus niveles productivos..., pero luego juicios por doquier sobre cómo, cuándo y dónde debes hacerlo. Cómo debes criar y a qué ritmo. Que sea rapidito, que no moleste y que te permita «volver *a ser tú» cuanto antes —trabajar, tonificar tu cuerpo, follar y estar disponible para los demás—. Los ritmos del sistema son antimaternales y anticrianza.*

Pero si no eres madre no te libras. Porque hagamos lo que hagamos las mujeres, la lupa va detrás. Por qué no eres madre. Ya cambiarás de opinión —sin respetar que esos motivos puedan ser dolorosos—. Cuando seas mayor no tendrás quien te cuide. Si lo mejor del mundo es tener hijos. Y, por supuesto, ninguna conciliación entre la vida laboral y la personal, porque no tienes excusa. Para qué quieres tú tener tiempo. Si no tienes criaturas, tampoco es que tengas derecho a disfrutar.

Y toda la vida cuestionadas o enjuiciadas en nuestras decisiones o formas de vivir. Siempre con un imaginario pendiente de deconstruir para sobrevivir.

No hay, sin embargo, un discurso paralelo construido sobre las decisiones vitales masculinas. Si eres padre, muy bien. Qué monería, en el mejor de los casos. Si no eres padre, muy bien. Será que quieres dedicarte a tu carrera profesional.

Hay que ser muy valiente para ser madre en esta sociedad por todo lo que te viene.

Hay que ser muy valiente para no serlo por todo lo que te cuestionarán.

Hay que armarse de valor para ser mujer en este sistema patriarcal.

3
EL PARTO ES UN ACTO SEXUAL

> Si queremos crear un mundo menos violento, donde el respeto y la gentileza reemplazarán el miedo y el odio, debemos comenzar por la manera en que tratamos el comienzo de la vida. Porque es en ese momento cuando se instalan nuestros modelos más profundos, de estas raíces brotan el miedo y la alienación o el amor y la confianza.
>
> SUZANNE ARMS

Mi parto merece ser narrado

Agosto de 2019. Creo que todo empezó el último domingo del mes. Uno de mis mayores temores durante el embarazo era cumplir la semana cuarenta y empezar a sentir el reloj de la cuenta atrás, así que tomaba infusiones de frambuesa, dátiles, caminaba mucho y me entregaba a la masturbación.

A dos días de entrar en la semana cuarenta, me dediqué un día de oxitocina. Me desperté tarde, hicimos el amor, desayunamos en la terraza y salimos a caminar con los perros. Hacía mucho calor.

Al volver a casa, cocinamos a fuego lento, igual que se cocina un bebé en el útero materno, y comimos con la luz estival tiñendo de color dorado el salón. Pasé la tarde leyendo en una hamaca al aire libre, terminé el libro sobre parto que me había recomendado Anabel[25] y empecé otro que nunca retomé.

Cuando me cansé, me puse a trasplantar macetas —llevaba queriendo hacerlo todo el verano, sin éxito— y sentí un bienestar enorme. Percibía mi hogar como un lugar sagrado, y miré a mi pareja y di gracias a la vida por ponerlo en mi camino. Ya de noche, con la terraza llena de luces como si fuera una verbena, cenamos con música y el murmullo en terrazas vecinas, al fresco, disfrutando de las últimas noches veraniegas. Sin saber —o quizá sí, porque yo creo que lo sabía— que al cabo de pocas horas empezaría la mayor aventura de nuestras vidas.

A las tres de la madrugada me despertó la primera contracción. Abrí los ojos y pensé: «Siento una especie de dolor de regla, tiene que ser esto». Como no podía dormir, me puse a adelantar trabajo como loca mientras tenía las primeras contracciones leves. Desperté a Sergi sobre las cinco. «Hoy es el día», le dije emocionada. Canceló su trabajo, nos pusimos a contar contracciones y, al rato, nos volvimos a quedar dormidos.

Cuando me desperté dos horas después, me sentía nerviosa, a las puertas de vivir algo importante. Tenía contracciones cada tres o cinco minutos. «¿Intensidad?», me preguntaba él todo el rato. «Baja, supongo», contestaba yo. ¿Cómo se valora la intensidad de algo de lo que desconoces el máximo nivel? Desayunamos y

---

25. Anabel Carabantes fue la fundadora de Ancara Perinatal. Me recomendó leer *Parto seguro. Una guía completa,* de Beatrijs Smulders y Mariël Croon, Barcelona, Medici, 2002.

salimos a pasear. Ya en el parque tuve las primeras contracciones, que me obligaron a parar, respirar y a emitir sonidos para paliar el dolor que no parecían salir de mi garganta (siempre con la letra A: «Mmmmmm... AAAAAAAA»). Cuando me cansé de caminar, nos fuimos a casa.

Me entraron ganas de releer partes del libro *Parto seguro*, sentada en la pelota de pilates. O quizá solo me senté en ella porque creía que era lo que debía hacer para ser consciente de mi parto. En cualquier caso, si estaba en esas, es que aún quedaba mucho. Sin embargo, cada pocos minutos, las contracciones me ponían de pie y me obligaban, a voz en grito, a empujar la columna del salón con la cabeza gacha. De repente, las contracciones remitieron. ¿Sería el día, realmente?

Comí algo y, al cabo de un rato, volvieron con mayor intensidad. Con cada oleada sentía dolor y una presión enorme en el sacro. Así que pronto dejó de servirme la pelota o caminar y solo podía empujar la pared y gritar en una postura que no había aprendido en ningún manual. Era la necesidad intuitiva de mi cuerpo. Rondaban las cinco de la tarde cuando empezaron a molestarme la luz y los sonidos, así que me ubiqué en penumbra en una habitación más pequeña. Ya no me preocupaba si los vecinos me oían gritar. El dolor era muy intenso y estaba un poco cansada. Me sentía en un universo paralelo. Quería aguantar en casa el máximo tiempo posible, pero después de doce horas de contracciones (ya regulares e intensas), pensé que era el momento.

El trayecto en coche al hospital fue dramático. El dolor de las contracciones se multiplicó y me sacó del estado alterado de conciencia, del universo parto en el que (creo) ya estaba. Al llegar al hospital, esperé en la sala de Urgencias, me expliqué entre contracciones y gemidos y me subieron a la planta de partos para que una matrona me hiciera la primera exploración. «El cuello del útero está borrado, pero has dilatado dos centímetros y, hasta los cuatro o cinco no podemos ingresarte. Así que vuelve a casa, date una ducha, relájate y verás que todo empieza a ir más rápido», dijo amorosamente la matrona. El desánimo se apoderó de mí, ¿volver a subirme en el coche?

El 26 de agosto de 2019 hubo una tormenta grandiosa en Madrid, y mientras íbamos por la autovía lloviendo a cántaros, con agua que cubría parte de las ruedas de los coches y un tráfico intenso, noté que Sergi se ponía nervioso. «Nos damos la vuelta», me dijo. Y llamamos a un amigo que vivía cerca del hospital para ver si podía darme una ducha en su casa. Mala suerte, estaba en un atasco por la tormenta. «Respira, Sonia».

Estaba empapada del trayecto entre el hospital y el coche, sudada del esfuerzo, cansada físicamente como no recordaba antes en mi vida. Seguía diluviando y decidimos dejar el coche en el aparcamiento interior para que pudiera pasear por allí, pero no daba ni dos pasos y tenía que parar a cada contracción, que ya estaban en su máxima intensidad. El dolor de sacro me impedía caminar, el aire sucio y concentrado del aparcamiento me mareaba y tenía muchísimas ganas de hacer pis. La situación me sobrepasaba, así que decidimos volver a Urgencias.

Soy una persona bastante escrupulosa y, a pesar de ello, me senté en el váter sin pensarlo. No me salía ni una gota de pis, pero la sensación era de no poder aguantarme más, y al limpiarme me sorprendió ver una cantidad importante de mucosidad y sangre. ¡Había expulsado el tapón mucoso! Estaba exhausta, incómoda y sucia, no podía moverme bien y rompí a llorar mientras Sergi, preocupado por mi tardanza, entró a buscarme. Una sanitaria que fue a usar el baño debió asustarse al verme la cara —el parto no era su especialidad, me dijo— y nos guio al punto de inicio.

Segundo intento en Urgencias, ¡por fin había dilatado cinco centímetros! Entregué mi plan de parto y, como deseaba continuar la dilatación en el agua, me llevaron a la habitación con bañera, que por suerte estaba disponible. A esas alturas ya dudaba de todo, de si podría hacerlo, de si me quedarían fuerzas.

Nunca me olvidaré de Miriam, la matrona número dos, su voz, su presencia... fueron un bálsamo. «Haré todo lo posible para que tengas el parto que deseas», me dijo. Lloré. Me di una ducha y me puse el camisón del hospital. La ducha me resultó incómoda, de pie sentía mucho cansancio y dolor, y la habitación estaba muy fría y las ganas de ponerme la ropa que yo había llevado se esfumaron.

Mientras Miriam llenaba la bañera, me senté en la pelota a respirar el óxido nitroso —no me hizo efecto alguno—, pero al monitorizar vieron que a Noah le bajaba el pulso en esa posición. Así que me tumbé de lado para evitarlo. Estaba deseando probar a meterme en el agua para ver si me aliviaba algo el dolor, pero cuando lo hice, me moría de calor con cada contracción y de frío cuando cesaba. Pasé dos horas en el agua en una especie de trance.

Es curioso, porque el relato del parto bebe de lo que nos cuentan quienes nos acompañan. ¿Cómo habría una de saber cuánto tiempo lleva pariendo, si no? Más allá del fuerte dolor que llevaba soportando varias horas, me preocupaba el agotamiento. Sabía que necesitaría toda mi energía para pujar. Era de madrugada, habían pasado horas desde el último tacto y quise salir del agua. Sentía que no podía más y me estaba bajando la tensión. Ya exhausta, cuando supe que había dilatado solo un centímetro más..., me derrumbé.

Fue entonces cuando decidí ponerme la epidural. Me daba pánico hacerlo, no sentir nada y no poder dirigir los pujos. Pero llevaba veinticuatro horas sin dormir, con contracciones muy seguidas desde el principio y estaba desanimada. «Sonia, no eres más mujer por no ponerte la epidural», me dijo Miriam. Y lo sabía, pero tuve que escuchárselo a ella para soltar. Soltar la racionalidad.

EL PARTO ES UN ACTO SEXUAL

Soltar todas las lecturas. Soltar todas las expectativas. Soltar las ilusiones. Soltar todas las exigencias. Abracé la almohada, respiré y, después de la contracción, el anestesista me inyectó la epidural.

Qué descanso soltar. Podía sentir las contracciones aún, pero menos dolorosas. Notaba los dedos de los pies y podía moverme bien. Respiré aliviada, podría dirigir los pujos. Entonces noté como si explotara un globo entre mis piernas. ¡Acababa de romper aguas! Debían ser las cinco, estaba animada y deseaba que fuera Miriam la matrona que me acompañara a traer a mi bebé al mundo. Con esa sensación, me dormí. Cuando desperté, ya estaba de ocho centímetros. ¡Faltaba menos para tener en brazos a mi bebé!

Miriam no pudo acompañarnos hasta el final. Lo hizo Sarai. Qué bonito trabajo, el de recibir la vida. Eran las nueve de la mañana, lo recuerdo por el cambio de turno. Las contracciones volvían a ser intensas y, con cada una, sentía muchas ganas de empujar. En ello encontraba placer. Placer en medio del dolor. ¡Placer, por fin! La matrona me indicó que empujara, pero que guardara fuerzas. Y ahí estábamos Sergi y yo, en equipo, recibiendo/sosteniendo cada ola. A las diez, Sarai se quedó con nosotros. «Sonia, con cada contracción, empuja con todas tus fuerzas», dijo.

No conocía el significado de la palabra *fuerza* hasta que parí. Me sorprende no haberme quedado afónica, con lo que grité. No me quedaba energía para sujetarme en cada pujo, y Sergi me sostenía y animaba con un entusiasmo contagioso. No sé dónde esconde tanto poderío el cuerpo, pero es salvaje su capacidad. Yo quería ver mi parto, así lo detallé en mi plan de parto, aunque a esas alturas ya me había olvidado, y en ese preciso momento metieron en la habitación un espejo gigante.

«Se ve pelo, se ve pelo», gritó Sergi emocionado. Y lo toqué. Joder, toqué su cabeza entre mis piernas y lo vi ahí reflejado. Yo, abierta como una flor, y mi bebé haciendo su camino hasta mí. Magnífico trabajo en equipo, pequeño. Cuando la cabeza coronó, sentí un ardor inmenso. Los labios internos envolvían su cabeza como pétalos. Estaba deseando empujar una última vez. Sopla. Sopla. «Para no desgarrar, solo sopla», me decía la matrona mientras masajeaba los labios. Y no hubo desgarros ni puntos. «¡¡¡EMPUJA!!!». Y todo el dolor, el cansancio, el miedo, las dudas... desaparecieron de golpe.

Lo habíamos hecho. Estábamos juntos. Los tres. Y no hay palabras para describir ese momento mágico. Bienvenido a este lado del mundo, cachorro, ¡lo has hecho genial! La gratitud no me cabía en el pecho. Alumbrar la placenta fue rápido. Pude verla, tocarla, cogerla, fotografiarla... como lo sagrado que es. Sergi cortó el cordón cuando dejó de latir. Y yo, borracha de oxitocina, con un cuerpecito caliente encima, oliéndolo, mirándolo, ofreciéndole mi pecho, pensé: «Somos tremendas, mujeres».

Meses después escribí esta carta a mi yo *de parto*:

> Eres una diosa, lo que vas a hacer en las próximas horas no lo olvidarás jamás. Qué valiente. No tengas miedo. Estoy ORGULLOSA de ti. Eres fuerte, te quedan horas, tranquila, respira, confía en ti y en las señales de tu cuerpo que te guía. Eres esa loba que te inspira y con todo su poder y sabiduría vas a traer a tu cachorro a este mundo. Qué orgullosa. ¡Madre! Cruza la puerta. No tengas miedo, que yo te espero al otro lado para abrazarte.

El parto es una puerta en la que te despides de quien eras.
Es imposible volver a ser la misma después.

Entender el sexo después del parto

Para acercarnos a la vivencia de la sexualidad y el sexo durante los primeros años de maternidad, lo primero que debemos preguntarnos es cómo hemos vivido nuestro parto, una de las experiencias sexuales más brutales de nuestra vida. Cada mujer que ha parido tiene una historia que contar.

Sin embargo, siempre ha sido más fácil hablar de un evento deportivo en una comida familiar, aunque no interese a todo el mundo, que narrar los inicios de la vida. Las cosas habrán cambiado cuando hayamos conquistado definitivamente el permiso para contar las experiencias importantes de la vida de las mujeres con tiempo y sin tapujos. Compartir nuestra vivencia del parto debería ser un ritual en el que todas las personas desearan participar. Sería hermoso sentarnos en círculo junto a nuestros seres queridos para reconocer y poner en valor esta vivencia sexual de la que todas las personas, sin excepción, venimos. Y puesto que estos encuentros no se dan, animo a que podamos grabar un audio, un vídeo o escribir un texto sobre ello. Recuperar la voz de nuestras experiencias es una manera de liberar nuestra sexualidad. Cuando narramos, dejamos que salga a la luz la emoción para procesar e integrar lo vivido. Narrar es hacer consciente lo que, a veces, se aloja en el inconsciente. Narrar es romper el silencio.

¿Cómo fue tu experiencia de parto?

¿Es poderosa?, ¿la sientes ligera?

¿Hay rigidez, miedo o dolor?

Nuestro parto nos acompañará siempre. Aunque haya pasado una semana, un mes, un año o cincuenta. La experiencia queda grabada en nuestro cuerpo y el cuerpo tiene memoria. Silenciar la experiencia de parto es una forma de controlar a las mujeres, porque lanza el mensaje de que nuestras vivencias no importan. Dentro de un contexto sexológico tampoco se estudia el parto como acto sexual, ni cómo influye la vivencia de este en la vida sexual posterior.

Por tanto, es habitual que en una terapia sexual y/o de pareja a la que se asista durante los primeros años de crianza no se pregunte a una mujer cómo vivió su embarazo, su parto y su posparto. Como profesionales de la sexualidad, no aprendemos a entender la sexualidad en esta etapa. Y cuando echamos un vistazo a los estudios que abordan este tema, nos encontramos con que todo gira en torno al sexo heterosexual con penetración durante los primeros meses posparto y a todas las dificultades consecuencia de esta mirada coitocentrista: dispareunia (dolor en la penetración) y ausencia de deseo (de sexo heterosexual con penetración).

La sexualidad es movimiento

> Comencemos por pensar que el parto no es solo un hecho físico que comienza con las contracciones uterinas y finaliza con el nacimiento del bebé y el desprendimiento de la placenta. Es, sobre todo, una experiencia mística, posiblemente el hecho más importante en la vida sexual de las mujeres. Y, como hecho sexual, tenemos derecho a vivirlo en intimidad y en profunda conexión con la mujer que somos, como seres únicos, con nuestras historias, necesidades, obstáculos, desafíos y deseos personales.
>
> LAURA GUTMAN,
> *La maternidad y el encuentro con la propia sombra*

En todos los cursos y talleres de preparación al parto a los que asistí, en todos los libros que leí y en las reuniones en las que participé, sacaba la misma conclusión: las condiciones que necesitamos para una experiencia de parto en la que seamos dueñas de nuestro proceso se aplican a la vivencia de un sexo pleno. Y es que no olvidemos que el parto es un acto sexual.

EL PARTO ES UN ACTO SEXUAL

La primera condición es que el parto es movimiento[26] y, durante demasiados años, el sistema ha tenido a las mujeres inmovilizadas con desinformación, posturas antiparto, epidural incuestionable y paternalismos varios. Lo mismo pasa con el sexo: el desconocimiento de los ritmos propios, la desconexión del cuerpo, la rigidez física (y mental) a la que aboca esta sociedad derivan en cuerpos tensos, pelvis rígidas, genitales que necesitan lubricación y circulación, ¡movimiento! Si no, seguiremos con una vivencia sexual rígida que no permite disfrutar de todo nuestro potencial.

La segunda condición es que, para parir conscientes, necesitamos un clima de respeto, de confianza, de buen trato... Si parimos estresadas, asustadas, silenciadas, ignoradas, ¿cómo vamos a liberar la oxitocina que necesita el parto?, ¿cómo vamos a parir así? ¡El problema no está en nuestro cuerpo! Necesitamos parir en un clima donde se tenga en cuenta nuestra voz para que podamos sentirnos seguras. ¡Lo mismo que necesitamos para gozar del sexo! Sin oxitocina, no hay respuesta sexual. El cortisol y la adrenalina inhiben a la mujer sexual que somos.

La tercera condición es que necesitamos tiempo para parir. Sin prisas, sin que nuestros cuerpos tengan que encajar en el reloj o en el calendario de nadie. El tiempo medio que necesita una mujer primípara en la fase de dilatación (de cuatro a diez centímetros) son ocho horas, y es improbable que llegue a las dieciocho. En multíparas, son entre cinco y doce horas. Para el expulsivo, el tiempo necesario depende, además, de si tiene o no epidural, oscilando entre dos y cuatro horas.[27] Nuestro proceso, nuestros ritmos, nuestro tiempo. Para una experiencia sexual placentera y plena no podemos correr

---

26. Blandine Calais-Germain y Núria Vives Parés, *Parir en movimiento*, Barcelona, La Liebre de Marzo, 2013.
27. *Guía de práctica clínica de atención al parto*, Ministerio de Sanidad.

tampoco. No podemos exigirnos tener un orgasmo ya, excitarnos ya. Para gozar, hay que respetar nuestro ritmo.

La cuarta condición es que necesitamos llegar a acuerdos con quienes nos acompañan en el proceso de parto, tanto las profesionales como las parejas o acompañantes. Establecer qué deseamos nosotras para nuestro parto, cuáles son nuestros gustos, qué es importante, cuáles son nuestros límites. Eso nos obliga a hacernos preguntas y ponernos en el centro, a expresarnos, comunicarnos y escuchar. Y también a aprender a comunicarlo. ¿No necesitamos lo mismo para unas relaciones sexuales satisfactorias? A esto es a lo que llamamos consentimiento y sí, también es aplicable a nuestro parto.

La quinta y última condición es que, para un parto consciente y soberano, necesitamos volver a confiar en nosotras mismas y reconectar con toda nuestra sabiduría sexual. Haciendo alusión al capítulo del embarazo en el que menciono a Casilda Rodrigáñez y explico cómo funciona el útero, necesitamos dejar de retener (fibras circulares) para poder soltar (fibras longitudinales). Estamos preparadas para esta experiencia. Necesitamos escucharnos, creer en la sabiduría del cuerpo, dar voz a la intuición. Y menuda coincidencia: para gozar del sexo como mujeres sexuales que somos, necesitamos lo mismo: soltar, confiar, intuir, explorar, dejar de luchar.

Un hito en nuestra historia sexual

El parto pertenece a tu historia sexual.
Quizá pariste y no tuviste un espacio para narrarte y soltar.
Quizá no recibiste el reconocimiento que merecías.

Quizá todavía te emocionas cuando lo recuerdas.

Quizá te sentiste poderosa o sola o no escuchada o temerosa.

Quizá sufriste violencia por parte de quien debería haber velado por tu bienestar.

Quizá no lo pensaste mucho, pero te da vértigo mirar atrás.

Quizá te dio miedo mirar después tus genitales.

O ir al baño.

O tocarte.

Quizá todavía no hayas podido mirar tu vulva o tu cicatriz.

Puede que no hayas vuelto a acariciar tu cuerpo con goce y amor.

Es posible, incluso, que los primeros calambres menstruales tras tu parto te hicieran viajar al punto de salida.

Cuando todo empezó.

Quizá tuvieras miedo a las primeras relaciones sexuales compartidas, a los primeros coitos.

O quizá aún no hayas vuelto a tenerlos.

Puede que te preguntes dónde quedó tu sexualidad, qué ha pasado.

O que te digas que no entiendes nada.

Puede que no lo pienses, pero creas que en aquel parto quedó anclada una parte de ti.

Y que desees liberarla.

Puede, quizá, que cuando piensas en recuperar tu vida sexual, no te preguntes cómo viviste tu parto. Y puede, quizá, que lo necesites.

> *Puede incluso que hayas buscado ayuda profesional y que no te hayan preguntado.*
> *Y yo te digo que...*
> *tu parto pertenece a tu historia sexual,*
> *tu parto es importante,*
> *tu parto merece ser narrado para integrar, para sanar y para permitirte abrazar a la mujer sexual que nunca dejaste de ser.*
> *Con el reconocimiento y permiso a la altura de la diosa que eres.*

Es urgente empezar a tratar el parto como un acto sexual para acompañar con el respeto, empatía y sensibilidad que merece el inicio de la vida. Es fácil que hayamos crecido con la idea de que el parto es un proceso médico, doloroso, más relacionado con la enfermedad que con la salud. Es fácil que hayamos aprendido a temerlo.

Nunca olvidaré a una de las comadres con las que recibí el curso de preparación al parto en mi centro de salud. Llevábamos semanas escuchando a nuestra matrona, Beatriz Fernández, una profesional excelente que intentó transmitirnos toda la confianza y seguridad en que estábamos preparadas para ello, incluso planteando dinámicas vivenciales muy divertidas. Pero a pesar de todo su amor y empeño, una de las mujeres tenía tal miedo al parto que en la última sesión confesó que ella lo que de verdad deseaba era programar una cesárea. Y yo pienso en lo bien perfilado que lo tiene el sistema para hacernos desconfiar de un proceso fisiológico natural para el que nuestro cuerpo está preparado, de modo que al final nos convence de que una cesárea será más sencilla. ¿Más sencilla o más rápida? ¿Para quién? ¿Qué profesionales acompañan una cesárea?

Un parto fisiológico tiene un ritmo inestimable y es acompañado por la profesional más antigua del mundo, la comadrona o matrona. Las matronas, conocedoras y transmisoras de la sabiduría sexual femenina, perseguidas y llevadas a la hoguera durante siglos. En mayo de 2024 el Colegio de Enfermería y la Asociación de Matronas de Madrid denunciaron que la Comunidad de Madrid tiene quince matronas por cada mil nacimientos, once menos de las recomendadas.[28] A nivel nacional el dato es de «12,4 matronas por cada 1.000 nacimientos, menos de la mitad que la media de los países de la OCDE (25 matronas por 1.000 nacimientos). [...] Además, un elevado porcentaje de estas matronas están próximas a la jubilación y la tasa de reposición es inferior a la de retiro».[29]

Las funciones de estas profesionales de la salud sexual se han ido restringiendo a la atención al parto, pero no podemos olvidar que se extienden durante toda la vida de la mujer, desde la infancia a la vejez, y van desde la educación sexual, hasta el cribado del cáncer ginecológico o el seguimiento del embarazo, parto, posparto, acompañamiento en la interrupción legal del embarazo y en el climaterio. La Federación de Asociaciones de Matronas de España denuncia «un grave problema que pone en peligro la calidad y seguridad de la asistencia y cuidados a la salud sexual y reproductiva en nuestro país».[30] En la atención primaria madrileña hay 266 matronas para atender a más de 3,5 millones de mujeres.

---

28. Juan José Martínez, «Las matronas de Madrid reducen su actividad al mínimo por la falta de personal», *El País*, 2 de mayo de 2024, <https://elpais.com/espana/madrid/2024-05-02/las-matronas-de-madrid-reducen-su-actividad-al-minimo-por-la-falta-de-personal.html#>.
29. «FAME denuncia que la falta de matronas en España amenaza la calidad de la atención sanitaria», FAME, 19 de julio de 2024, <https://federacionmatronas.org/wp-content/uploads/2024/07/NP-falta-de-matronas-FAME.pdf>.
30. *Ibid.*

En agosto de 2024 las matronas de Madrid alertaron de que su profesión en España está en peligro de extinción.

Un parto es más incómodo para un profesional que tiene prisa o ignora sus ritmos fisiológicos. Una cesárea está bajo el control del poder médico. Pero ¿qué ocurre después? La recuperación de un parto fisiológico es, generalmente, más sencilla y rápida que la recuperación de una cesárea. ¿Y quién se preocupa por nuestros ritmos de recuperación tras el parto? ¿Acaso alguien se queda con nosotras durante el proceso? Quizá, si existiera un seguimiento del posparto como lo hay del parto, más allá de las dos visitas protocolarias, se practicarían menos cesáreas.

Si queremos reconquistar el relato sexual de las mujeres, es imprescindible que recuperemos el parto como parte de nuestra sexualidad.

Acompañar un parto es observar el origen de la humanidad

Mi amiga Cristina Triviño se define, literalmente, como «comadrona punki». Es enfermera especializada en ginecología y obstetricia, y una docente que aborda temas como el apoyo al duelo y el abordaje del parto fisiológico. Asiste tanto partos hospitalarios como partos en casa. Tuve la fortuna de vivir mi posparto inmediato bajo sus cuidados, a través de uno de los grupos de madres a los que acompañaba en un centro de salud público de Madrid, hasta que los cerraron tras el estado de alarma por la covid-19. Cris, madre de tres, me empujó a una lactancia gozosa (ya me venía inspirando desde hacía años, a través de las suyas) mostrándome el camino de la confianza en mi cuerpo, el de no exigirme, el de soltar las expectativas. No dudé en preguntarle a ella cómo era vivir un parto desde fuera, cómo era acompañarlo. Este es su testimonio:

EL PARTO ES UN ACTO SEXUAL

Acompañar un parto es lo más parecido a abrirte en canal a un nuevo encuentro con la familia, con la mujer y con la criatura que está por llegar. Pones al servicio del proceso toda tu sabiduría intelectual, todo lo aprendido, todo lo leído y todo lo vivido, tanto personal como profesionalmente, para acompañar ese nacimiento de la manera más correcta o sentida posible.

Esto pasa primero por vincularte con la madre y con la familia, generando un clima de confianza máxima, en el cual cada una de las partes conozca sus propios límites, que esos límites estén mínimamente acordados y exista una confianza absoluta, mutua. Tiene que haber corresponsabilidad en la toma de decisiones. Para ello es importante conocerse previamente, tener información de la mujer a la que estás acompañando (el tipo de familia o los apoyos que tiene) y, como profesional que acompaña, ser muy consciente de tu momento vital, es decir, *cómo estoy yo*, de modo que cuando nos llaman para el parto, especialmente en un parto en casa, intentemos dejar toda la carga emocional de nuestros problemas personales, familiares, o de mi enfermedad como es mi caso, intentar dejarlo atrás y entrar lo más limpia y aséptica al parto, para no llevar miedos propios, conflictos o emociones que puedan interferir en el proceso de la mujer.

Entiendo el nacimiento de esa nueva criatura y el parto de esa madre como un proceso de absoluta transformación y un punto de inflexión en la vida de ambos, incluso en la vida de las personas que atendemos. Para muchas de nosotras, cada nacimiento es un aprendizaje nuevo, supone abrirte a otras formas, porque cada mujer pare a su manera. Y es un conocimiento y una relación muy muy mágica la que se da. Y eso, sin perder de vista las cuestiones más técnicas, como puede ser garantizar el latido correcto del bebé, controlar que la mamá tenga un sangrado dentro de la normalidad o vigilar que los tiempos estén dentro de unos parámetros. Pero es que luego hay otra parte muy intuitiva, que tiene que ver también con la experiencia, con un sentimiento de paz y tranquilidad, no de peligro. Es fundamental hacer caso a la intuición para atender de una manera adecuada a una mujer y su familia.

En los partos en casa, el vínculo suele ser tan fuerte que cada una de las matronas que atendemos, nos acordamos, veinte años después, de cada familia, de cada parto, de cada bebé y de cada mujer. Y para ellas, nosotras pasamos a ser parte de su familia. Evidentemente, siempre hay casos en los que la relación no va tan fluida, o hay desencuentros o malentendidos, o las cosas no salen como una esperaba. Pero incluso en esos casos las matronas nos acordamos y reevaluamos, reflexionamos y aprendemos.

Relacionándolo con la sexualidad, para mí acompañar un parto es abrirme en canal y permitirme ser parte del proceso desde un lugar de observación, de confianza, transmitiendo paz y seguridad. Y profesionalidad. Pero en un segundo plano, nunca como la protagonista del proceso. En algunos casos, nos toca actuar más de lo que nos gustaría o la mujer nos necesita muy presentes para transmitirle palabras de impulso.

Una niña me preguntó una vez qué hacía en mi trabajo y le contesté que animaba a las mamás para que creyeran en sí mismas. «Entonces eres una *cheerleader*», me dijo. ¡Me encantó! Porque sí, en ocasiones nuestro trabajo es un «¡Venga, que tú puedes! ¡Venga, que ya queda menos!» a tiempo, cuando la mujer está desesperada y no puede más, o siente que la muerte está cerca, porque el parto es tremendamente intenso.

Pero hay muchísimos acompañamientos en los que estamos en silencio, simplemente viendo lo que allí está pasando, como si de un amanecer o de un atardecer se tratara. Algo que sabemos que es único, como la apertura de una flor, y que para que ocurra, han tenido que darse un montón de factores. Desde la concepción, pasando por un embarazo que vaya bien, hasta el nacimiento perfecto de un bebé, de una madre perfecta. Se produce un equilibrio mágico para que ese acontecimiento suceda.

En la mayoría de los partos hay muchos fluidos: besos, lágrimas, saliva, flujo, líquidos, sudor... Hay muchas miradas y mucha piel. Tocamos, abrazamos, masajeamos el sacro, se cuelgan de mi cuello o de mis hombros, ¡o de los de su pareja o acompañante! Y hay palabras que se quedan. También hay mucho olor. A placenta, a sangre, a sudor. Es muy muy muy especial. Yo siempre hago el símil con una experiencia íntima a la que te entregas y acabas extenuada. De la mayoría de los partos sales entre pletórica y agotada, ¡igual que de un buen polvo! Exultante de placer y de oxitocina, a la vez que con agujetas y sobrecarga o con dolor muscular, una sensación en el cuerpo única. Intentar explicar un parto es como intentar explicar un orgasmo brutal, no puedes entenderlo hasta que pasa. Pues es un poco así acompañar y parir.

Me preguntabas por la diferencia entre acompañar un parto en casa y uno hospitalario. En este último no escatimas ni un poquito de esto que te contaba de tu sabiduría, de intentar entrar *limpia* para entregar lo mejor de ti. Pero no puede ser lo mismo, porque estás en un espacio en el que sabes que en cualquier momento puede entrar la auxiliar o la ginecóloga o el pediatra, o alguien a limpiar. Y sabes, además, que dentro de unas horas tú cambias el turno y le dejas ese parto y a esa mujer a la que llevas horas acompañando a otra compañera. Indiscutiblemente, tienes muchos más condicionantes que interfieren en cómo estás acompañando ese parto, el primero, que sueles conocer a esa mujer a la carrera, porque acaba de entrar por la puerta, es la primera vez que os veis y, en el estado alterado de conciencia que es la experiencia de parto, tienes que descubrir o adivinar qué es lo que le gusta y lo que realmente quiere, a la vez que aquello que le viene bien para su proceso. ¡Un montón de factores! Y en muchas ocasiones ya entra con dolor, pidiendo que la acompañes. A veces está muy cerrada a la epidural, y otras la pide a gritos. Y tú tienes que saber bailar con ella, sostenerla y llevarla al lugar que sientes que puede ser el mejor, con ella de acuerdo. Y, en ese momento, se mezcla lo que ella quería, lo que quiere y lo que tú sientes que es mejor.

Hay partos absolutamente fantásticos en el hospital, porque cada vez se está atendiendo mejor y cada vez las compañeras vamos más en la misma línea. Pero en ocasiones también hay mucha frustración, porque no todo el mundo atiende igual, no siempre se da la química entre la familia y el profesional, o hay mucho miedo y mucha más intervención. Incluso una cascada de intervenciones.

Y cuando a una mujer le han provocado el parto, a veces por causas poco justificadas, después es muy difícil cuidar las necesidades que esa mujer tenía. También nos encontramos ideas, en ocasiones, un poco confusas, como, por ejemplo, «No quiero pasar dolor en el parto, pero luego me hacen una cesárea y el dolor lo llevo sola en mi casa». O «No quiero pasar dolor en el parto, me pongo la epidural, tienen que usarse fórceps y después tengo unos dolores terribles en los genitales y en el cuerpo durante el posparto». Y ahí estás tú, con toda esa información y en ese contexto que te hace acompañar ese parto como puedes, con los condicionantes que tienes.

La película *Matronas*[31] representa muy bien cómo es nuestro trabajo en el hospital.

El relato de Ana

Me encantaría proponerte un reto. Una vez que termines este capítulo, llama a una mujer de tu entorno a la que quieras y pregúntale por su parto. Hacerlo es romper el silencio, parte de nuestra revolución sexual. Yo le pedí a mi amiga Ana Martín Santamaría, doula y terapeuta corporal, una mujer conectada con el lenguaje del cuerpo de las mujeres, que me narrara el suyo:

> He parido dos veces y las dos elegí hacerlo en casa. La primera vez decidí parir en casa porque me daba miedo parir en el hospital. La intimidad en ese momento era algo tremendamente importante para mí. No sabía lo que era parir y no había leído demasiado. Pero algo me decía que, para sentirme a gusto, necesitaba el calor del hogar, estar tranquila con mi pareja y desnudarme sin pudor.
>
> La noche anterior habíamos hecho el amor, y la oxitocina del orgasmo y quizá las prostaglandinas del semen activaron unas contracciones ligeramente diferentes a las que había sentido días anteriores. El parto arrancó suavemente y yo hacía círculos con mi pelvis sentada en una pelota mientras cantaba a mi bebé, del que aún no sabía el nombre. Mi compañero terminaba cosas en la huerta y a mí me daba placer sentir que él se ocupaba de lo externo para que yo pudiera centrarme en lo que me acontecía. Me dio el espacio que necesitaba.

31. *Matronas*, Léa Fehner, ARTE France y Geko Films, 2023.

Me desnudé y me metí en la ducha. Sentir el agua caliente caer en mi barriga atenuaba la sensación molesta de esas primeras contracciones que ya tenían que ser cantadas. ¡Estaba contenta! Sentía mi cuerpo vibrar por dentro y por fuera. Tras la ducha, el proceso adquirió un ritmo vertiginoso, rápido, fugaz. Cogimos el coche para ir a la casa donde iba a parir. Recuerdo las respiraciones profundas, el jadeo con los ojos cerrados y la pérdida de la noción del tiempo. Empezaba a sentirme en otro lugar donde lo único que existía era mi cuerpo con todas sus sensaciones y mi bebé, al que sentía dentro de mí, acompañándome, casi de la misma manera que yo lo acompañaba a él. Juntos, en un «nosotros» que nunca había sentido.

Llegué a la casa, bajamos las persianas, me desnudé sin pensar, con calor y con la certeza de que era justo eso lo que necesitaba. El canto que había sido nana se tornaba en música de las cavernas, ancestral, gutural, brotaba de la entraña. Mi garganta se abría y mi vagina y mi cuello del útero lo hacían por igual, cantaban al unísono. Iba tan rápido, tan salvaje, que en un momento se paró, las contracciones seguían, pero mi bebé no bajaba, lo que me dio tiempo para asimilar tan tremenda experiencia. Me encerré sola en el baño y empecé a llamarlo. Le dije que quería que naciera ya, que quería verlo. Que me rendía, que no había más lucha, que no haría más fuerza.

Metí dos dedos en mi vagina y toqué su cabeza a la altura de la segunda falange.

«¡Estás aquí, bebé!». Poco a poco empezó a descender, llamé a la matrona y a mi pareja. Estaba naciendo. Recuerdo el aro de fuego alrededor de la puerta de mi vagina, la cabeza de mi hijo coronando y un grito que decía «¡Quemaaa!». Salió la cabeza, explotó la bolsa y, después, el resto del cuerpo húmedo escurriéndose a través de mi vulva, refrescando todo el calor generado.

> Cogí a mi bebé, lo miré a los ojos, me encontré con la mirada más profunda que he visto jamás y le pregunté: «¿Quién eres?». Lo miré de arriba abajo, lo olfateé. ¡Qué maravilloso olor! Entonces lo apreté en mi pecho y ocurrió el éxtasis. El momento más potente que he vivido en toda mi vida. Un orgasmo sideral. El todo. La unidad. Por ese momento volvería a parir mil veces.

Un parto respetuoso y cuidado pone la semilla de una vivencia sexual positiva posterior. Porque ha creado un espacio de seguridad en torno a nuestra sexualidad. Un parto en el que no nos hemos sentido respetadas o en el que hemos sido violentadas, ignoradas o manipuladas desde el paternalismo también podría tener un impacto en nuestra vivencia sexual posterior. ¿Por qué nadie nos habla de esto? No todas vamos a tener la misma vivencia del parto, incluso aunque las prácticas al atenderlo fueran iguales. Del mismo modo que cada mujer también vivirá la sexualidad después de su experiencia de parto de manera distinta —e influida por múltiples factores que veremos después—. Puedes haber vivido un parto traumático y, una vez colocado, sanado e integrado, vivir una sexualidad estupenda. Pero necesitamos poder darle voz a nuestro relato de parto, permiso para vivirlo y narrarlo como una de las experiencias más importantes de nuestra vida. Para poder hablar de manera integral de qué pasa con el sexo en la primera etapa de la maternidad, necesitamos escuchar la experiencia de parto que hemos tenido. Merecemos darnos voz para poder acoger, integrar y sanar si es necesario. Me gusta entender el parto como un hito, como un punto de inflexión en nuestra historia sexual.

31 de agosto de 2019

Vaya experiencia más brutal. Es difícil encontrar palabras para describir ese momento en el que una parte de ti se queda atrás para siempre y se te desgarran las entrañas para parir no solo un nuevo ser (qué magia), sino una nueva tú a la que no reconoces y en la que, por momentos, no te encuentras. Un cuerpo fuerte como pocas cosas hay en este mundo, pero herido en una batalla que al final siempre nos pilla por sorpresa, y que está ganada. Porque somos poderosamente salvajes. Nunca he usado estas palabras tan literalmente.

Este cachorro llegó a nuestras vidas el pasado martes, puntual como un reloj, el día que cumplía su semana cuarenta de gestación.[32] Y llegó para enseñarnos en un instante nuevas formas de amar que me tienen abierta en canal, pero también para en solo unos días tirar por la borda toda mi estructura, todas mis decisiones y todas las ideas que creía inamovibles. Y para darme la lección más gigante de mi vida al exponerme al espejo más nítido en el que me he mirado nunca.

---

32. Mantengo el texto original, aunque añado que parir en la semana 40 no es más puntual que en la 38 o la 41. El sistema nos marca una fecha *improbable* de parto, aunque el embarazo llega a término en la semana 37 y el parto puede ocurrir de manera fisiológica hasta la semana 42.

EL PARTO ES UN ACTO SEXUAL

Tu parto merece ser narrado

Da igual cómo hayas parido. Lo has hecho.
Vaginal o cesárea, con o sin analgesia, con vida o sin ella.
Da igual cómo hayas gestado. Lo has hecho.
Tengas a tu bebé en brazos o no.
Y tienes mucho poder.
Tantas veces en la historia se han invisibilizado y ocultado las vivencias de las mujeres dejándolas en un rincón, como si molestasen, como si fuesen cosas banales o experiencias de segunda.
Pienso en tantas generaciones de mujeres obligadas a callar.
A tragarse sus vivencias con dolor y saliva.
Y deseo fuerte romper con eso.
Que dinamitemos el sistema de creencias patriarcales que nos silencia.
Mientras escribía mi relato de parto, he vuelto a sentir el viaje.
Desde la distancia, cosas han cambiado.
Fue de tal intensidad lo que viví que estaba segura de no querer volver a pasarlo.
Ahora, narrándolo, lo volvería a vivir con curiosidad.
Y volvería a hacerlo con mis mismas ideas previas, las que tanto me advirtieron «que no me hiciera».
A las que tanto me agarré, aunque cambiaran.
¿Cómo no desearlo?

> *Escribir tanta intimidad es sanador.*
> *Confieso que se me saltan las lágrimas más de una vez.*
> *Nuestra historia de parto merece ser narrada.*
> *Porque es el origen de todo.*
> *Porque sin partos, no hay vida.*
> *Y porque la calidad de vida de una sociedad depende mucho de lo que aquí ocurre, de lo que vivimos, cómo lo vivimos, de si se nos cuida, escucha, respeta y sostiene.*
> *Nuestro parto merece ser narrado. Escuchado. Admirado.*
> *Nuestras hijas e hijos merecen ese regalo.*

4
EL POSPARTO ES PARTE DE NUESTRA SEXUALIDAD

El amor materno es una emoción erótica que tiene raíces viscerales. […]

El deseo materno es gusto, placer, deshacerse y derretirse por dentro. […] El sufrimiento de las madres y de las criaturas no cesará hasta que no se reconozca y se permita la expansión del placer del deseo materno y de la sexualidad femenina.

Casilda Rodrigáñez y Ana Cachafeiro,
La represión del deseo materno y la génesis del estado de insumisión inconsciente

---

Si te dijeran...
que el parto será la experiencia física más dura de toda tu vida.

que cuando llegues a casa con tu bebé se te hará un mundo.
que no querrá cuna, carro, hamaquita..., solo brazos a todas horas.
que llorarás por sentirte desbordada.
que te mirarás al espejo y te costará reconocerte.
que despertar cada dos horas y poder volver a dormir significará «dormir bien».
que su llanto desconsolado te derrumbará.
que harás esas cosas que dijiste «Yo nunca».
que echarás de menos a tu pareja aun teniéndola cerca.
que te despertarás en medio de la noche por el dolor de espalda o el brazo dormido de sostener a tu bebé.
que el mundo se detendrá cuando duerma encima de ti.
que tus pechos ya no serán más que de tu criatura.
que, a veces, ir a fregar los platos te parecerá un descanso.
que ducharte estando sola será una celebración.
que verás tu trabajo fuera de casa como pan comido.
Si te dijeran todo esto, posiblemente no lo creerías. Porque no pensarías que, a pesar de todo, nunca habrás sonreído igual, nunca habrás amado igual, nunca te habrás sentido tan valiosa e importante, y nunca habrás experimentado tanto poder. Y si, a pesar de todo, seguimos maternando es porque lo duro de la experiencia se diluye entre la ternura y la felicidad.

Aterrizar en el posparto

Empecemos por decir una gran verdad: no tenemos ni puta idea de lo que es el posparto, porque dentro de la experiencia maternal es el grandísimo desconocido, cuando no directamente olvidado. En esta cultura maternalmente analfabeta, existe una especie de creencia colectiva de que cuando una pare, ya está. Empieza a ser ella otra vez.

El posparto ha sido la etapa más removedora de mi vida. Durante la búsqueda del embarazo, no hubo grandes cambios en mí; durante el embarazo, subió el volumen esa versión no madre conectada con la ilusión y el poderío corporal; durante el parto, viví en un estado alterado de consciencia, y en el posparto, llegó el bofetón. Hoy pocas cosas me producen tantísima ternura como relacionarme con una mujer que atraviesa su posparto.

El primer bofetón vino con todas las cosas que yo creí, antes de parir, que iba a necesitar después en contraste con las que necesité.

Sabía que, al cruzar el puente hacia este lado de la vida, mi bebé solo me necesitaría a mí. Mi presencia, mi cuerpo, mi entrega. Yo sería alimento y cobijo. Aun así, creía necesaria la cuna, carrito, esterilizadores y objetos varios. Y durmió en mi pecho, se alimentó de mi pecho y mi pecho fue seguridad, calma y hogar.

También creí necesitar el conocimiento y permiso de libros, manuales y expertas sobre sueño, alimentación, juego, movimiento, crianza respetuosa. Sin embargo, mis necesidades fueron:

- Ese táper de albóndigas de mis vecinos.
- Esa cama llena de cojines de mis padres.
- Esas amigas que sacaron a los perros.
- Esa vecina que me fregó el suelo cuando mi perra se hizo pis.
- Esas visitas para desayunar que traían cruasanes y lavaban los platos.

- Esas lavadoras y plancha de ropa de bebé o la organización de los cajones maternales.
- Esos mensajes de «Objetivos cortos, Sonia: ducharse, comer, descansar con tu bebé».
- Ese «Vente al grupo de lactancia».
- Ese sostén constante de mi pareja.
- Esos «Lo estás haciendo genial» de quienes ya saben de qué va el viaje.
- La compañía empática de otras madres que transitan a la vez.
- Ese grupo de mujeres y bebés que, independientemente de la hora, están.
- Esos paseos cortos a solas para respirar.
- Esas lágrimas permitidas por no entender nada.
- Esos «Disfruta, esto pasará».
- Este cuerpo hablándome a gritos.
- Esa intuición que, más allá de cualquier manual, me susurraba: «Si tú estás bien, el bebé estará bien».
- Esos «Tú, mejor que nadie, sabes hacerlo».

Hace unos días, le pregunté a Sergi cómo definiría él el posparto. Y me gustó que entendiera que él había sido «un satélite de la díada mamá-bebé». Entendía que su función era la de cuidar a la díada en la medida de lo posible. Su explicación de los inicios de la paternidad también fue reveladora: «El bebé no te necesita a ti, pero tú te lo tienes que ganar, tú tienes que construir ese vínculo con tu hijo desde que nace para que te conozca como otro lugar seguro, otro cuerpo que cuida». Qué gran verdad. Decir que el bebé no te necesita no es excusa para no hacer todo lo que es tu responsabilidad ni para dejar de cuidar ese vínculo. Te lo tienes que currar.

En el posparto nos encontramos con una díada mamá-bebé que son casi uno durante los nueve meses de exterogestación y una/s figura/s *mapaternales* o de cuidados que sostienen y acompañan a la díada.

El posparto, ese espacio minusvalorado donde se asienta la vida.

Qué valiosas son las personas que cuidan a quienes la crean.

Tener o no tener ganas

Quizá ya se ha cruzado por tu mente la pregunta: «¿Por qué no tengo ganas?». Y justo después: «¿Otras tendrán ganas? ¿Cómo viven el sexo el resto de las madres? ¿Tienen deseo y soy yo la única rara?». Desde esa duda temerosa que nos sorprende, nace la necesidad de que alguien encuentre nuestro deseo sexual y nos confirme que volverá cuando se apodera de nosotras el miedo a que nunca aparezca. Y si estamos en pareja, a que esa ausencia signifique el fin de la relación.

¿Cómo vamos a confiar en el dinamismo del deseo si nunca nos enseñaron a confiar en nuestra sexualidad? ¿Si ni siquiera aprendimos a observarlo en el baile con nuestra ciclicidad *cada mes*? ¿Si nos cuentan que el sexo en una pareja tiende a una decadencia inevitable con el transcurso del tiempo? ¿Si nos dicen que es incompatible con el paso de los años (años de relación, edad, etapa vital...)?

La maternidad nos revoluciona la vida entera, ¡y menos mal! Y la realidad es que sí, es habitual que durante un tiempo —más o menos largo dependiendo de múltiples factores, entre ellos, cómo era la vivencia del sexo antes de ser madres— no tengas ganas de follar. Y no tenerlas no es solo algo esperable y habitual, es que cumple una función fisiológica. Eso no significa que tener ganas de sexo desde el posparto inmediato sea malo, por favor. No hay espacio colectivo de madres en el que, ante el planteamiento de que no tener ganas de sexo compartido es normal, no salga alguna excepción. Pero, aunque hay que hablar y visibilizar los casos en los que el deseo permanece durante un posparto (¡o aumenta!), la realidad es que tener ganas de sexo no genera el mismo malestar, en general, que no tenerlas. Además de que es menos habitual. En cualquier caso, recuperando la pregunta «¿Por qué no tengo ganas?», la primera respuesta que me viene a la cabeza es:

—¿Ganas de qué?
—Pues de qué va a ser, Sonia.
—¿Ganas de follar?
—Pues claro.
—Pero es que... ¿qué es follar?

Cuando pasa la cuarentena

A veces, tras el tambaleo de la experiencia de parto —incluso antes—, tenemos la expectativa de que al cabo de cuarenta días todo volverá a ser como antes, incluido el deseo de tener sexo. Pero cuando nace tu bebé, pasa la cuarentena y la matrona, en esa última revisión, te habla de «métodos anticonceptivos» para recuperar las relaciones sexuales, en la mayoría de las cabezas de las mujeres suena la canción *Poker face*, de Lady Gaga.

Esa será la última revisión, pero tú solo acabas de comenzar en esto de la maternidad. Y por suerte, nos lo empezamos a contar unas a otras expresando el impacto emocional que supone que te den «el alta sexual», lo que significa simple y llanamente que *ya puedes volver a practicar coitos*. Las que estamos dentro o hemos estado sabemos que algo no cuadra, porque nos sentimos a años luz de las prácticas sexuales genitales. *Genitales*: zona cero tras el parto.

Es que ni se nos había pasado por la cabeza que fuera una

posibilidad, con la que tenemos encima (o con lo que tenemos abajo). A mí, sinceramente, me sorprendió que mi matrona me hablara en esos términos, sin matizar nada ni adelantar un «Es normal que te pille por sorpresa, pero por protocolo, voy a hablarte de métodos anticonceptivos». Podría decir que, incluso, me ofendió que me hablara de ello estando yo tan poco disponible para el sexo. Me hizo sentir fuera de lugar, como desamparada. Es que ni siquiera me había atrevido a mirarme los genitales con un espejo después del parto.

A esa última revisión llegué nerviosa, con mi bebé en brazos porque aún no nos habíamos atrevido a meterle en el fular de porteo, sin otra preocupación que saber que mi vagina y útero estaban *bien* (sin tener ni idea de qué condiciones eran las del bien o las del mal). «¿Y me habla de métodos anticonceptivos? ¿Acaso piensa que estoy para sexo con penetración?».

Lucía Martínez Villarejo explica: «Las matronas solemos incluir la sexualidad en el embarazo y el posparto dentro de las clases de educación maternal y parental, y hacemos al menos dos visitas después del parto. La primera es la más inmediata, enfocada a asesorar y proporcionar asistencia física y emocional a la mujer y la criatura, valorar la lactancia y dar soporte ante posibles complicaciones. La segunda sería al final de la cuarentena, seis u ocho semanas después del parto. Aquí incorporamos, entre otras cosas, la vivencia de la sexualidad. Pero a veces, nos vamos tanto al consejo contraceptivo para que la mujer/pareja elija entre los diferentes métodos que nos saltamos la experiencia sexual. Siempre que tengo oportunidad, invito a reflexionar a mis compañeras sobre cómo lo abordamos. Es importante que tengamos cuidado para no perpetuar el mensaje de *Ya estás lista para una penetración*».

Ahora sé que muchas mujeres nos sentimos así en esa revisión. Pero como nadie nos lo contó antes, aparecen las dudas y los miedos. «¿Nos pasará algo raro? ¿Tendremos un trauma sexual tras el parto?». ¡Cómo somos las mujeres —estoy siendo irónica— que nos castigamos por todo, hasta por las expresiones normales de nuestra fisiología!

Y es que los primeros años de crianza son intensos, y más aún en un sistema patriarcal cuyos ritmos son absolutamente contrarios a las necesidades de nuestros cuerpos y de nuestra salud. No solo eso, ahora pienso en mi amiga Andrea Ros (*aka madremente* en las redes sociales) y su frase «Vivimos en un sistema que es contrario a la fisiología de la crianza». Chinchín. Lo que ocurra en esos primeros años de crianza, además de la consciencia que tengamos de ello, será definitivo y dará un vuelco a nuestro universo para siempre. También como pareja.

Y eso no es malo ni bueno.

Simplemente es.

Ascensión Gómez, matrona y fisioterapeuta, sexóloga feminista, activista contra la violencia obstétrica y autora de *Puérpera perdida* (2022), ante la pregunta de qué nos quieren decir en esa revisión, cumplida la cuarentena, cuando nos hablan de métodos anticonceptivos, responde: «Informan desde el sesgo reproductivo, es decir, hasta después de la cuarentena, biológicamente no hay posibilidades de que se produzca un nuevo embarazo. Pero después de la cuarentena, sobre todo cuando no estamos amamantando, sí existe la posibilidad. Entonces, desde la mirada machista hacia los cuerpos de las mujeres, como si estuvieran a disposición de los hombres, se presuponen en la consulta sanitaria unas prácticas coitales (aunque no tenga sentido desde una perspectiva de *búsqueda de* o *motivada por* el placer sexual). El planteamiento es horroroso y patriarcal, porque ni siquiera se habla del reencuentro con el placer, solo se plantea en esa consulta la posibilidad del embarazo y la presunción de que puede haberlo, porque se dan por hecho las prácticas coitales. De hecho, ni piensan, por ejemplo, en la posibilidad de que tu pareja sea otra mujer o que la mujer gestante no tenga deseo de sexo o de sexo coital..., ¡y claro!, ¡ahí están luego las tasas de dispareunia!».

La dispareunia es el dolor o molestia en la vagina (o el ano) que se produce antes, durante o después de la penetración.

La excitación es fundamental para mantener relaciones sexuales, especialmente cuando son con penetración y, en demasiadas ocasiones, las mujeres hemos naturalizado practicarlas sin estar excitadas. La bajada de los estrógenos y de la progesterona que tiene lugar en el posparto producen una disminución en la lubricación vaginal que hace que la penetración sea molesta o dolorosa. En este sentido, Martínez Villarejo añade: «Suelo compartir información sobre la excitación y su relación con la lubricación, con el objetivo de que no tiren del lubricante sin tener ganas, por complacer a su pareja. Que no permitan una penetración si no les apetece realmente. A veces, también los sanitarios tenemos la mano muy larga con los lubricantes. Solo cuando realmente estén excitadas y les apetece compartirse sexualmente, entonces pueden apoyarse en lubricantes para favorecer el juego. No olvidemos que el síndrome genitourinario del posparto, que va acompañado de sequedad vaginal, está relacionado con una disminución de estrógenos, sobre todo en casos de lactancia materna, pero si hay excitación habrá lubricación».

El sexo no se da por hecho

No podemos vivir la sexualidad en plenitud después de la maternidad si no integramos la intensa experiencia sexual del embarazo, parto y puerperio.

Queremos empezar la casa por el tejado —y pretender tener ganas de sexo con tu pareja después del embarazo y el parto es el tejado de esa casa—, pero la sexualidad, como todas las esferas de la vida, tiene mucho del contexto en el que vivimos: tiempo para nosotras, para nuestro ocio y descanso; recursos para regularnos en un entorno que a veces se siente hostil; tiempo de calidad con tu pareja, pero también con otros vínculos, incluso aquellos que nos recuerdan que hay vida *fuera de la maternidad*; espacio para la intimidad compartida, que es mucho más que sexo —o debería serlo—. ¡Y luego ya hablaremos de sexo! Porque el sexo no puede darse por hecho, el sexo hay que currárselo. La cuestión es si tenemos tiempo, espacio y energía para hacerlo.

Algo que veo en la consulta una y otra vez es eso de «tener sexo» porque se supone que es lo que hace una pareja. Nos acercamos al sexo, con frecuencia, desde la creencia de que su práctica valida nuestra relación, porque si no tenemos sexo o tenemos menos de lo que suponemos que deberíamos tener, se cuestiona la autenticidad del vínculo. Sin embargo, algo falla en el mismo momento en el que el sexo se convierte en «eso que debería pasar». Si queremos vivir relaciones duraderas y gozosas, nos toca despertar de ese letargo de haber vivido el sexo durante años desde el desinterés, la vergüenza, el no merecimiento. *Como las parejas tienen sexo, vamos a tener sexo para ser pareja.*

Y a veces es muy doloroso darse cuenta de que damos el sexo por hecho o identificar los cientos de automatismos que se activan, porque, cuanto más automático, menos sentido tiene. Si hago A, pasa B. Si hace C, es que quiere D. Nos comportamos con el piloto automático encendido y hasta nos «dejamos hacer» en automático. «Ya puestos, por qué no. Total, si ya que estamos, me lo quito de encima. Vamos a follar porque hoy toca». Y nos alejamos más y más de la esencia del sexo: la intimidad, la presencia, la calma, el disfrute, el placer, la diversión...

No es *lo que ocurre*, sino el lugar *desde donde lo hacemos*.

Porque pasamos por alto una y otra vez que necesitamos cultivar nuestra erótica para practicar el sexo desde la motivación. Desde la curiosidad, la entrega, la humildad, la generosidad, las ganas. Claro, es más cómodo creer que el sexo es algo que simplemente ocurre en pareja. Pero es que no sucede así. El sexo es el fruto que crece después de un buen cultivo y hay que dejar de darlo por hecho si lo queremos saborear.

Vamos a empezar por el principio. Al menos, por uno de los posibles principios:

¿Por qué tanta prisa? ¿Por qué nos hablan de recuperar las prácticas sexuales a los cuarenta días de parir antes de preguntarnos cómo estamos o qué estamos necesitando? ¿A quién beneficia esta velocidad por recuperar el sexo genital y, más aún, el coital?

La presión en el ámbito hetero es mayor porque solo lo encontramos en esos vínculos al sujeto beneficiado: el hombre heterosexual. ¡Sorpresa! La sexualidad de las mujeres puesta al servicio de la masculinidad normativa una vez más.

Todo lo que yo descubrí acerca de la sexualidad a través de mi propia experiencia maternal transformó también mi mirada sexológica, y me llevó a querer trabajarlo con parejas que transitaban los primeros años de crianza y vivían desajustes o dificultades sexuales. Hasta ese momento no había trabajado con parejas apenas, pero deseé hacerlo en el contexto de la *mapaternidad* (lo que ahora entiendo por *sexología perinatal*, un enfoque que no existe en la sexología como tal) para aligerar su vivencia de la sexualidad y crear un espacio de permiso en el que la madre gestante pudiera abrazar la suya propia dentro de la experiencia maternal.

Así, llegaron a la consulta Sara y Javier, después de tres años sin tener relaciones sexuales genitales compartidas, desde el nacimiento de su hija. Sara estaba cómoda en esa situación. Reconocía que Javier le encantaba, pero que no tenía ganas ni energía para el sexo. Sin embargo, Javier lo llevaba cada vez peor y sentía que su autoestima caía en picado. Ambos deseaban cuidar su relación, por encima de todo.

En la primera sesión me hablaron del esfuerzo económico que suponía para ellos iniciar un proceso sexológico, ya que vivían una situación económica complicada. Javier estaba en situación de desempleo y Sara se desplazaba, cada día, a una hora y media en coche de su casa para trabajar. En el lugar donde residían, lejos de sus respectivas familias y amigos, que estaban en otra ciudad, no tenían red de apoyo y, como habían decidido no llevar a su peque a una escuelita, compartían con ella cada momento del día (incluidos fines de semana). De hecho, hacían las sesiones conmigo al final del día, ya cansados, pero aprovechando que su hija dormía. Lo que tampoco les hacía estar en las sesiones del todo tranquilos, o los obligaba a levantarse varias veces, o uno de los dos, generalmente Sara, se conectaba tarde porque la peque había tardado en dormirse.

Llevaban años, literalmente, agotados. Dormían regular, tenían muchas preocupaciones y responsabilidades, y les pesaba la sensación de desconexión entre ellos, de tener poco espacio. Meses atrás habían hecho un proceso de terapia de pareja que no los había aligerado, pero tampoco habían podido hacer cambios. Ahora llegaban a mí con la creencia de que el origen de sus problemas era no practicar sexo, cuando el motivo de no practicar sexo tenía el origen en todos esos factores estresantes de su día a día. También con la expectativa de que existiera una fórmula mágica que yo pudiera aplicar para devolverle las ganas de sexo (genital) compartido a Sara y que les proporcionara energía, tiempo y espacio para ellos, todo esto sin que ellos tuvieran que hacer cambios (que no podían hacer) en su propio contexto.

Les reflejé su realidad como si fuera un espejo, les devolví sus propias palabras y emociones. Y fue la primera vez que, con todo mi amor, planteé en una consulta si tenía sentido para ellos, siendo

EL POSPARTO ES PARTE DE NUESTRA SEXUALIDAD

conscientes de la situación, hacer tal esfuerzo por destinar recursos a un proceso sexológico, teniendo tan poco margen de maniobra en los siguientes meses, hasta que consiguieran encontrar trabajo y pudieran mudarse, de nuevo, a su ciudad de origen. Explorando las posibilidades, acordamos pausar el acompañamiento sexológico.

Pude derivar a Javier al recurso de terapia sexual gratuita de Fundación Sexpol, aprovechando que estaba en paro, para que trabajara la incomodidad que le producía no practicar sexo con Sara, a pesar de ser muy consciente de la presión y el estrés bajo el que vivían. No se trataba tampoco de hacer desaparecer sus ganas. Simplemente de aprender a satisfacerlas a través de la masturbación sin compararlas, no juzgarlas, y poder entender la falta de deseo de Sara en ese contexto. La vida y el sexo también son etapas.

Cuando sintamos que existe un problema sexual, nos tenemos que preguntar primero cómo estamos viviendo, cómo es nuestra cotidianidad. Es de las primeras preguntas que hago cuando empiezo una terapia sexual: «¿Cómo es un día a día para ti de lunes a viernes? ¿Y el fin de semana?». A veces no podemos transformar lo sexual si el contexto en el que vivimos no es amable o no nos cuida. ¡Es que no tener deseo en según qué contextos es esperable, normal y hasta funcional!

Sin embargo, en vez de entender el momento por el que estaban pasando y abrazar un malestar más que lícito, Sara y Javier se exigían tener las mismas ganas de sexo (que muchos años atrás) por miedo a que, con todo lo que ya tenían, peligrara además su relación.

Cuando no existe un sostén familiar o de amistades que aligeren la crianza, ni espacio propio y/o espacio para compartir con la pareja, ¿de dónde pensamos que van a nacer las ganas, la motivación y la energía, incluso las necesarias para comprometerse con un proceso sexológico? ¿No habría sido, en este caso, una exigencia añadida a todas las que ya cargaban? Lo que necesitaba esta pareja era un espacio para poder abrirse emocionalmente e identificar los malestares, un espacio para abandonarse y soltar. Y en ocasiones, el contexto hace que soltar no sea posible.

A veces las parejas necesitan el proceso sexológico para transformar la mirada hacia lo sexual —integrándola realmente en su espacio cotidiano— y bajar el volumen al miedo y la exigencia. Otras veces es importante empezar la casa por los cimientos, que, en el caso de esta pareja, significaba conseguir cambiarse de ciudad para acercarse a su entorno e ir recuperando, poco a poco, algo de espacio para ellos.

Pero cuando no podemos cambiar el contexto a corto plazo, no queda otra que sobrevivir a una etapa acompañándonos lo mejor posible. Porque de esta etapa de crianza se sale y necesitamos poner el ojo en cómo se sale. Yo apuesto por dar tiempo y aprender a comunicarnos. Identificar y validar el desborde emocional es importantísimo, porque si no, ¿cómo podremos expresarlo?

Lucía Martínez Villarejo cree que, en esta etapa, «es fundamental transmitir la importancia de respetar los ritmos y tiempos. A ambas partes de la pareja les explico que, al principio, a las madres les apetece más lo afectivo, las muestras de cariño, de apoyo y, a veces, puede que también la erótica, pero normalmente alejada del coito. Es importante hablar de la carga mental, porque el deseo no va a aparecer hasta que no esté todo bastante en orden, y eso tarda en llegar. Vemos que son muy diferentes los ritmos que tienen ellas y los ritmos que tienen las parejas, sobre todo si son hombres, por los roles de género. El papel de las mujeres gestantes suele ser más complicado, aparece la hiperexigencia, la necesidad de ser buenas madres, que todo esté perfecto y hacerlo todo muy bien (para con los demás) y esto genera muchísima ansiedad y culpa. En ellos vemos más la necesidad de mirada y aprobación: escuchan una gran cantidad de piropos y cosas bonitas hacia las criaturas, pero a ellos su pareja no les dice nada parecido durante meses, incluso años. En general, ellos tienen prisa por "retomar" el sexo, muchas veces para asegurarse de que está todo bien entre ambos, que no se ha perdido el vínculo. Y esto agobia a las madres».

10 de septiembre de 2019 (14 días d. P.)

El posparto es un viaje del que poco se habla. Todas las sombras de sopetón, sin gotero ni filtro. Después de nueve meses de oxitocina y endorfinas, de estrógenos y progesterona por las nubes…, ¡zasca!, se impone el ahora sin piedad. Tu cuerpo-mente, literalmente, te para y toda tú te expones al vacío del puerperio.

Una mezcla de emociones fuertes agitadas en una coctelera: cambio hormonal brutal, miedos de madre primeriza, vértigo de la responsabilidad por tener en tus manos (y sin instrucciones) la vida de tu cachorro, cansancio, el nacimiento de una nueva tú, la despedida de tu vida de solo unos días atrás, una nueva forma de amar salvaje y una dependencia absoluta de tu pareja, a la que te agarras como un bastón para no caer (y por las diosas, qué papel tan importante el de la pareja que acompaña, apoya y sostiene).

El posparto es un viaje en barca sin remos por tu oscuridad más profunda, y, estés lista o no, el viaje comienza. Valientes nosotras, que lo emprendemos sin saber a dónde nos llevará. Eso sí, hay una lucecita que alumbra todo el trayecto: tu familia, un concepto renovado que ha dado un giro y te llena de fuerza y emoción.

Sexualidad maternal o perinatal

Mi interés por entender y profundizar en qué pasa con la sexualidad una vez que una se convierte en madre nace, sin lugar a duda, de mi propia experiencia vital. Convertirme en madre me hizo ver lo invisibilizada que estaba la sexualidad en esta etapa, porque tropecé con este silencio por primera vez en mi vida, pero, al mismo tiempo, con todo el potencial de la sexualidad materna. Sin embargo, mientras me fascinaba mi propio ritmo sexual y todas esas nuevas versiones y *habilidades,* choqué con los mensajes limitantes interiorizados de forma inconsciente durante años, que empezaban a salir a la luz.

Aunque han pasado unos años desde mi experiencia puérpera —escribo estas líneas cuando mi criatura roza las cinco vueltas al sol—, desde los inicios de esta aventura que es la maternidad no dejo de recordar el impacto que supuso para mí darme cuenta de que, en todos mis años de formación sexológica y desempeño profesional, nunca se había abordado el tema de la sexualidad durante los primeros años de crianza (ni después), como un periodo que entraña unas características que impactan directamente en la vida sexual de las personas que la atraviesan, especialmente de las mujeres gestantes, porque forma parte de una de las etapas de su sexualidad. Especialmente entre el nacimiento y los dos-tres años de la criatura, pero más concretamente, durante la lactancia materna si la hay. Yo nunca había abordado sexológicamente esta etapa de manera específica, desde luego, pero es que jamás lo había oído ni tan siquiera pronunciar.

Me gusta entender la sexualidad maternal o perinatal como un periodo que dura aproximadamente lo mismo que dura el puerperio y que incluye la duración de la lactancia si la hay y el tiempo que tarda en volver (y regularse) el ciclo menstrual. Desde la total dependencia del bebé del cuerpo materno —que necesita en ese estado amoroso y de goce que es nutricio y que tan bien explica Casilda Rodrigáñez— hasta la conquista progresiva de autonomía, tanto de la criatura como de la madre y todo lo que se descoloca y recoloca en ese tiempo.

¿Cómo puede ser que una etapa tan importante, que porta tanta información sobre nuestra sexualidad y que implica tantos cambios y transformaciones no se aborde desde la profesión sexológica, que es uno de los campos en los que debería estudiarse esto? Rodrigáñez habla de la *tecnosexología*: «Los y las terapeutas sexuales, por lo general, se dedican a recomponer parejas que ya no se desean, en lugar de dedicarse a recomponer a cada persona a partir de la descodificación de su deseo».

En el sistema patriarcal la investigación ética sobre los cuerpos de las mujeres es reciente. Los inicios de la ginecología moderna están teñidos de violencia, racismo y explotación. A través de los diarios de Marion Sims[33] (1813-1883), conocido como el «padre de la ginecología moderna», hemos podido conocer cómo operó en el hospital montado en el patio de su casa, sin anestesia y sin su consentimiento, durante cinco años, a mujeres negras esclavizadas para investigar la anatomía femenina. Es el caso de Anarcha, Lucy y Betsey, junto a once o doce mujeres más cuyos nombres desconocemos. La estatua que hacía honor a este ginecólogo desde 1894 fue retirada de Central Park (Nueva York) en 2018 gracias a años de denuncias y reclamos por parte de activistas al ayuntamiento de la ciudad.[34]

La realidad es que venimos de un modelo científico que ha investigado sobre los cuerpos de los hombres[35] considerando que

---

33. <https://www.instagram.com/p/CB4OONmDsDD/?img_index=2>.
34. <https://elpais.com/internacional/2018/04/18/mundo_global/1524036400_696258.html>.
35. Carme Valls-Llobet, *Mujeres, salud y poder*, Madrid, Ediciones Cátedra, 2009.

su fisiología era más fiable (por no ser cíclica) y ha extrapolado toda esta información a toda la población: el hombre como la medida de todo. Sin embargo, cada vez hay más presencia de una mirada feminista dentro de la ciencia que aboga por la necesidad de hacer estudios que realmente tengan en cuenta a hombres y mujeres, y ya no decimos estudios que tengan en cuenta la ~~diversidad~~ realidad. Se estudian poco los cuerpos de las mujeres, atravesados por sus experiencias, y cuando hablamos de sexualidad, que además es un tabú, menos. La mayoría de los estudios sexuales giran en torno al coito, como si fuera el protagonista de la sexualidad. Pero si además hablamos de la sexualidad de las mujeres madres, o de sexualidad y posparto, o sexualidad y crianza…, ¡apaga y vámonos!

¿Eso existe?

Necesitamos más investigación sobre la sexualidad de las mujeres —y de las madres—, pero dejar de hacerla siguiendo el relato del Guion Sexual, dado por universal y cierto. Hay que hablar de sexo y del sexo que nos gusta, de nuestros fluidos, de nuestras libidos, de nuestros cuerpos, de lo que nos motiva y despierta (sin creer que es de segundas), de lo que nos aleja (sin creer que no es lícito o exageramos). Es hora de hablar de maternidad, ¡y lo estamos haciendo! Pero también es hora de hablar de maternidad y sexualidad, y de romper con la perspectiva de la maternidad desexualizada. La cultura judeocristiana, con el arquetipo de la Virgen María, así lo ha representado. La madre patriarcal es el arquetipo de la buena mujer, casta, limpia, perfecta, aséptica, abnegada y pura. Intachable. Nos toca recuperar, en todo caso, el arquetipo de una madre fértil, en el sentido de creativa, sensual, feroz, imperfecta, incorrecta, viva.

> *17 de septiembre de 2019*
>
> Me miro al espejo y, más allá de las ojeras o el cansancio, veo en mí algo diferente. Una fuerza hasta ahora desconocida, que me resulta bastante sorprendente bajo este nivel de cansancio. Y me acuerdo tanto de eso que se dice: «Lo que se siente no se puede explicar» o «Hasta que no lo vives no lo sabes». Ahora entiendo cuánto tienen de verdad.
>
> Qué difícil poner palabras al inicio de la maternidad. Es de una crudeza y de una intensidad tan grandes que toda palabra se queda corta. Es tal la responsabilidad y el amor hacia este pequeño ser tan dependiente que, a veces, falta la respiración. Y, sin embargo, siento que es lo más poderoso que he hecho nunca, la puerta más transformadora que he cruzado jamás. ¿Cómo puede explicarse algo así? Miro mis fotos y veo esos ojos. Esa mirada diferente. Me encanta pensar que dentro de muchos años Noah las verá y dirá: «Esa es mi madre recién parida».
>
> Qué sensación más rara la de acabar de conocernos y saber con certeza que lo nuestro ya es para siempre.

La maternidad es sexual en esencia

Nuestra cultura dibuja la maternidad como una experiencia de pureza, perfección y amorosidad. Dicho así, suena bello. Pero esa belleza inmaculada es una trampa: el origen de nuestros mayores miedos, exigencias, frustraciones y culpas. ¿Qué pasa si no sé hacerlo? ¿Qué pasa cuando me equivoco? ¿Qué pasa cuando me harto? ¿Qué pasa con *maternar* en este sistema imposible?

El contexto importa y también lo hacen las creencias que heredamos en torno a la maternidad. Nos han dicho que tenemos que *hacerlo bien*. No solo bien, sino perfecto. Y ese *perfecto* incluye el cuidado y educación de las criaturas (que ahora serán *lomásimportantedetuvida,* cuando no *loúnicoimportantedetuvida*), pero parece que también el cuidado y educación de tu entorno (pareja incluida). Porque *mujer* y *cuidar* (siempre por delante de una misma) van de la mano. Y con todas estas ideas en la mochila sobre lo que significa ser madre, nos topamos con el Guion Sexual: sexo coitocentrista y heterocentrista (o sea, falocéntrico), que debe practicarse en el ámbito de la pareja con una regularidad imprecisa para confirmar el vínculo.

O sea, *maternar* en ritmos capitalistas es difícil, hacerlo desde la abnegación judeocristiana nos enferma y gozar de la erótica puérpera en el patriarcado es imposible. ¿Cómo no nos vamos a dar de bruces contra el Guion Sexual cuando la maternidad nos atraviesa el cuerpo y la vida? La sexualidad maternal es la ola salvaje que choca con el malecón —*aka* sexualidad hegemónica—.

27 de septiembre de 2019

El aterrizaje en la maternidad es duro. Un aterrizaje forzoso que te pilla desarmada. O quizá es más bien un aterrizaje que te empuja desde lo más profundo a descubrir armas que no sabías que tenías: tu cuerpo, que durante nueve meses fue su cueva; tu pecho, que hoy es su alimento; tu piel, que es su hogar.

EL POSPARTO ES PARTE DE NUESTRA SEXUALIDAD

Y tú, que quizá no te creías tan importante, de repente te descubres el centro del mundo, de su mundo. Y te sientes desbordada y honrada al mismo tiempo, cansada y llena de energía a la vez.

Y así todo, un encuentro de sensaciones que pensabas contrapuestas y que resulta que no lo son, que de hecho conviven a la par.

En un mes aprendes que, a pesar del sueño, sobrevives, que las lágrimas son aliadas, que puedes amar con más intensidad de la que conocías, que tu intuición es información, que la sensibilidad extrema del posparto te muestra cosas y que posees una sabiduría que no habita en ningún libro.

Ahora, puérpera perdida, solo te apetece hablar de la maternidad —algo que creías aburrido en el pasado— y hacerlo con personas que están en tu piel, escuchar a otras que anduvieron el camino, compartir tu experiencia con quienes la transitan a la vez..., y que todo gire en torno a este momento.

Porque lo de fuera te resulta ajeno hoy, porque el mundo exterior es un sinsentido de ritmos imposibles.

Y de repente, entiendes todo: lo que importa, el valor de los cuidados, la necesidad de aprender a relacionarnos desde el amor y lo fría que resulta esta sociedad sin comunidad ni red, que debería aprender a maternar a sus individuos con urgencia para hacer del paso por el mundo una experiencia más segura, mejor.

No se habla del sexo de las madres

Cuando llegué a la maternidad, todas las vivencias me parecieron dignas de coger cuaderno y bolígrafo, de tomar apuntes para no olvidar —escribí muchos textos en el móvil y me grabé unos cuantos audios mientras paseaba por el parque con mi bebé porteado—. Algo que tiene la maternidad es que la profundidad de la experiencia puede pasarte, fácilmente, desapercibida hasta que te toca a ti y, entonces, nace una curiosidad insaciable por las vivencias de otras.

Me descubrí observando a las mujeres de mi entorno y haciéndome preguntas sobre ellas que nunca me había hecho. Después llevaba esa mirada recién estrenada, junto con mis reflexiones, a mis textos, a los grupos de madres y, un poco más adelante, a mis consultas sexológicas.

A lo largo de estos años, las mujeres me han preguntado: «Sonia, ¿puedes recomendar un libro que hable del sexo de las madres, que cuente esto que me está pasando?». Y no puedo, porque no conozco ninguno que hable de la cotidianidad. Se han escrito varios artículos y reportajes estupendos en medios como *MaMagazine, Pikara Magazine, elDiario.es* o *El Salto*. Hay libros maravillosos sobre el embarazo, el parto y el posparto, que forman parte de la sexualidad. Pero faltan relatos sobre la vivencia del sexo en estas etapas y los años que vienen después.

Esta mirada sexológica ampliada hizo que en el año 2020 incorporásemos por primera vez un seminario sobre sexualidad y maternidad a uno de los másteres de Sexología de la Fundación Sexpol, institución que nace en 1984 gracias a la libertad que trajo el fin de la dictadura franquista «con la actitud crítica y progresista de personas conscientes del estado de la sexualidad en España, la ignorancia y la hegemonía moralizante de la Iglesia católica». El propósito originario de Sexpol fue hacer frente a la represión de esa época a través de una tarea gigantesca de educación sexual y de divulgación de todos los conocimientos científicos que llegaban de otros países. Hasta la fecha, ninguna otra formación sexológica incluye en sus preceptos la observación de la etapa perinatal o la mirada hacia las experiencias *mapaternales* y la crianza que impactan directamente —¡cómo no!— en la vida sexual de quienes las viven. El nacimiento de esta asignatura dentro del marco de la sexología ya es una buena noticia, porque quiere decir que, efectivamente, nos estábamos olvidando de algo.

Conocimiento versus sabiduría sexual

Puesto que somos seres sexuados y sexuales, cada etapa de la vida es sexual *per se*. Si tuviésemos una cultura sexual que incluyera la maternidad como otra etapa de la sexualidad de las mujeres —como lo es la infancia, la adolescencia con el hito de la menarquia, la etapa cíclica, el climaterio o la madurez tras la menopausia—, las cosas serían muy diferentes.

Primero, porque con la información en la mano, nosotras entenderíamos que esta etapa trae consigo muchos cambios, algunos absolutamente radicales, y dos o tres años es poquísimo tiempo para la transformación gigante que vivimos. ¡Es abrumador! Si estos cambios no fueran silenciados por una sociedad que espera de nosotras que seamos siempre igual —mujer hetero, joven, privilegiada, ovulatoria en un día soleado de verano durante sus vacaciones dignamente remuneradas—, podríamos normalizarlos. Estos cambios podrían impactarnos, pero no nos resultarían ajenos y podríamos vivirlos como una parte de la vida y no como algo que temer. ¿Imaginas que no supiésemos que para alumbrar a un bebé pasaremos por nueve meses durante los cuales nuestro útero crecerá por diez? Sería un susto vivirlo.

Segundo, lo mismo pasaría con nuestras parejas. Nosotras experimentamos todos esos cambios fisiológicos, además de sociales y psicológicos. Nuestra fisiología está preparada para la gestación del bebé y para la creación del vínculo que pueda garantizar su protección, seguridad y supervivencia, y todo esto forma parte de nuestra sexualidad. En contacto con nuestro bebé, ¡gozamos! Liberamos oxitocina, igual que durante el sexo. Y si lo entendiéramos, nuestra pareja —y todo nuestro entorno— tendría que hacer lo propio. Por cierto, los padres o madres no gestantes también liberan oxitocina en el contacto y vínculo con su cachorro. La maternidad biológica,[36] aunque no sea la única, implica atravesar una vivencia sexual muy concreta que requiere ser acompañada y merece ser vivida con apertura, en vez de con miedo. Los cambios que experimenta cada mujer son únicos e imprevisibles, así que ojalá tuviéramos el espacio social para, en vez de alarmarnos o juzgarnos, hacernos preguntas amables: «¿Qué me está pasando? ¿Qué cambios estoy viviendo? ¿Por qué la mirada hacia mí misma y hacia mi pareja ha cambiado? ¿Qué me muestra esa nueva mirada que antes, quizá, no tenía? ¿Qué veo ahora que antes no veía? ¿Qué me hace sentirme así?». Si erradicáramos la culpa, veríamos la oportunidad de transformar nuestras vivencias sexuales para que estuvieran siempre alineadas con nuestras necesidades y deseos en cada etapa vital.

Hay una falta absoluta de cultura sexual. Algunas recibimos, como mucho, charlas en los institutos en las que nos regalaban tampones y compresas —que hasta se usaban para hacer mofa con asco y vergüenza— y te mostraban cómo poner un preservativo sin mencionar el deseo, el afecto ni el placer. Y ale, eso se consideraba —y aún se considera— educación sexual. Pero no lo es.

---

36. Hablo de la maternidad a través de la experiencia de la gestación, aunque a la experiencia de la maternidad se puede llegar por otras vías, como siendo la mamá no gestante de una pareja, o a través de la adopción o la acogida.

EL POSPARTO ES PARTE DE NUESTRA SEXUALIDAD

En lo que concierne, específicamente, a la experiencia maternal como parte de la sexualidad (y a la sexualidad como parte de la experiencia materna), esa falta de cultura sexual es mayor, muy representativa del silencio e invisibilidad a la que se condena a la maternidad en nuestra sociedad. Nos falta educación sexual, pero esta debería incluir el conocimiento sobre qué transformaciones vamos a vivir un porcentaje enorme de las mujeres en nuestros cuerpos, deseos y placeres a lo largo de toda la vida y, por tanto, también con la llegada de nuestras criaturas.

Puesto que las generaciones de mujeres adultas actuales no traemos esa sabiduría adquirida, la información para la búsqueda de la gestación, embarazo, parto y posparto deberíamos poder encontrarla, siempre, en la figura de la matrona, que es la profesional sanitaria experta en nuestras distintas etapas sexuales. Pero ¿todas las matronas tienen información actualizada y con perspectiva de género no solo del proceso fisiológico, sino también de lo que ocurre a nivel social en la vivencia del sexo? Por desgracia, no. Es más, ¿están las matronas dentro del sistema sanitario público español suficientemente cuidadas, valoradas y bien tratadas para que puedan atender con tiempo suficiente a cada una de las mujeres que acompañan y resolver todas sus dudas? Evidentemente, no. Demasiadas veces, las matronas están precarizadas; además, en las formaciones sanitarias no se habla de la vivencia satisfactoria del sexo con perspectiva de género y teniendo en cuenta el contexto social.

En cualquier caso, me gusta hacer una diferenciación entre conocimiento y sabiduría. La sabiduría incorpora el cuerpo como lugar en el que el conocimiento se procesa. Podemos tener el mismo conocimiento de algo, pero la sabiduría de cada persona es distinta. Así que, si tuviéramos toda esta sabiduría previa a la maternidad, llegaríamos a esta etapa abiertas, soberanas, con permiso. Eso se traduciría en cuerpos más ligeros y disponibles para vivir los cambios con aceptación, de forma orgánica, porque como la sexualidad, la maternidad es dinámica. Nada permanece estanco. La transformación sexual maternal es inevitable, pero ¿por qué asumimos ese cambio como una pérdida? Por experiencia propia, y después de acompañar a tantas mujeres que quieren encontrarse sexualmente en esta etapa, los cambios son una oportunidad de revisión que nos acerca a la vivencia de una sexualidad más plena, tanto con una misma como con la pareja o parejas.

16 de noviembre de 2019

Recuerdo cuando las conversaciones sobre hijos me aburrían. Cuando la maternidad me parecía algo lejano.

Recuerdo no entender que amigas dejaran de quedar o llegaran supertarde o sufrieran por los horarios. Tampoco comprender, realmente, ese momento tan importante que estaban pasando.

Recuerdo no tener ni idea del cansancio, el desborde o la intensidad de lo que estaban viviendo.

Recuerdo haber pensado que los cambios de mi cuerpo me darían igual (¡feminista convencida!).

Recuerdo pensar que alguien era borde por no querer visitas o no entender la importancia de no coger a un bebé sin preguntar, de no acercarte jamás si estás resfriada, de no pasarlo de mano en mano.

Recuerdo no tener ni idea del instinto animal tan fuerte que se despierta en una mujer con su bebé. O desconocer por completo el placer tan grande de oler

> una cabecita, abrazar un cuerpecito o besar una piel tan suave.
>
> Recuerdo tantas y tantas cosas de las que no tenía ni idea.
>
> Y es que la maternidad está siendo el mayor aprendizaje de mi vida, porque me obliga a ser flexible, a exponerme a mi vulnerabilidad, a no juzgar, a entender que lo que está bien para otras no sirve para mí (y al revés), que no lo sé todo ni de lejos (por mucho que lo haya leído).
>
> Ahora tengo sed. Sed de otras madres, sed de experiencias, sed de escuchar y compartir, sed de apoyo y sostén.
>
> Libido de madres.
>
> Porque no hay nada más sanador que escuchar a otras mujeres que transitaron el camino antes que tú y dejar que su saber acaricie tus miedos y heridas, esas que ni siquiera sabías que tenías.
>
> Libido de madres.

Anticipar la decadencia sexual

¿De dónde nace el supuesto problema sexual de las madres?

El punto de partida donde colocar esta problemática está en el espacio compartido, en la pareja, porque fuera de este espacio, el problema del sexo en el puerperio no existe. Podemos decir que hemos heredado un miedo cultural a la sexualidad en pareja en esta etapa por:

1. Falta de educación sexual de calidad para entender que *sexualidad* es un concepto muy amplio, no solo sexo, sino erotismo, placer, intimidad, identidad, salud, fisiología. Me gusta la definición de sexualidad que comparten desde Sexducacion, una asociación sin ánimo de lucro que trabaja con las sexualidades y sus diversidades, la coeducación y la prevención de las violencias sexistas: «La sexualidad es uno de los fundamentos de la experiencia humana. No es algo que tenemos, sino algo que somos. La sexualidad es la forma en la que cada cual se expresa, comunica, siente, intima, da y recibe placer con la palabra y los cinco sentidos de su cuerpo».[37]
2. Falta de cultura sexual que nos impide hablar de sexo y de sexualidad con naturalidad y sin miedo a los juicios que podemos recibir si no encajamos en el Guion Sexual. Como el sexo es un tabú y hemos entendido que debe seguir ese Guion, en el momento en el que no encajamos en el mismo (que es lo que pasa la mayoría de las veces), nos puede la vergüenza y nos callamos porque pensamos que algo en nosotras está mal. Nos cuesta mucho integrar, aún, que la sexualidad es una experiencia tremendamente individual y diversa, y que no hay una única manera de vivirla y experimentarla de forma saludable.
3. Falta de conocimiento sobre lo que va a ocurrir. La maternidad incluye experiencias sexuales muy distintas —entre sí y, sobre todo, respecto al Guion Sexual contra el que, la mayoría de las veces, chocan—, de las que nunca se nos ha hablado, a las que nunca se les ha dado un lugar en el relato social. Por eso llegamos a ellas y tendemos a cuestionarlas, intentando arrancárnoslas para encajar cuanto antes en lo que nos dijeron que debíamos ser. Nos pedimos recuperar el deseo por la pareja

---

37. <https://www.instagram.com/p/DCSLC5fCRly/>.

EL POSPARTO ES PARTE DE NUESTRA SEXUALIDAD

invalidando el que nos invade por nuestro cachorro. Nos pedimos recuperar las prácticas sexuales, con la pareja, cuando toda nuestra fisiología está entregada a otras, como la lactancia, quizá. Nos pedimos tener energía física para la pareja cuando no nos queda ni una gota para nosotras mismas. Nos negamos y borramos. Y así seguimos reforzando un relato sexual estrecho y único, patriarcal, que no nos tiene en cuenta.

Damos por hecho, demasiadas veces, que la vida sexual se resiente con el paso de los años en una relación, pero más aún después de tener hijos. Más adelante compartiré otra manera de mirar el sexo en las relaciones con el paso del tiempo. Ese miedo previo al impacto que tiene la llegada de una criatura en la vida de pareja también está relacionado con que nuestra cultura despoja a la maternidad de toda erótica, por lo que nuestra vivencia individual en esta etapa queda descartada. Anticipamos, incluso antes de ser madres, que nuestra sexualidad va a ser un problema (para nuestras parejas), porque nos han dicho hasta la saciedad que las mujeres tienen poco deseo y que cuando somos madres, ya no tenemos ojos para nada más.

Pareciera que las parejas (padres o madres no gestantes), además, no cambian ni se ven atravesadas por la llegada de una criatura, creencia que responde a generaciones y generaciones de padres ausentes. En realidad, aunque nuestras parejas sean hombres o mujeres, el origen de esta problemática viene del ámbito heterosexual y del mito de que el sexo para ellos es una necesidad primaria y vital. Ante el discurso repetido hasta la saciedad del sexo como necesidad masculina —porque ellos creen que para ellos lo es— y de que es algo que debe ocurrir en una relación para validarla —¿te acuerdas de aquello de *confirmar* la relación la primera noche de bodas?—, terminamos creyendo todas las personas que es así y cuando no hay sexo cuestionamos el estado de la relación. ¿Quién no ha escuchado alguna vez, ante amistades que comparten un embarazo, los típicos comentarios de «Olvídate de dormir y follar durante los próximos años», «Prepárate, la pareja se queda a un lado»? Súmale a la (anti)sabiduría popular los propios miedos y aprendizajes con respecto al tabú sexual y el problema está servido.

> *Ellos tampoco necesitan el sexo*
>
> *El sexo no es una necesidad primaria. Comer, beber, dormir... lo son. Por ser, tampoco es una necesidad. La intimidad o el contacto, como seres sociales (o sea, relacionales) que somos, sí lo son. Pero se dan de muy distintas maneras.*
>
> *La cultura patriarcal ha creado un relato entorno a la sexualidad masculina como una necesidad irrefrenable que debe ser atendida para evitar «males mayores»: ¿infidelidades, agresividad, malestar, irritabilidad, frustración, dolor...? Suma aquí los mitos que quieras. Y muchos se lo han creído, claro. Lo curioso es que ha hecho a las mujeres responsables de cubrir esa necesidad. Y también nos lo hemos creído.*
>
> *Entender que el sexo no debe ser una necesidad para nadie, y que tampoco lo es para ellos, permite transformar el sexo en una posibilidad de placer e intimidad. En un deseo. En algo saludable. En bienestar. Pero no en una tarea o exigencia que cumplir.*
>
> *A lo largo de estos años, explicar y reflexionar sobre esto en consulta ha sido todo un reto. Ellas sienten que aligeran la culpa y respiran. Ellos reconocen la dificultad*

> de soltar ese privilegio y transitan la frustración. El resultado es convertir la sexualidad en un espacio de encuentro, exploración y juego. Sin tantos guiones. Y no en un tema de reproches y malestar.
>
> Es cierto, hay quienes no pueden con este enfoque. Y desde la expectativa de que puedes conseguir (¿forzar?) practicar más sexo, cuantitativamente hablando, abandonan con más o menos resignación. Pero yo ni puedo ni quiero hacer que tengas más sexo. No tengo una varita mágica. Pero puedo acompañar a vivir el sexo desde el disfrute. Cada día lo tengo más claro. El sexo ha de dejar de ser una exigencia o algo esperable. El sexo ha de dejar de percibirse como una necesidad. Para que podamos empezar a vivirlo y practicarlo con autonomía, alegría, placer y bienestar.
>
> No sabéis qué paz da.
>
> Y qué goce.
>
> Dejar de contar.

La profecía sexual autocumplida

La realidad es que, en muchas ocasiones, la *mapaternidad* llega y confirma nuestros temores. La experiencia de la crianza es un tsunami que pone todo patas arriba. Pero es que, además, criar tan solas —aunque sea en pareja— es una realidad moderna que responde a los ritmos capitalistas y nos deja desamparadas, agotadas, desbordadas. Dice un proverbio africano: «Hace falta una tribu entera para educar a una criatura». Qué gran verdad.

En una sociedad patriarcal, quienes han definido la sexualidad han sido ellos: hombres heterosexuales que viven el sexo (aunque sea inconscientemente) como un lugar de validación y reconocimiento, de poder. Esto provoca que cuando nosotras observamos nuestra sexualidad, lo hagamos a través de sus lentes. Nos exigimos encajar en un guion que habla del coito como la meta que se debe conseguir, de erecciones, de duraciones, de eyaculaciones y frecuencias. El Guion Sexual patriarcal entiende el sexo como el estímulo que ocurre entre una erección y el fin de la misma después de *su* orgasmo. Nuestro orgasmo no cuenta.

Así que, desde ese sesgo de género y con todo el desconocimiento sobre lo que va a pasar en los primeros años de crianza, anticipamos los malestares —que eran de ellos— y luego confirmamos nuestros miedos, de forma que llegamos a la experiencia maternal constreñidas, rígidas, asustadas, y ocurre lo que esperábamos: el deseo sexual se esfuma, sí, pero nos falta ver el contexto que explica que así sea. Sí, los cambios se dan y, como estamos desconectadas de nuestros cuerpos, de nuestros ritmos y de nuestro poderío sexual, terminan por confirmar nuestras peores sospechas en un sistema que contempla la maternidad como un freno o un parón a la Vida de Verdad. Esa que sube los dígitos de cuentas bancarias que no siempre son la propia.

Y a veces, después de cuarenta días desde tu parto, crees que se acabó el posparto. Porque el sistema tiene mucha prisa por sacarnos de ese lugar. Así que, como se acabó el posparto, toca volver a follar (¿qué es follar?) y volver a trabajar (¿qué es trabajar?). La dura cuestión es que, en un sistema patriarcal, ¿para quién follamos y para quién trabajamos las madres?

¿Para qué quieres recuperar tu deseo?

¿Para qué o para quién?

¿Desde qué emoción?

¿Desde el deseo o desde el miedo?

Después de la cuarentena, el sistema se olvida de ti. Desde luego, es otra fase dentro de la etapa maternal que merece seguimiento sanitario durante meses, de eso estoy segura. Pero lo cierto es que ya has cumplido la función. Ahora la calculadora de percentiles está puesta sobre tu bebé. Nueve meses de seguimiento y, en tu momento más vulnerable, el posparto, nadie te ve. Cuando toda la intensidad, la incertidumbre y las dudas sobre ti, tu cuerpo, tu bebé, tu pareja, tu entorno solo acaban de empezar. La transformación continúa y los cambios se van sumando; y a medida que pasan los meses, la intensidad se magnifica. Se produce un efecto bola de nieve: criamos muy solas, vamos hasta arriba de tareas y responsabilidades y el cansancio familiar es intenso (y todavía no estoy incorporando el factor «corresponsabilidad», ¡imagínate!).

Los cambios de los primeros meses son ultrarrápidos y extremos, y en cada fase aparecen nuevos miedos —la lactancia, el sueño, el crecimiento, la movilidad, el gateo, los dientes, la comida sólida, las siestas, el desplazamiento, los primeros pasos, el sueño otra vez, descubrir el mundo, los límites (no querer vestirse/bañarse/salir/entrar en casa), las rabietas y un largo etcétera—. Cuando me he acostumbrado a mi bebé, mi bebé ya está en otra etapa y vuelve la incertidumbre, la frustración, el cansancio. Si no tenemos un lugar para aligerarnos, una red de comadres con la que contar, e incluso a veces teniéndola, los malestares se acumulan y estancan. El agotamiento, las tensiones en la convivencia o con la pareja —muchas veces relacionadas con la no corresponsabilidad, con estar sosteniendo sola la crianza, los cuidados y el hogar— aumentan mes a mes. Las mujeres dedican cada semana 15 horas más que los hombres a las tareas del hogar y el cuidado de sus hijos e hijas, un total de 780 horas más al año.[38]

---

38. «Desigualdad de género en el trabajo remunerado y no remunerado tras la pandemia», El Observatorio Social de la Fundación "la Caixa", 2023.

Los cuidados recaen por lo general en las mujeres, pero es que, aunque no fuese así, la familia nuclear en torno a la que organizamos nuestras vidas construye una sociedad individualista que nos deja sin red y, por tanto, desamparadas. La familia nuclear que rige nuestras vidas desde hace una o dos generaciones no funciona. Nos hemos quedado sin el sostén de vecinas, familiares y amigas que colaboraban en las tareas para ~~facilitar~~ garantizar los cuidados. A todas. Si tuviésemos una red que sostuviese a esa familia que lo necesita en los primeros meses y años de crianza, también viviríamos los cambios maternos de manera diferente. Pero ahora nos encontramos solas y cansadas en un universo emocional nuevo, con un montón de dudas. Y esto influye en la vivencia de nuestra intimidad y, por tanto, en el sexo, que es parte de la misma. Teníamos miedo de que el sexo cambiara, y es que el sexo cambia con la maternidad. ¿Y cómo no iba a hacerlo? *Maternar* en este sistema es asomarte a un abismo.

28 de noviembre de 2019

Ayer me dijeron que la maternidad es como pedirte una excedencia de ti misma. Y créeme que es verdad, que mi bebé cumple tres meses y que, ya completado lo que se conoce como «cuarto trimestre», puedo mirar atrás y reconocer una batalla conmigo negándome a soltar a quien fui poco tiempo atrás. Acoger a mi nuevo yo, por ahora fusionado con mi bebé, es el gran aprendizaje por el que navego. Y es un viaje: con sus curvas, sus baches, sus rectas y sus maravillosos paisajes. Porque jamás una sonrisa me llevó el corazón

> tan lejos. Y por mucho que me lo dijeran, solo ahora puedes entender ese vuelco al corazón.

Dónde quedó el deseo por la pareja

> *2 de enero de 2020*
>
> Es una verdadera declaración de intenciones tomar las riendas de la salud propia y decidir andar el camino hacia la soberanía sexual. Es un acto valiente y rebelde en una sociedad que trata aún a las mujeres de forma paternalista, que tiende a domesticarnos. También es un acto político que puede funcionar como un efecto dominó, porque si yo me apropio de mi sexualidad, estaré invitando a las mujeres que me rodean a hacer lo propio. Aun sin pretenderlo, somos ejemplo/detonante/espejo de lo que hacen otras.

Si en el posparto nos hacemos la pregunta «¿Cómo estoy viviendo mi sexualidad ahora?», seguramente caeremos en varias trampas. Una de ellas es que a menudo asociamos *sexualidad* a sexo coital con la pareja, aunque ya hemos visto que nuestra sexualidad es más que eso. Una respuesta acertada, aunque tabú dentro del Guion Sexual, sería: «Estoy viviendo mi sexualidad en el vínculo con mi bebé, todo mi cuerpo responde a él y desea su contacto, su satisfacción y bienestar, que es mutuo. Mi sexualidad está viva, porque mi goce está puesto en la relación con mi cachorro, en enamorarme de él, en construir un vínculo seguro que es gratificante para los dos». Pero estamos lejos de esta respuesta.

La mayor parte de los miedos y frustraciones relacionados con la libido tienen que ver con la pareja, no con la vivencia individual de la sexualidad. Cuando las gafas cuantitativas enfocan al sexo, hacemos comentarios como «No tengo ganas *ni* de masturbarme», que no es lo mismo que «No tengo ganas de masturbarme». Ese *ni* esconde la creencia de que existe una jerarquía a través de la cual todas las prácticas sexuales están relacionadas con el coito. Detrás de esa frase está la intención de justificar la ausencia de ganas de sexo compartido como algo que no tiene nada que ver con la pareja, sino con una misma. «El problema no eres tú, cariño, soy yo, ¿no ves que ni siquiera me masturbo? ¡Algo en mí está mal!».

Convertirnos en las únicas responsables de esta situación nos permite creer que depende de nosotras cambiarlo. ¡Hagámonos cargo de una cosa más! ¿Qué pasa si tienes ganas de masturbarte y no de tener sexo compartido? Si esto ocurre, la culpa es mayor, porque nos contaron dos mentiras: una, que si hay amor el sexo ocurre solo; dos, que la masturbación se hace cuando no tienes la posibilidad de practicar Sexo de Verdad. Hasta tal punto que es fácil que la culpa termine por inhibir las ganas de masturbarse.

Sin embargo, es perfectamente saludable y válido tener ganas de sexo con una misma y con nadie más. Habrá épocas o momentos en los que esto sea así, ¡no pasa nada! ¿Y qué pasa si tienes ganas de tener sexo compartido, pero no de tener sexo coital? Tampoco pasa nada, pero las mujeres pocas veces nos damos permiso para salir del Guion y encima nos resuena otra mentira: «No calientes lo que no te vas a comer». Es decir, no juegues, no pruebes, no explores, no enciendas…, salvo que estés dispuesta a terminar en sexo coital. Y si no probamos o jugamos, ¿cómo se despiertan las ganas?

EL POSPARTO ES PARTE DE NUESTRA SEXUALIDAD

Es poco habitual que nos preocupe no tener ganas de masturbarnos, porque sobre eso no necesitamos dar explicaciones a nadie. Cuando nos preguntemos si existe un problema sexual, debemos observar varios ámbitos de nuestra vida y, quizá, empezar por cambiar las prioridades. No se trata de acumular faltas de ganas o dificultades sexuales, sino de colocarlas en un contexto. No se trata de valorar primero el sexo compartido y luego el que tienes contigo, sino de preguntarte si tienes energía, espacio y tiempo para la intimidad contigo misma (sí, también para masturbarte), pero antes de que te vendan un *satisfyer* en un pestañear y se quede olvidado en el cajón de la mesilla de noche, debes observar si duermes bien, si descansas, si has podido darte un masaje, o tomarte un café sola, o leer a trocitos un libro, o darte un paseo de una hora para respirar.

Antes de *hablar* de sexo, hay espacios que tenemos que abordar más acá del sexo (o, por lo menos, a la vez), porque el sexo requiere energía disponible. Ya no se trata solo de si has tenido tiempo o ganas de masturbarte: el sexo es muy natural, sí, pero tiene una connotación sociocultural que no podemos dejar de lado, como si implicara lo mismo a nivel emocional, mental o energético tomarse un café que follar. Porque, aunque sean placeres, no implican ni requieren lo mismo. En el posparto es frecuente que tengamos ganas de ir a tomar un café antes de tener ganas de practicar sexo. Sin embargo, a veces forzamos más las ganas de practicar sexo (con la pareja) que el rato para disfrutar un café a solas.

Cuando empieces a preocuparte por cómo estás viviendo tu sexualidad ahora, comienza por preguntarte, primero, qué espacio tienes para tu autocuidado, para tu autoplacer, después, y para la intimidad con tu pareja, al final.

El foco sexual está desplazado

2 de marzo de 2020

Me doy permiso.
Para cambiar de opinión respecto a lo que pensé un día —o ayer—.
Para romper todas mis estructuras.
Para colocar el cuidado por encima de todo.
Para posponer mis sueños un tiempo.
Para pasar un lunes en pijama.
Para no tachar mis quehaceres.
Para reconocer mis contradicciones.
Para depender de otras personas.
Para sentirme insegura.
Para no reconocerme.
Para reconocerme en un traje que jamás pensé que me sentaría tan bien.
Para echar de menos o de más.
Para emocionarme con una mirada o una sonrisa pequeñita.
Para no estar donde no puedo —o no me apetece—.
Para no llegar.
Para no hacer «grandes cosas» mientras estoy cambiando el mundo.
Me doy permiso para maternar y maternarme, aunque a veces no sepa cómo. Porque en ese acto de amor hay una enorme revolución.

EL POSPARTO ES PARTE DE NUESTRA SEXUALIDAD

Se entiende que la maternidad es intensa, pero siempre con una connotación negativa, como una experiencia física agotadora (¿no era lo mejor que nos podía pasar?), sin poner en valor la grandeza de la experiencia en sí, dejando la vivencia de las mujeres, de nuevo, como algo no tan importante. Imagínate si alguien de tu entorno hiciera un cambio laboral que implicara asumir una mayor responsabilidad, ¿crees que se entendería socialmente como un cambio importante de su vida? ¿Crees que se aplaudiría, reconocería y valoraría dicho cambio? No me cabe duda. Y si es un hombre, más. Porque a las mujeres, la ambición nos lleva a la ambivalencia: por un lado, el sistema capitalista valora la capacidad productiva y, por el otro, el sistema patriarcal nos recuerda que, si somos ambiciosas y exitosas, nos envidiarán y nos querrán menos. A la vez, la esfera individual de las mujeres y las experiencias que allí se viven son silenciadas y culturalmente menospreciadas, presentándose como algo mundano, aburrido, que carece de interés o valor. El otro día leía a Andrea Ros y Paola Roig, del pódcast *La vida secreta de las madres,* una frase muy acertada: «"La maternidad es aburrida", dijo el patriarcado».

La experiencia maternal se entiende como algo inherente a las mujeres, algo que nos ocurre y ya está, los detalles no se muestran porque no se les da valor. Así, llegamos a una de las vivencias más universales —no todas seremos madres, pero todas venimos de una— desempoderadas, silenciadas y sumisas. Sin la maternidad, no estaríamos aquí. Podríamos encontrar formas de vivir sin el capital tal y como lo conocemos hoy (los billetes, al fin y al cabo, no se comen), pero no podríamos vivir sin los cuidados: alimento, protección, hogar, vínculos. Como seres sociales, los cuidados protegen nuestra existencia, y gracias a los que han proporcionado durante siglos las madres, las abuelas, estamos aquí. No se trata de romantizar ese papel, porque tenía y tiene un coste que muchas mujeres pagan y han pagado porque no creían que hubiera otra opción.

Una de mis comadres expresó en una de nuestras quedadas posparto que no quería vivir una maternidad sacrificada. Yo nunca había pensado que se podía vivir una maternidad sacrificada o no hacerlo, y si lo pensaba, quizá era desde el juicio: no sacrificarse está mal y sacrificarse es lo que te toca si eres madre o padre. Pero esa frase despertó algo en mí. *Entendí* lo que significaba. Y ahora, con el paso de los años, lo entiendo de forma más profunda. Ese comentario se convirtió en mi faro en muchos momentos y decisiones. No evita la culpa, pero me ayuda a tomar consciencia de mis automatismos y patrones inconscientes para transformar las dinámicas de la crianza en las que no me estoy teniendo en cuenta o no estoy cuidando de mí. Porque, quizá, si algo me diferencia de otras generaciones (y otras madres de hoy) es que tengo el *privilegio* de poder elegir, muchas veces.

Si queremos cambiar el mundo, es necesario entender que la experiencia materna tiene un valor inmenso. La maternidad no es una experiencia individual, la maternidad es una experiencia universal. Y necesita un reconocimiento social y cultural alejado del paternalismo pejiguero de comentarios como «¡Mamis, qué gran papel tenéis!» (que romantiza la sobrecarga de las madres y la falta de corresponsabilidad) o «A quien más quiero en este mundo es a mi madre, porque se ha sacrificado por mí» (que naturaliza la abnegación y el borrado de la identidad propia, o castiga la posibilidad de priorizar los deseos propios cuando una es madre). En resumen, frases de taza de café descafeinado que se vuelven *top ventas* el Día de la Madre.

La maternidad es imperfecta, ambivalente y compleja, y merece el reconocimiento como fuerza de cambio y ser percibida desde una mirada política y reivindicativa. La maternidad, para ser digna —y no precaria—,[39] necesita derechos, protección y, ¡sorpresa!,

---

39. Diana Oliver, *Maternidades precarias*, Barcelona, Arpa Editores, 2022.

EL POSPARTO ES PARTE DE NUESTRA SEXUALIDAD

cuidados. Y desde esa posición reconquistada, no olvidamos la sexualidad como parte de la experiencia materna. Adiós a la mirada casta y pura de la Virgen María que hemos heredado y nos marchita.

> *Hacer erótico lo sencillo*
>
> *Cursos de tantra. De tao. De eyaculación. De orgasmos. De kamasutra. Talleres para parejas. Talleres para una misma.* Coaching. Asesorías. Manuales. Webinars. *Congresos online. Tutoriales. Pódcast. Gurús varios/as.*
>
> *Queremos cambiar o potenciar nuestra vida sexual y lo queremos YA. De hoy para mañana. Leyendo un libro, viendo una charla online o yendo a un taller. Pero rápido, con la varita mágica y sin que nos incomode en nuestras rutinas ni cuestione nada ni entienda el contexto. Queremos que* alguien *haga magia sin tener que ocuparnos del problema.*
>
> *El capitalismo y la ansiedad social ya están en nuestras camas.*
>
> *Pero la magia no existe. Ni en tu sexualidad ni en nada. No hay trucos de chistera ni caminos que funcionen igual para todas. Porque al final tú eres el filtro por el que todo pasa. Así que dependiendo de cómo estés tú, lo que te atraviesa tendrá un resultado u otro.*
>
> *Empezamos la casa por el tejado (y no cualquier tejado, el supertejado a dos aguas de teja victoriana) sin tener ni idea de arquitectura, ni de construcción, ni de la época victoriana. Y luego nos alarmamos porque el tejado se ha caído.*

> *Las cosas, a veces, no son fáciles. Pero también las hacemos complicadas. Y podemos buscar en los libros y en otras personas lo que creemos que nos falta, pero en algún momento nos tocará mirar dentro si deseamos vivir una sexualidad plena (sin olvidar ponernos en contexto).*
>
> *Hay que buscar en lo cotidiano. En esa mirada, en esa sonrisa, ese gesto, en eso que compartís, en esa leve sensación, en ese ratito de bienestar, en eso que en su día te gustó, en eso que solo vosotras/os sabéis.*
>
> *Busca pequeños placeres diarios: el rayo de sol en la cara, las gotas de agua recorriendo la espalda, el tacto suave en las manos, el sabor dulce en la boca, los labios tiernos...*
>
> *Solo erotizando lo sencillo podremos escalar poco a poco el Everest que es nuestra sexualidad.*

La lactancia es (otro) acto sexual

«¿Mamar —o parir— es una cuestión sexual? Si no es sexual, ¿qué es? ¿Cómo definimos la sexualidad humana? La gestación, el parto y la exterogestación, a través de la lactancia materna, constituyen aspectos sexuales para la persona madre; es decir, forman parte de su sexualidad. Está muy asumido generalmente que la concepción implica sexualidad, por razones evidentes. No tanto lo anterior».[40]

40. Ester Massó Guijarro, «Deseo lactante, sexualidad y política en el lactivismo contemporáneo», *Antropología Experimental*, 2013.

Si la afirmación «La lactancia es un acto sexual» incomoda no es porque no lo sea, sino por la mirada androcéntrica que tenemos de la sexualidad. Una mirada estrecha, cargada de estereotipos, culpas y masculinidad patriarcal.

La lactancia es un acto sexual.

No te olvides de que lo es cuando te preguntes por qué una puérpera solo tiene ojos para su cachorro, inundada de oxitocina, en pleno proceso de enamoramiento.

Ya sabes, mientras nos enamoramos de alguien, rara vez lo hacemos de alguien más al mismo tiempo. No nos cabe tanto chute hormonal en el cuerpo.

Disculpen las molestias, estamos en «energía de nueva relación».[41]

No te olvides cuando te preguntes por qué el deseo sexual por otras personas se ve disminuido, en una especie de pausa transitoria —semanas, meses o años, pero transitorio— si sabemos respetarlo.

No te olvides de la experiencia corporal inmensa que una lactante está atravesando.

Respétala y cuídala. Porque preservar la vida del cachorro es parte de la naturaleza sexual mamífera.

No te olvides cuando mires a un bebé mamando de despojarte de la mirada patriarcal ignorante sobre una sexualidad que es nutricia.

---

41. La *energía de nueva relación* es un término utilizado en el ámbito de las no monogamias que describe un cóctel de sensaciones intensas y apego, que se vive de forma correspondida, al principio de una relación que se está construyendo.

> No te olvides de no juzgarla ni opinar, sea cual sea la decisión elegida, como no lo harías en la cama de nadie.
>
> No te olvides de la importancia del sostén y del apoyo. De confiar en el poder e intuición de una madre que sabe hacerlo si permite que hable el cuerpo y calle una cultura que no la tiene en cuenta, que obvia lo que sostiene la vida.
>
> La lactancia es sexual porque responde al placer del vínculo. Porque está preparada para ser gozosa para quienes participan en ella.
>
> Preguntémonos qué podemos hacer como sociedad para prevenir y acompañar cuando no sea así.
>
> Y a quién interesa que no se haga.

26 de marzo de 2020

A los veinte, dije que nunca daría la teta —no se me fuesen a caer—. A los treinta, dije que a lo mejor daría la teta hasta los seis meses «de rigor».

Antes de ser madre, tenía claro que ni de broma daría la teta más allá del año —por mucho que dijera la OMS—.

También dije, tras leer a la Vasallo[42], que nunca

---

42. Brigitte Vasallo, «Desocupar la maternidad», *Pikara Magazine*, 12 de febrero de 2014, <https://www.pikaramagazine.com/2014/02/desocupar-la-maternidad/>.

usaría el concepto madre, porque estaba teñido de patriarcado.

Antes de ser madre, era muy ingenua por pensar que una puede decidir sobre su maternidad antes de que esta llegue y haga añicos sus creencias.

Y ahora que soy madre, reconozco que me ha costado dejar la «teta exclusiva». Que me encanta la lactancia. Que disfruto de esos ratos tan íntimos con mi bebé. Y los inicios son duros y la demanda es tremenda y el espacio que te queda para ti es prácticamente nulo. Pero es tan fuerte y breve la experiencia...

La lactancia es sacrificada porque es presencia y entrega. Algo a lo que no acostumbramos en este mundo rápido y desconfiado.

Ahora sé que hay tantas maternidades como mujeres en el mundo, que lactar es un verbo lleno de poder antisistema y que en el maternaje reside la esperanza de cambiar este engreído mundo.

Cuando estoy cansada o no puedo más, me dicen que me saque leche o le dé un biberón, sin saber que es tal el goce de amamantar que cuando pienso en que crecerá y estos momentos se acabarán, me da pena.

Maternidad, ¡qué bien suena!

Maternidad, ¡perdona mi ignorancia pasada!

Maternidad, me encantas, aunque a veces me partas en dos.

La lactancia forma parte de nuestra sexualidad. Primero, porque «comparte signos fisiológicos con la respuesta sexual humana».[43] Segundo, porque es un acto que solo sucede en relación con la gestación y el parto. Tercero, porque es una experiencia oxitocínica que responde a la intimidad y al amor, a través de la cual nuestro cuerpo se convierte en placer, cobijo, seguridad y alimento.

Después del aumento de los estrógenos y la progesterona que tiene lugar durante el embarazo, llega la bajada hormonal del posparto, que permite la subida de la hormona prolactina, antagonista de las hormonas asociadas a la libido y a la fertilidad (estrógenos, progesterona y testosterona). De ese aumento de la prolactina depende el inicio de la lactancia materna. Este nuevo clima hormonal tiene similitudes con el que puede darse tras la menopausia: disminución de la libido, disminución de la lubricación, adelgazamiento de la pared vaginal, dispareunia, menor satisfacción...

La disminución del deseo sexual relacionada con el clima hormonal durante la lactancia materna puede extenderse entre seis y doce meses. En torno al sexto mes de lactancia, la prolactina no alcanzará cotas tan altas como en el posparto inmediato, porque la producción de leche dejará de depender del sistema endocrino —hormonal— y se mantendrá gracias al estímulo que provoca la succión del bebé. Entonces los estrógenos, progesterona y testosterona vuelven a subir, y progresivamente, la libido. Aun así, hay mujeres que tardan más tiempo en recuperar su ritmo sexual, porque ya hemos visto que el deseo sexual no es solo una cuestión hormonal, sino también emocional y social.

---

43. Silvia García Ruiz de Angulo, taller «Sexualidad y lactancia materna. Poder, sexo y control de nuestros cuerpos», 2024.

EL POSPARTO ES PARTE DE NUESTRA SEXUALIDAD

La lactancia ha sido una de las experiencias que más me han acercado a una sexualidad alejada del Guion Sexual, pero sí conectada con el animal mamífero que (también) soy. Esta comprensión más amplia de la sexualidad era desconocida para mí hace no tantos años. Empecé a vislumbrarla a raíz de explorar y vivir mi ciclo menstrual con más consciencia, pero descubrirme en la lactancia fue revolucionario, porque trajo un chorreo de amor, confianza y poderío, y porque me acercó a mi cuerpo permitiéndome entenderlo como parte de un todo que no puede separarse de las ideas, de las emociones o de un contexto determinado... ¡Dar la teta me mostró la humanidad en un acto!

Y aunque los cambios que se produjeron en mi cuerpo durante la experiencia lo alejaron del canon estético patriarcal, la forma en que la lactancia me situó en el cuerpo me permitió acogerlo con admiración y bajar el volumen al juicio aprendido. Sigo aprendiendo a hacerlo. Nuestros cuerpos acompañan, sostienen y viven la vida, no son un mero continente. Es cierto que el sistema no nos lo pone fácil para admirar nuestros cuerpos puérperos, pero ojalá todas pudiéramos, también, aprender a hacerlo.

21 de mayo de 2020

No nos enseñan a dejarnos fundir en otro cuerpo. Llevo nueve meses comiendo, cenando, durmiendo y desplazándome con un bebé pegado. Así es mi maternidad: carne, brazos y leche. Es fácil perderse en esa fusión de los dos, olvidarte de cómo era el tuyo. ¿Cómo se sentía, se veía, se movía? Ahora mi cuerpo habla un código doble que confieso que no siempre entiendo. Llevo 18

> meses portando un bebé: 9 dentro y 9 fuera. Secuestrada por hormonas, emociones y anhelos.

En febrero de 2024 mi compañera Silvia García Ruiz de Angulo[44] inició su charla «Sexualidad y lactancia materna. Poder, sexo y control de nuestros cuerpos» advirtiendo que la lactancia no es siempre lo mejor para la madre y el bebé, que no se trata de que haya más mujeres que den teta, sino de que tengan en su mano toda la información. Se trata de recuperar nuestra soberanía sexual, de poder decidir qué experiencias queremos que atraviesen nuestros cuerpos.

Lo que incomoda cuando se habla de la experiencia maternal como una parte de la sexualidad es, por un lado, el tabú del incesto, tan castrador y relacionado con esa creencia patriarcal y adultocéntrica de que la sexualidad es lo mismo que el estímulo genital (¡basta!). Por otra parte, incomoda también porque el mismo sistema enseña lo corporal como algo secreto y vergonzoso, y lo sexual como algo peligroso (pero consumible). En concreto, el cuerpo y la sexualidad de las mujeres, puestos al servicio de los hombres heteros. Inexistentes, más allá. Nuestras tetas sí, para deleite de ellos. Nuestra sexualidad sí, para su satisfacción genital. ¡Basta! ¡Basta! «Una de las razones por las que resulta tan difícil e incómodo aceptar estas realidades de la lactancia materna es porque emancipan absolutamente la sexualidad de la madre con respecto de una sexualidad falocéntrica y normativa».[45]

---

44. Silvia García Ruiz de Angulo es enfermera neonatal, asesora de lactancia y tiene un máster en Sexología y Género por la Fundación Sexpol. Ha publicado el cuento *La casa detrás del arcoíris* sobre educación sexual y diversidad.
45. Massó, *op. cit.*

Si además de hablar de la lactancia como experiencia sexual, hablamos de la excitación que provoca en muchas mujeres, la incomodidad es mayor. «El dolor nos incomoda menos que el placer», apuntaba Silvia en su charla. Es común que las mujeres que se excitan con la succión del pezón durante el amamantamiento se sientan raras y tremendamente culpables. Pero esta es una respuesta involuntaria y frecuente que tiene explicación. La lactancia, como el parto, ocurre a través de los mismos mecanismos que activan la respuesta sexual humana.

Seguimos acercándonos a lo sexual desde el miedo. Una y otra vez. Miedo a lo que nos puede pasar. Miedo a lo que dirán de nosotras. Miedo a no ser suficientes. Miedo a la violencia. Miedo a los abusos. Miedo al porno. Miedos, demasiadas veces, confirmados y, por tanto, aún más reforzados. ¿Qué cuerpo puede entregarse así? ¿Qué cuerpo puede gozar si tiene miedo? La primera vez que escuché a Anabel Carabantes hablar de los orgasmos que tenían algunas mujeres mientras parían o daban la teta ¡aluciné! ¿No es alucinante la capacidad de goce que alberga el cuerpo y la contención/desconexión bajo la que vivimos?

Hace poco leí en un artículo feminista que hablar de la lactancia como una experiencia sexual no era beneficioso porque, debido al tabú sexual, alejaba a muchas personas de la experiencia. Entonces, ¿es mejor negar la evidencia y seguir manteniendo el tabú sexual? ¿Es mejor seguir hablando de «lo sexual», solo asociado al Guion Sexual Patriarcal para no asustar a nadie? ¿O es mejor seguir confrontándolo con información que nos pueda liberar? Entiendo el planteamiento, pero no estoy de acuerdo. «La lactancia humana es cultural, como todo lo humano, y limitarla a la naturaleza supone un reduccionismo».[46]

---

46. Massó, *op. cit.*

2 de julio de 2020

Hasta cuando piensas que no estás educando sexualmente, lo estás haciendo. Desde bebés, aprendemos el placer del contacto, la necesidad del piel con piel, el disfrute, goce y relajación a través del amamantamiento o el alimento. Aprendemos el mundo tocándolo todo, con nuestras manos, nuestros pies, nuestra boca... Descubrimos increíbles placeres a través de nuestra piel, diferenciamos lo que nos gusta y lo que no.

Nuestra sexualidad forma parte de nuestro ser. No podemos desprendernos de ella. Desde incluso antes de nacer ya estamos recibiendo una educación sexual a través de cómo nos hablan, acarician, perciben.

La sexualidad no es mala, no es vergonzosa, no es culpable, no es dolorosa ni merece ser silenciada.

La sexualidad merece ser descubierta desde nuestra mirada de bebés, sin ensuciarla de capitalismo, religión y patriarcado.

La sexualidad es vitalidad y es belleza (o debería serlo).

Así que recuerda que, si se lo inculcas desde bebé, le estarás facilitando el camino y lo estarás llenando de bienestar. Porque al no hablar de sexualidad, lo estás educando en el silencio. Al hablar con vergüenza, lo estás educando en la culpa. Al teñir de mirada adulta su sexualidad innata, lo estás limitando.

Tócalo con amor. Bésalo con ternura. Háblale de su cuerpo como algo bello que es suyo, para que sepa

> reconocerlo y poner límites. Pon límites en el tuyo. Y cuando llegue el momento háblale de responsabilidad, amabilidad y respeto. Pero siembra antes la base del placer que del miedo.

Todo lo que me preparé de cara al parto no lo hice para la lactancia. Creía que, por ser algo *tan natural,* iba a ocurrir solo, a pesar de que durante las clases de preparación o en los libros que me leía, se advertía que no siempre es fácil. Sin embargo, estaba convencida de que, en mi caso, no habría dificultades. Mis expectativas eran muy altas. Creía que mi lactancia me posicionaba políticamente en la maternidad y describiría el tipo de madre que yo era. Quería ser una diosa de la teta, desde el primer minuto. Además, no solo tenía claro que quería una lactancia exclusiva, sino que había decidido ya cuánto tiempo la mantendría. Cuánta exigencia y rigidez. Si no conseguía la lactancia de manual es que «yo no era suficiente».

Al principio, la experiencia es tan demandante —duermes poco, te despiertas cada hora y media con un *bicho* reclamando un cambio de teta después de pasar allí horas— que te pilla desprevenida. Otra de las cosas que, mucho antes de ser madre, dije que no haría: dormir con el bebé. Y luego llega el bebé y te nace meterlo en tu cama, para descubrir que no solo él duerme mejor, sino que también puede ser lo mejor para ti. Y poco a poco, coges confianza en esto de *maternar* y empiezas a disfrutar de la lactancia, del descanso en esos ratos, de sus beneficios para ti y de ese momento tan íntimo que compartes con tu bebé cuando amamantas.

Cuando nació Noah y tuvimos nuestras primeras dos horas de piel con piel, el agarre no fue automático. Él se acercaba y chupeteaba el pezón, pero no succionaba ni se alimentaba. Una vez que salimos del paritorio y subimos a la habitación, distintas profesionales «me ayudaban», supongo, cogiéndome el pecho y colocándoselo al bebé en la boca, me cambiaban la postura para mejorar el agarre..., todo en un ambiente un poco estresante y frenético. Finalmente me recomendaron el uso de una pezonera.

Lo viví con mucha frustración, porque no era la lactancia exitosa y fácil que deseaba. El uso de la pezonera ayudó a que Noah comiera bien y fuera recuperando su peso de nacimiento, otro de los numeritos que agobian a tantas madres. Pero yo seguía atrapada en «Me la tengo que quitar».

En la primera visita del posparto a mi matrona, me quedé una hora y media en el centro de salud (junto a Sergi) intentando que Noah succionara el pezón. Cada vez que lo conseguía, me quedaba tiesa como una estatua. Logramos que Noah mamara durante un día entero, con muchísimo esfuerzo físico, pero tuve que recuperar la pezonera después. Visité a una asesora de lactancia y me habló de la posibilidad de que fuera el frenillo lingual el que estuviera dificultando el enganche al pecho. Si era el caso, lo podrían intervenir en el centro de salud. ¡Yo no había oído hablar de frenillos en mi vida!

Esa visita también la viví con mucho estrés, con la sensación de que no estaba preparada. Me hallaba inmersa en el posparto inmediato, no había pasado ni siquiera un mes desde que Noah había nacido y sentía que las pautas para cogerlo y propiciar el enganche eran demasiado forzadas, nos poníamos muy nerviosos los dos, él se echaba a llorar y yo me moría de miedo. Estaba superfrustrada. ¿Por qué no era fácil para mí? Vivía una auténtica lucha conmigo misma.

A la vez, en mi entorno, en lugar de tranquilizarme y verme a mí, había quienes me decían que tenía que seguir intentándolo porque si se acostumbraba a la pezonera, ya nunca me la podría

EL POSPARTO ES PARTE DE NUESTRA SEXUALIDAD

quitar. Y digo *verme a mí* porque lo que veían era mi objetivo, como causa de mi sufrimiento, pero no podían ver (porque no sabemos hacerlo) que mi sufrimiento real era consecuencia de mi exigencia. Para tratar con una mujer puérpera, hay que tener en cuenta la vulnerabilidad y sensibilidad del momento que atraviesa, porque los comentarios que se hagan, aunque sean con la mejor intención del mundo, se pueden recibir como una falta de confianza. Y en los inicios de la lactancia, esa vulnerabilidad es extrema. Al fin y al cabo, sientes que la salud de tu bebé depende directamente de ese acto. Cuanto más te exiges, más rigidez, más miedo y menos funciona. Lo mismo que pasa con el orgasmo, que cuanto más lo persigues racionalmente y más te presionas para alcanzarlo, más rígida estás y menos responde tu cuerpo. Y es que las hormonas que intervienen en uno y otro proceso sexual ¡son las mismas! ¡Acuérdate de que la oxitocina desaparece cuando nos invade el cortisol!

Cristina Triviño, la Comadrona Punki que nos hablaba un capítulo atrás de lo que significa atender un parto, acompañaba un grupo de lactancia. Es una profesional excelente con enfoque feminista, y cuando me invitó a participar en el grupo, tuve curiosidad. Al principio, me costaba ir porque implicaba coger el coche, y bien sabemos lo que cuesta salir de casa con un recién nacido. Pero allí nos plantamos Noah, con dos o tres semanas de vida, Sergi y yo. El grupo fue la solución a mi lucha contra la pezonera, porque entre las decenas de mujeres encontré experiencias de todo tipo. Algunas habían utilizado la pezonera hasta el segundo o tercer mes. Un día se nos olvidó la mochila con las cosas de Noah en casa, incluida la pezonera. Sergi volvió a por ellas a toda prisa, pero Noah pedía teta, así que se la ofrecí y se enganchó. Cris me vio, pero no hizo ningún comentario. Cuando terminamos, me acerqué y le dije emocionada:

—¡Cris! ¿Has visto que Noah se ha enganchado sin la pezonera?

—Lo he visto y me alegro un montón —sonrió, pero no añadió ningún comentario.

Si usar una pezonera no era motivo de juicio, quitarla no sería motivo de celebración. Se trataba de una parte más de mi experiencia materna. Nunca llevamos a Noah a la pediatra para que le mirase el frenillo, porque con la participación en el grupo de lactancia fui sintiéndome tranquila y segura con la técnica. Poco a poco, y sin estrés, reduje las tomas con la pezonera, hasta llegar a usarla solo por la noche. A los cuatro o cinco días la habíamos dejado de usar por completo. Recuerdo el alivio que sentí la primera noche que di teta sin pezonera. Mucho alivio. Alivio que dejó espacio al goce. Entonces entendí que no se trataba de éxito, pues este concepto ponía mi foco de atención fuera, sino de satisfacción, que me permitía enfocarme dentro. Y vivir una lactancia satisfactoria habla del bienestar con el que la viva la madre.

Disfruté la lactancia exclusiva hasta tal punto que me costó decirle adiós a esa exclusividad para darle la bienvenida a la alimentación complementaria. La lactancia es cómoda porque llevas el alimento a todas partes, y como Noah nunca quiso un biberón ni un chupete, mi presencia era requerida a tiempo completo, sin muchos espacios para airearme que me habrían permitido vivir mi posparto de una manera, quizá, más ligera. A los diez meses me fui a trabajar un día entero a Barcelona. Era la primera vez que me separaba tantas horas. Me llevé el sacaleches, pero la extracción no fue demasiado eficiente. En el tren de vuelta a Madrid tenía tal congestión en el pecho que me fui al baño a extraerme leche de manera manual, ¡mucho mejor! Y después de catorce horas llegué a casa deseando enganchar a mi bebé al pecho, ¡qué placer! No sé si me había echado de menos, porque pasó un día estupendo, pero, desde luego, mi cuerpo le echaba de menos a él.

La lactancia ha sido una de las experiencias más intensas de mi vida. Con sus dificultades. Y puede que estas tengan que ver con la falta de referentes realistas, no perfectos, pero posicionados desde el poderío y el goce, no solo desde el sacrificio. Parece que la lactancia solo interesa, si acaso, cuando eres madre, y que fuera de la maternidad es inexistente. Las lactancias, como otras experiencias que atraviesan el cuerpo de las mujeres, no ocupan espacio social. Es fácil que, si no eres madre, cueste mirar con verdadero interés y curiosidad a una mujer que está amamantando. Mirar la vida mientras sucede. ¿Cuántas veces despierta esta escena sensaciones de incomodidad o vergüenza en quien la presencia? ¿Cuántas mujeres han sido violentadas al prohibírseles dar la teta en espacios determinados, incluso espacios públicos?

Si para que se sostenga el sistema patriarcal, donde el individualismo y la lucha de poder ordenan el mundo, es fundamental separar a las criaturas de sus madres, es decir, cortar el vínculo para desensibilizar a los individuos y que puedan sobrevivir disociados allí donde la vida no está en el centro, para construir sistemas humanizados, donde la cooperación, el buen vivir y los cuidados sean los que lo ordenen, tendremos que volver al vínculo materno. Por eso la lactancia es política. Por eso es incómoda. Porque representa la resistencia al orden patriarcal.

Por otro lado, la experiencia de la lactancia genera dolor y frustración en muchísimas mujeres. ¿Es casualidad que, otra vez, un acto sexual vivido por las mujeres en este sistema sea motivo de sufrimiento y malestar? No es casualidad. No vivimos en un ambiente propicio para que la lactancia ocurra con facilidad. No confiamos en nuestro cuerpo, no nos damos tiempo y, muchas veces, nos cuesta encontrar comadres con las que compartir vivencia. Las comadres son el mejor y más eficaz tratamiento para los malestares y el sufrimiento materno. La sabiduría sexual la tenemos y podemos aprender a confiar en ella si recibimos el apoyo de nuestro entorno. El apoyo no suma, sino que multiplica. Los juicios ponen en riesgo nuestras lactancias.

Necesitamos comadres que narren la experiencia materna con honestidad. Comadres que transformen el relato de sumisión a un sistema que nos exige ser procreadoras, primero, y asumir el mandato de la madre patriarcal, aquella que renuncia a la propia identidad y se sacrifica en pro de su familia, después. Aquella que no goza, sino que sirve. Una madre puede mantener o puede quebrar el orden patriarcal que oprime su experiencia sexual. Si hablan las comadres, viviremos lactancias y sexualidades más amplias, placenteras y gozosas.

Si pasan por encima de ti no son cuidados

Cuando hablamos de cuidados como acción política y transformadora de la sociedad, no lo hacemos de reproducir el modelo tradicional de cuidados que se sostiene a base de mujeres que, por encima de ellas mismas y su salud, se han dedicado a mejorar y sostener la vida de otras personas sin reconocimiento alguno, condenadas a la precariedad, sin protección ni opciones. Eso es esclavitud.

Los cuidados como apuesta política, como herramienta transformadora, son, en primer lugar, colectivos. Por tanto, han de ser de doble vía. Ejercerse desde el saber que una puede cuidar cuando es a su vez cuidada.

Porque cuando con el lomo partido, dolor mental, desamparo, precariedad..., nos dedicamos a otras, es un trabajo. No pagado, no reconocido, no respetado, explotado, saqueado. Un trabajo más del sistema actual. Que necesita explotar a muchas para engalanar a unos

> *pocos que se creen independientes sin saber que pagar a alguien para que te limpie el váter es depender también. O para que siembre o recoja los tomates que comes.*
>
> *Cuando hablo de cuidados, no hablo de mujeres viviendo para otros. Hablo (¿hablamos?) de crear redes afectivas sostenibles, de ser responsables emocionalmente, de tener en cuenta a las que están al lado, de aportar, de sostener colectivamente. De hacer y dejarse hacer. De saber que puedes aportar y que tienes permiso para recibir.*
>
> *Porque los cuidados han de ser protegidos y ensalzados.*
>
> *Para todas.*
>
> *Es para las mujeres un reto vivir una vida en la que el protagonista no sea otro.*

Después de un año y medio como madre lactante, puedo decir que encontré mucho placer allí. Hay mujeres que no lo viven así, y sus vivencias también son poderosas. Porque el poderío sexual no significa encajar en manuales ni habla de experiencias perfectas. Poderío es darse permiso para ocupar y narrar la propia vivencia. No se trata de forzar ni juzgar a las madres que no pueden o no quieren dar la teta, ¡y pasa demasiado!

En una de las sesiones del grupo de lactancia, Cris invitó a una madre que no conseguía dar el pecho a participar. Ella se asomó y, acto seguido, decidió irse porque sentía que si no daba la teta no podía participar en un grupo. Cuando precisamente el grupo cumplía la función de visibilizar y acompañar todas las lactancias. Por supuesto, también las que no se dan. Cuando entendí que había construido unas expectativas de la lactancia muy lejos de lo real, tuve que empezar a mirar mi propia experiencia con la curiosidad y la humildad de quien creía que conocía, pero saber no sabía nada.

Cada madre es un relato sexual. Qué regalo cuando conseguimos ponerle palabras.

Sinceramente, desde las decisiones que yo tomé y lo que para mí supusieron, miro atrás y me gustaría...

haber dado algún biberón,

haber tenido, a veces, un chupete como recurso,

haber iniciado antes la escuelita o haber buscado alguna ayuda que me permitiera espacios de trabajo y descanso.

No desde el arrepentimiento, ni mucho menos, sino desde la idea de que cualquier decisión tomada por lo que dice el manual es sesgada y rígida.

Hay demasiados manuales ya.

Y yo lo que habría querido es permitirme mandar a la mierda cualquier discurso y escucharme a mí más.

Puede que no te den la medalla a la madre del año, pero qué placer da.

La lactancia materna.

Una de las experiencias más hermosas y cansadas de mi vida.

Un choque de realidad con mi corporalidad mamífera.

Un baño de humildad que me enseña, constantemente, a abrazar mi vulnerabilidad.

> *Una mirada amorosa y amplia a mi sexualidad más animal.*
>
> *Un chute de poderío a cada gota de alimento que crea mi cuerpo.*
>
> *Un sentimiento de respeto por cada opción, decisión y experiencia.*
>
> *Una sensación de sororidad infinita que nos conecta.*
>
> *Un poderío que sí me cabe en el pecho.*

Y llegó el destete, ¿final o principio?

9 de diciembre de 2020

Tantas horas pasamos así, piel con piel. Tantos días enteros que parecían siglos.

Esos inicios de lactancia en los que no sabía cuánto aguantaría, para después no saber cómo podría terminar.

Esa frustración de los primeros días, cuando solo deseaba dar el pecho sin pezonera de por medio, y cómo luego parecía imposible que no se agarrara horas y horas.

Aquellos momentos puérperos de «Podría estar haciendo esto siempre», que seguían a un «No podría volver a hacer esto jamás».

Ese olor de su pelo, ese tacto de su piel, esos ojos negros que me miraban como si me conocieran de toda la vida.

Ese sentirme «teta con patas» tan empoderador, tan gratificante. Curiosamente.

Esas manitas suaves que acariciaban, que nunca pensé que pudieran sentirse como garras en un pezón que se entregó meses.

Esos momentos de pensar que el puerperio no acabaría jamás y, un pestañeo después, verme saliendo de él.

Cómo el cuerpo se entregó, carne y calor, porque no concebía otra posibilidad, para sorpresa de una mente que hizo mal los cálculos.

Y cómo ese mismo cuerpo, un día, decidió que ya era suficiente. Que tocaba pasar de pantalla, entre idas y venidas de un destete anunciado, pero no firmado.

Un secreto para mi yo del pasado: «Sonia, nunca firmes nada en la maternidad».

Ese sentirme «teta con patas» agotador.

El miedo. El llanto. La aceptación.

Rendirse a la decisión tomada.

Y otro cuerpo, el paterno, que ahora sostiene más. ¡Qué envidia!

Mi cuerpo sabio que se adapta y se transforma si respeto su ritmo: ni una congestión, ni una obstrucción, ni dureza o dolor.

Un bebé/niño más sabio aún.

Y ese vínculo que funciona igual, con o sin teta mediante, ¡sorpresa!

EL POSPARTO ES PARTE DE NUESTRA SEXUALIDAD

> Mirar fotos de aquellos días eternos y querer volver allí, a ratos, a pesar de haber jurado no querer hacerlo jamás.
>
> Una mujer que renace ¡¿de nuevo?!
>
> Y cada poro de mi piel, que ahora se enciende, reacciona... fuera de una díada que parecía impenetrable.
>
> Todo pasa, sí. Cual apisonadora sin freno que no ves venir. Y cada fase, cada etapa, cada pantalla a la que llegas ¡es una nueva aventura, una nueva oportunidad!
>
> Qué queréis que os diga: ya que lo vivimos, ¡que sea con intensidad!

Yo me encontré *maternando* de un modo que no esperaba. Sin mucha teoría (aún). Cubriendo unas necesidades que nunca pensé que tendría. Entregando mi cuerpo, mi alma, mi mente, mi tiempo..., bailando entre el goce y la saturación. Disfrutando de horas enredada en la desnudez de un bebé para cambiar a la urgencia de un paseo a solas.

No quería que pasara el tiempo, pero quería que pasara ya. Echaba en falta mis ratos en silencio, mis lecturas intempestivas, mis horas de sueño anárquicas, mis jornadas laborales despreocupadas, el sexo cuando quieras.

Me dije que eran unos meses. Pero miraba de reojo siempre *todo lo que NO*. A veces, con sensación de estar perdiéndome mucho. Otras, con resistencias ocultas bajo la piel.

Me gustaba mi vida de antes. Amo a mi hijo profundamente. Echo de menos cosas. No quiero perderme nada. ¡¿Qué narices quiero?!

Soy la generación a la que le dijeron que podía tener todo. Y mentían. Porque todo en la vida son elecciones o renuncias. Llámalo vaso medio lleno, si quieres. Pero está medio vacío.

¿La maternidad es lo mejor que he hecho en la vida? Es muy importante, pero no es lo único. Yo era más cosas y las sigo siendo.

La frustración es la no entrega. Es estar al plato y a las tajadas. Es haberte creído que lo podías todo y caer con todo el equipo. Es ser humana y reconocer el vaivén de los placeres, los deseos y los anhelos varios. La maternidad es estar hasta el coño de que te cuenten milongas.

Siento que debemos reclamar la importancia de cuidar el inicio de la lactancia, pero también el final. Porque esos primeros días pueden ser muy removedores, exhaustos, llenos de miedos y exigencias a nuestras tetas para estar a la altura de la idea que nos habíamos hecho de ellas. Pero esos últimos días…, ¡uf!

Durante meses la lactancia se convierte en un lugar conocido, en intimidad, en placer, en conexión, en relajación mutua. Nos relacionamos con nuestros cachorros a través de este acto. Y al mismo tiempo plantamos cara a un sistema antimaternal, anticriaturas, antivida. Para el que cada individuo es un peón más en su tablero de juego. La lactancia aquí se me antoja una forma de activismo en carne y fluidos. «Dar la teta es gratis y por lo tanto un pecado capitalista».[47]

No fueron pocas las veces que observé la incomodidad que causaban mis tetas recorriendo el cuerpo de quien me observaba. Porque nuestras tetas solo caben si son para disfrute de Ellos. ¡Lactivismo!

«El lactivismo es apoyar la lactancia materna libre, como derecho fundamental de toda persona a amamantar y ser amamantado.

---

47. Marta Llopis, *Maternidades subversivas,* Pamplona, Editorial Txalaparta, 2015.

Sin tener que esconderse [...]. Queremos mamar, chupar, succionar y gozar libremente».[48]

Pero para mi sorpresa, puesto que no esperaba que llegara tan pronto, un día sentí *que ya*. Noah cumplió un año y algo en la disponibilidad de mi cuerpo empezó a cambiar. Esos dientecitos de bebé pegaban mordiscos dolorosísimos y nos asustábamos los dos. Las noches se me hacían insostenibles. En ese espacio íntimo en el que fuimos dos, me acompañaba la incomodidad, el enfado, la rabia. La temida agitación por amamantamiento.[49] También la urgencia de recuperar espacio en mi cuerpo para mí. De cambiar de pantalla sin tener ni idea de lo que habría en la siguiente.

Desde que supe que ya estaba lista para poner fin a la lactancia hasta que ocurrió pasaron meses. La soledad era aterradora. Que si destetas, que si no. Que si el bebé estará bien. Que si te querrá igual. Parece que hayamos pasado de la dictadura del marido a la dictadura del bebé, como dice Alba Padró.[50] Creo que, aunque seamos privilegiadas y tengamos una red de apoyo, la soledad de los inicios y del final es muy cruda, porque parte de habernos dejado solas, de haber sido despojadas de confianza en nosotras mismas muchas generaciones atrás.

Hace falta mucho apoyo y amor para una lactancia gozosa. E incluso así, no ocurre siempre. Y hace falta mucho apoyo y amor para despedirla.

No son pocas las mujeres que desean destetar y no se atreven. Y lo dejan pasar, aunque su cuerpo no pueda más. ¿No nos habla esto de nuestra construcción de la sexualidad? ¿Del rol aprendido

---

48. *Ibid.*
49. La *agitación por amamantamiento* es un concepto que, según la web de LactApp, define el cúmulo de sentimientos de rechazo que afloran repentinamente en la madre lactante hacia su hijo.
50. Alba Padró es logopeda, consultora IBCLC en lactancia materna, autora, docente, divulgadora y cofundadora de LactApp.

como garantes de la satisfacción ajena? El destete nos habla de nuestra relación con los límites, de nuestra capacidad para sostenernos, de nuestros miedos, del lugar que ocupamos en nuestra sexualidad. También habla de cómo vivimos los finales. Incluso cuando no sabemos que, en realidad, vuelven a ser un comienzo.

Dentro de la lactancia reside una poderosa fuerza de cambio social. Sea porque la iniciemos, la disfrutemos, la alternemos, la despidamos o la dejemos.

La lactancia nutre (más allá del alimento). Puede que esta sociedad desnutrida de afectos necesite más caricias de carne y fluidos para sanar. Más piel.

Más tetas robadas al amo.

Canta Rigoberta Bandini: «No sé por qué dan tanto miedo nuestras tetas. Sin ellas no habría humanidad ni habría belleza».

---

7 de enero de 2021

Ayer fue el último día que di teta. Al amanecer. Dieciséis meses de lactancia materna.

De las cosas más hermosas que he vivido. Esos primeros días cuesta arriba en los que dudé, me cuestioné y me di cuenta de que nadie me había preparado para aquello. Esos días de pezonera, aburrida de lavarlas en medio de la noche, de sacarlas en la calle, en la terraza de un bar, de cubrir el pezón sintiéndote más desnuda que nunca.

Y de pronto, se engancha. Y nunca quiere soltarse ya. Qué fácil, resulta que no hacía falta que me preparasen para esto. Solo un poco de apoyo y confianza.

EL POSPARTO ES PARTE DE NUESTRA SEXUALIDAD

Y tiempo, mi tiempo, mi ritmo. Y qué placer así. Qué gusto, qué cómodo llevar el alimento puesto, la calma, la seguridad en el pecho.

Y qué hambre tengo.

Luego el duelo. La alimentación complementaria. Toca compartirse con zanahorias y patatas. Ya no solo es teta. Es pensar un menú. Qué me tengo que llevar, qué le voy a dar, lo estaré haciendo bien, cuántos días eran las lentejas, y el pescado, y cómo le has dado ya pescado, y yo quiero BLW,[51] pero no respiro mientras come, pero cómo le das trozos, ¡a ver si se ahoga! Pero si en realidad yo disfruto dándole puré, pero confía, mujer... ¡BASTA!

Bendita teta. Yo quiero darle teta para siempre.

Quién me iba a decir que podría engancharse con solo mirarla fijamente. Y esos ratos tumbados escuchándolo tragar y respirar. Esos ojos que se van cerrando borrachos de leche y placer.

Y la espalda que duele.

Y un año entero durmiendo de lado.

Y los mil despertares.

Y los «No entiendo nada».

Y los «¿Cuándo va a dormir del tirón?», desesperada.

Y los «¡Qué fácil sería todo sin teta!».

---

51. *Baby-led weaning* o «alimentación complementaria a demanda» es el proceso de destete de un bebé en el que introducimos alimentos sólidos en su dieta que puede comer de forma autónoma con sus propias manos.

El cuerpo, que se cansa. Cómo no. Menuda tarea titánica. Hermosa, pero titánica. Pero qué bonito. Pero qué cansado. Pero quiero destetar. Pero no quiero destetar.

Y se lo cuentas. Que sí, que estás cansada. Y en serio, que la teta también está cansada, agotada, desgastada. Que si alguien me toca un pezón, muerdo. Se lo cuentas, pero él quiere su teta. Su leche. Su paz.

Y te cagas viva. Pero llega el momento.

El destete.

He tomado la decisión.

El vaivén. El miedo. La culpa, como nunca antes en tu vida.

Vuestros llantos.

Quiero dar teta.

No puedo más.

Y la última vez.

Y sonreír.

Y disfrutar.

Y echar de menos, muchísimo.

Y ya no te pide.

Flipas.

Y el «Pagaría porque volviera a tomar una sola vez».

Nuevo cuerpo. Nueva etapa. Yo «otra vez».

Y mi espacio y mi regla y mis ideas de antes.

Otra nueva yo, otra pantalla, otra forma de sostener.

No era solo la teta. Era yo.

Y mirarlo a ratos y, de verdad, desear que volviera a tomar una sola vez más.

Y sonreír.

Recuperar la ovulación, ¡no todo son hormonas!

> *Follar para que no se vaya con otra*
>
> *Aprendimos a satisfacer.*
> *Heredamos una mirada hacia el sexo como un lugar con prioridad masculina.*
> *De hecho, aprendimos que la necesidad sexual de ellos era irrefrenable y fruto de «su naturaleza».*
> *Nos entrenamos para justificarla.*
> *Y nos la creímos.*
> *Ahora nos relacionamos desde ahí.*
> *Desde la idea de que nuestro papel es escuchar, cuidar, satisfacer.*
> *Dar, siempre dar.*
> *Hacerlo para ser amadas.*
> *Para que quien nos ama se quede.*
> *Porque si se queda, es que lo hemos hecho bien.*
> *Y si se va...*
> *Desde el miedo. Desde la carencia.*
> *Guárdate esta garantía: si follas con cierta frecuencia, no buscará fuera lo que tiene dentro.*
> *Y luego, ¿a quién reclamas?*
> *Nos enseñaron que el sexo era el arma para atrapar.*
> *Una trampa.*
> *Algunas, racionalmente, habremos conseguido deconstruir el mito.*

> *Aun así, a veces se cuela por las grietas del inconsciente.*
> *Y se activa esa voz cada vez que no te apetece.*
> *El contador sumando es igual a presión.*
> *A cero, es igual a tranquilidad.*
> *Enfada darse cuenta del lugar desde donde se ha erigido la sexualidad de las mujeres en el sistema. Un lugar para otros. A nuestra costa.*
> *Pero ¿cómo vamos a poder encontrarnos y gozarnos desde el miedo? ¿Desde esa herida de insuficiencia?*
> *Nos dejamos la piel intentando encajar en un traje que nos queda prieto, que no es nuestro. Quizá sea el momento de desmontar el armario entero.*

Muchas madres sufren por llevar tres o cuatro meses sin tener ganas de sexo con sus parejas. ¡Y tres meses no es nada! Tres, cinco, ocho meses…, ¡un año o dos! El margen para recuperar el espacio y la energía para el sexo es tan amplio como los contextos concretos de cada familia en esta etapa. Sin ánimo de quitar importancia a lo que cada persona considera mucho o poco tiempo (¿en función de qué?), pretendo transmitir la tranquilidad de que, en la gran mayoría de los casos que acompaño, hay razones directamente relacionadas con el puerperio:

- Desde un punto de vista fisiológico. La ausencia de ciclo menstrual de la madre gestante y/o estar amamantando a la criatura.
- Desde un punto de vista social/contextual. La carga mental, la falta de corresponsabilidad, el descanso, la falta de espacios y de tiempo de calidad.

- Desde un punto de vista psicológico. Tener la creencia de que eres rara y que deberías estar sintiendo ganas de sexo genital compartido ya.

Lucía Martínez Villarejo atiende a cientos de parejas en su consulta de matrona y, según su experiencia, el problema principal de la sexualidad en el posparto es la diferencia de ritmos y enfoque. «El deseo sexual en nosotras, en general, tarda en aparecer por muchos motivos, no solo el hormonal, también por todas las tareas que acarrea tener una criatura absolutamente dependiente; mientras en ellos, pasa todo lo contrario, tienen prisa por ser aceptados por parte de su pareja y la buscan a través de lo sexual».

Cuando pregunto a las madres cuándo empezaron a practicar sexo después de su parto, las respuestas son diversas, aunque existe una franja de tiempo bastante habitual de entre los cuatro meses y los dos años. Casi en su totalidad hacen alusión al sexo compartido. Sin embargo, cuando planteo cuál fue la motivación para retomar dichas prácticas, qué prácticas retomaron, quién llevó la iniciativa y qué nivel de deseo y de excitación sintieron, la información toma otro tinte. Porque ese *retomar* pocas veces responde a las ganas de la madre gestante. Además de coincidir más o menos en los tiempos, es en las condiciones en las que suceden los primeros encuentros sexuales (después de ser madres) donde más coincidencias encuentro. Condiciones que no ayudan a crear un clima de disfrute en torno a la sexualidad.

En marzo de 2020 lancé en mis redes sociales varias preguntas sobre el sexo en el posparto. Comparto algunas de ellas, citadas literalmente, para hacerte pensar y poner en práctica esa mirada crítica al Guion Sexual que venimos practicando a lo largo del libro. Yo aportaré algunas conclusiones después.

¿Cuándo retomaste las relaciones sexuales compartidas después del parto?

– Con mi primer hijo, a las dos semanas tras el parto. Tenía muchas ganas.
– A los veintiún días con el primer hijo y a los quince días con el segundo y el tercero.
– A la semana, sin penetración. Con la lactancia siento la libido bajita.
– A las tres semanas, porque me preocupaba el tema.
– A las tres semanas empecé a practicar yo sola.
– Día 38 de la cuarentena.
– Creo que al mes, aproximadamente.
– Después de la cuarentena, pero tenemos poco sexo.
– Al mes y medio de dar a luz, pero no fue nada satisfactorio, así que decidimos esperar.
– Un mes y medio.
– Justo al mes y medio.
– Penetración después de la cuarentena. Abrazos, besos, etcétera, desde el primer día.
– A los 45 días.
– Después de la cuarentena. Tenía ganas, pero me daba miedo la episiotomía.
– Después del puerperio, cuando dejé de sangrar.
– Yo al mes. Mis partos fueron brutalmente gozosos. Muy positivos. La oxitocina nos inundaba a todos. Y fue desde un lugar muy cuidado y mimoso. Un placer. El posparto me enseñó a relacionarme con mi pareja desde otro lugar.

– Cuando dejaron de molestarme los puntos de la cesárea.

– Casi a los dos meses de dar a luz.

– A los tres meses. Pero coito, un año después. Tenía pánico después de la episiotomía.

– A los tres meses, más o menos.

– ¡A los cuatro meses y con mucha presión!

– A los cinco meses.

– A los seis meses, aunque mi hija tiene un año y mi libido pasa de volver.

– No me acuerdo, pero las prácticas satisfactorias tardaron por lo menos seis u ocho meses en llegar.

– A los ocho meses.

– Ocho meses después. Tuve un parto por cesárea y me daba miedo tener a mi marido encima o que me viera.

– Diez meses.

– Varios meses después y con poca frecuencia. Mi bebé siempre era lo primero. O dormir.

– Mi hijo tiene diecisiete meses y cuento las veces con las manos.

– Prácticamente nada de acercamiento afectivo-sexual en un año.

– Tardé bastante, porque primero tenía que cerrar la herida y luego me dolía muchísimo.

– A los dos años. Estoy empezando de manera muy diferente y me siento muy rara.

Las prácticas sexuales son mucho más que el sexo con penetración. Podríamos decir que es sexual cualquier encuentro en el que nuestro foco esté puesto en disfrutar y sentir placer interactuando con nosotras mismas u otra persona. Confundir sexo y sexo compartido con penetración nos lleva a entender lo sexual desde una mirada tremendamente sesgada y acrítica con el Guion Sexual bajo el que follamos. Muchas personas ni siquiera se plantean la posibilidad de no practicar sexo con sus parejas en meses. Tienen tan asumido que el sexo es «parte del trato», y que después de la cuarentena «ya se puede», que lo intentan con mayor o menor deseo o satisfacción. Y esto se pone de manifiesto en las respuestas anteriores. ¿Es casualidad que haya un porcentaje importante de mujeres que retoman el sexo compartido en torno a la fecha de la cuarentena (mes/mes y medio)? ¿Retoman por gusto o porque han recibido «el alta sexual»? ¿Tenían ganas? Con el paso del tiempo, el desinterés sexual de muchas mujeres por el sexo en pareja aumenta: ¿en serio no entendemos por qué?

> *Dar espacio al deseo*
>
> Ocurre, a menudo, que cuando pensamos en el deseo lo hacemos porque falta.
> Es más, porque su falta impacta en nuestra pareja y llegan los malestares y culpas.
> No se suele recurrir a la ayuda profesional cuando no hay deseo por una misma. Cuando no hay ganas de masturbarse. Porque si no hay ganas y «no se las debemos a nadie», no hay problema.
> La falta de deseo agobia por las consecuencias que

su ausencia trae. Y desde el miedo, nos planteamos mil y una maneras de despertarlo, invocarlo o aumentarlo.

Vemos tutoriales, nos apuntamos a talleres o empezamos terapia sexual.

A veces, sin tenernos en cuenta. ¿Es, de veras, esto una necesidad nuestra?

Antes de resolver, quizá sea oportuno preguntarse: ¿qué espacio le doy a mi deseo para que brote?

Para después plantearse: ¿qué espacio tengo o me doy a mí para desear?

Damos por hecho el deseo. Hemos (mal)aprendido que es algo que debe surgir de forma espontánea como señal de que «el vínculo va bien».

El deseo hay que currárselo.

Al deseo hay que darle espacio.

El deseo es un camino fértil que nutrir para que siga siéndolo.

Es fácil que el deseo desaparezca entre una avalancha de responsabilidades, preocupaciones y asuntos pendientes del día a día.

Es fácil que el deseo se pierda en la velocidad frenética de lo cotidiano.

Pero añadir «la falta de deseo» como una tarea más de la lista no nos traerá bienestar.

El bienestar sexual pasará por entender el deseo como una planta que brotará si le procuramos un espacio nutricio para echar raíces.

Quizá si nutrimos nuestro espacio, el deseo florecerá.

¿Te apetecía intimidad con tu pareja? ¿De qué tipo?

– Sí, pero en mi caso, al principio, la penetración era dolorosa y frustrante, así que amorcito.
 – Abrazos, miradas, hablar, masaje.
 – Sí, cariño (abrazos, besos, reírse, su calor...). Pero cero deseo sexual.
 – Intimidad, en el sentido de caricias, apoyo, amor..., pero no relaciones con penetración.
 – Me apetecía cualquier tipo de intimidad.
 – Contacto piel con piel y volver a tener un orgasmo.
 – Muy poca. Lo que más me apetece es dormir.
 – Volver a acariciarme sin ropa y sin que se me saliera la leche.
 – No me apetecía intimidad sexual, sino apoyo, fortalecer la relación, la confianza y la cercanía física.
 – No, demasiado cansancio y secuelas del parto.
 – En el primer embarazo me costó querer esa intimidad y acercamiento. En el segundo, no tanto. Me apetecían caricias, abrazos..., no tan sexual. Aunque se retomó, también.
 – Sí, pero sobre todo afectiva. Recuperar la intimidad y la complicidad perdida.
 – Sí, pero de vez en cuando. No tan a menudo.
 – No me apetecía los primeros meses. Sentía que mi cuerpo, ahora, era mi hija.
 – Mucho. Pero necesitaría más cariño que relaciones sexuales.
 – Sí, mucho. Sobre todo, contacto, besos y caricias.

> — Solo abrazos y besos suaves (pero no de esos que te quitan el hipo).
> — Sí, mucho, a pesar del cansancio. Los besos y abrazos diarios, que no falten.
> — Afectiva y amorosa, no sexual.
> — No mucho. El cansancio de dos hijos no ayuda nada y la lactancia lo hace más difícil.
> — Sí, mucha ternura.
> — Estaba tan inmersa en sobrevivir a la crianza que mi pareja era mi compañero de piso.
> — Sí, me apetecía de todo tipo. Era como nuestro momento necesario.
> — No demasiado y no encuentro el momento.
> — La verdad es que no, mi bebé ahora tiene trece meses, sigo dando la teta y sigue sin apetecerme.
> — No del todo, mi libido está por los suelos.
> — Muchas caricias, abrazos..., ¡cero penetración!

Al combinar estas respuestas con las anteriores, nos podemos hacer una idea más amplia de la diferencia entre lo que las madres *hacemos* y lo que las madres *necesitamos*. ¿Qué pasaría si nos preguntásemos más «¿Qué necesitas?»? ¿Y si lo expresásemos más? ¿Y si respetásemos más nuestros ritmos?

Yo estuve más de dos años sin menstruar entre el embarazo y el posparto. Y no menstruar significa que no ovulamos y, por tanto, esa subida de libido más evidente que podemos experimentar durante la ventana fértil por el aumento de los estrógenos en este periodo no está. Y aunque el deseo sexual lo provocan distintos factores (no olvidemos que el cerebro es el principal creador o destructor de libido), hay una experiencia paralela, el puerperio, que forma parte de tu sexualidad y que mereces vivir sin presiones externas ni culpas ni guiones que no son tuyos. Resulta revelador toparse con la realidad del posparto para darte cuenta de quién ha dictado los ritmos de la vida en esta sociedad. El posparto y la lactancia son experiencias sexuales a las que se suman:

- Los cambios personales —nuestra nueva identidad de madres, que compite con quién éramos días atrás—.
- Los cambios contextuales —qué red de apoyo tengo y, si tengo pareja, qué rol asume—.
- Los cambios hormonales —estrógenos bajos y prolactina alta—.

Nuestra fisiología está en una fiesta distinta, que no es la de tu pareja. El posparto y los primeros años de crianza son una etapa que vamos a transitar sí o sí tras el nacimiento de nuestro bebé. La cuestión es cómo.

En este escenario, la pareja (si la hay) tiene un papel y, sobre todo, mucha responsabilidad. «En referencia a los cuidados, es esencial que las parejas, sobre todo los padres, no caigan en ese comentario frecuente de «Qué voy a hacer yo si el bebé solo quiere teta». «Bueno, mis vidas, ¡TODO LO DEMÁS!», responde Silvia García Ruiz de Angulo tajante.

Volver a ovular y, por tanto, menstruar después del embarazo y el parto es un hito de la sexualidad en esta etapa. Si no has recuperado tu ciclo menstrual, las ganas de tener sexo compartido pueden estar bajo mínimos. Es habitual y funcional. «¡Sonia, yo deseo a mi pareja y practicar sexo con ella me ha apetecido!». No somos hormonas con patas, somos seres sociales, y por eso no nos atraviesan las experiencias fisiológicas a todas igual. Al contrario que otras mamíferas, nuestra sexualidad no cumple solo una función biológica, sino que el sexo para nosotras es una experiencia principalmente social.

Podríamos decir que practicaremos sexo, a lo largo de la vida, muchas más veces para divertirnos que para reproducirnos. Puede que no hayas recuperado tu ciclo menstrual, pero que tu pareja sea un/a adulto/a funcional, corresponsable, que te mira, te entiende, te escucha y te sostiene, ¡y te apetezcan espacios de intimidad, de corporalidad, o los eches de menos! Cómo sea la relación de pareja en este momento, con nuevas e importantes responsabilidades adquiridas, influye en la intimidad que compartimos, en la conexión que tengamos, y es el caldo de cultivo para el sexo que nos pueda apetecer compartir antes o después. Igual que al contrario. Puedes haber recuperado tu ovulación y que tu pareja sea un cero a la izquierda en esta etapa, que supone para ti una tarea más que atender, y que no te apetezca ni tocarla. Por desgracia, este último caso sigue siendo bastante común.

Cada situación es distinta y está llena de matices. Pero ojo, porque a veces, el deseo de las mujeres está tan habituado a tener que responder al del otro que querer practicar sexo puede responder más a la necesidad de estar en calma —hacer el *check*— que al placer o el goce egoísta[52] que nos aporta el sexo en sí.

Vivir el puerperio sintiéndonos acompañadas, sostenidas y cubiertas por nuestras parejas, dándonos la mano, incluso desde la curiosidad por conocer cómo y qué vive cada una/o será clave para disfrutar nuestra intimidad y vivirla de manera transformada e incluso ampliada. Así, el sexo volverá a ocupar espacio poco a poco, a su debido momento.

---

52. Desde la sexología, hablamos de *egoísmo positivo* como una condición fundamental para disfrutar del sexo compartido pleno, y que implica que cada persona que participa en la relación sexual se hace responsable de su propio placer sin dejar de interesarse y de cuidar el placer de la/s persona/s con quien se comparte.

¿El sexo te carga o te descarga la energía?

Podría pasar que al tener sexo conectes con la vitalidad.
Que la sensación sea parecida a abrir una ventana y que se renueve el aire.
Que sientas que el cuerpo pesa menos y la sonrisa más.
Que te veas poderosa, en armonía contigo, relajada.
Que parezca, después, que los problemas gritan menos.
Que el cuerpo habla más.
Pero también podrías sentir el sexo rodeado de densidad, de pesadez.
Que te invade la frustración.
Que hay más preocupación que placer.
Que te empuja la exigencia o el miedo o la vergüenza.
Que te pesa la culpa.
Que te cuesta conectar con las sensaciones o escuchar al cuerpo porque hay demasiada incomodidad.
Y no sabes qué ha pasado para vivirlo así.
No te entiendes u os entendéis.
No quieres vivirlo así.
Ya no.
¿Dirías que el sexo te recarga o te descarga hoy?
Porque si te descarga la energía, quiero que sepas que lo puedes trabajar. Que se aprende. Que te mereces escucharte y priorizar tu necesidad. Que es una oportunidad para reflexionar y virar. Que no estás sola y hay muchísimas profesionales que, si lo deseas, te darán la mano y te podrán ayudar.
Merecemos el despertar de nuestra sexualidad.

EL POSPARTO ES PARTE DE NUESTRA SEXUALIDAD

Las madres gestantes debemos aprender a confiar en nuestros ritmos para soltar la exigencia externa y caminar ligeras —aunque hacerlo también pasa por que lo entienda y respete el resto—. Darnos el permiso para vivir esto. Bastante fuerte es la maternidad ya como para añadirnos la tarea de satisfacer a nuestras parejas por el camino. Será responsabilidad de la pareja colocarse en la escucha, el interés y la empatía para mantener en equilibro la relación. La pareja ha de poner intención en comprender la experiencia del puerperio. A veces aparece la duda de cómo compartir lo que se está viviendo cuando no lo entiende ni una y, además, nunca resultó fácil hablar con poderío de la sexualidad.

«Yo suelo hablarles del coloque-descoloque-recoloque, es decir, antes estaba todo colocadito de una manera y, de repente, la experiencia nos ha descolocado brutalmente, a muchos niveles. Poco a poco, se va recolocando al ritmo de esa familia, aunque no será del mismo modo que antes. Y esto también se aplica a la vivencia de la sexualidad, donde irán encontrando sus formas, desde la comunicación y lo afectivo al principio. También creo que es importante hablarles de tiempos para normalizar que no suele apetecer en general, hasta pasados por ejemplo seis meses o incluso más. Y si hay parejas a las que se les despierta el deseo antes, ¡pues perfecto!», concluye mi compañera Martínez Villarejo.

Has recuperado tu ciclo menstrual, tu sistema hormonal está preparado para favorecer la libido y propiciar la intimidad compartida o contigo misma, también la sexual. Pero ¿cómo estás? ¿Dispones de tiempo de calidad para ti? ¿Te has preguntado qué necesitas tú? ¿Cuántas responsabilidades asumes entre cuidados, tareas del hogar y trabajo dentro y fuera de casa? ¿Es corresponsable tu pareja y qué implicación tiene en la crianza y la convivencia? ¿Cómo percibes a tu pareja en esta experiencia *mapaternal*?

La maternidad también despierta todo un universo emocional que había permanecido en la sombra: ¿cuál fue tu experiencia como hija? ¿Cómo es/era tu relación con tu madre? ¿Cómo fue tu infancia? ¿Qué cosas has vivido a las que no habías dado voz y están saliendo a la luz ahora que eres madre? Con la maternidad nace el poder de cuestionárnoslo todo y hacerlo es, emocionalmente, agotador.

¿Hemos aprendido a observar nuestros propios ritmos? ¿Entendemos las señales del ciclo menstrual y las características de cada una de sus fases? ¿Contamos con esta información y sabiduría? ¿Escuchamos y confiamos en los mensajes de nuestro cuerpo? Es importante tener la información para convertirla, a base de práctica, en sabiduría que nos permita identificarnos y recuperar el permiso que el sistema patriarcal nos robó. Permiso para ocupar el espacio desde nuestro dinamismo fisiológico, psicológico y social. Permiso para vivir alineadas con nuestras necesidades en las distintas etapas de la vida, que estarán en constante evolución.

Menstruar cuando eres madre

Desde que soy madre, menstruar nunca me viene bien.

24 de diciembre de 2020

761 días después, volví a menstruar. Y confieso que no lo echaba en falta. Fue tan reveladora la experiencia sexual del embarazo y el puerperio como subir el volumen a la vida a tope.

EL POSPARTO ES PARTE DE NUESTRA SEXUALIDAD

Es curioso cómo hace dos años intuí que podía estar embarazada. Y en torno a la misma fecha, veinticuatro meses después, recupero mi ciclicidad y paso a otra pantalla en esto de maternar.

Esta primera menstruación posparto ha llegado con muchísimo dolor, baja energía y emociones a flor de piel. El moco fértil y un chute de libido bastante inesperado me avisaron hace días de que mi fertilidad había vuelto. Mi premenstrual me saludó con poca paciencia y mucho silencio después.

Me encantaría contarte una bonita historia sobre la vuelta de mi ciclicidad. Pero te mentiría.

Otra despedida. Decir adiós, definitivamente, al puerperio con la reducción progresiva de la lactancia. Decir hola a la reconexión conmigo misma en todas mis fases, recuperando la brújula de mi sexualidad.

Y curiosamente, no celebrarlo. Simplemente vivirlo.

Menstruar maternando no es igual que antes. Ese tiempo privilegiado para bajar el ritmo y tomar un espacio para mí pertenece a otra etapa. Pero también hay otras sensaciones nuevas: molestias con la copa menstrual el primer día, una regresión al día del parto con cada contracción del útero, respeto temeroso cada vez que metía o sacaba la copa, aumento importante del sangrado, dolor muy intenso durante tres días, hinchazón desconocida... Pero también más información, más sabiduría que escuchar, otra oportunidad de reencuentro conmigo y de búsqueda de fórmulas para respetar mis ritmos.

> También un nuevo relato que contar desde mi propia voz de madre que reivindica la urgencia de narrar las sexualidades de las mujeres en todas sus etapas y experiencias para conquistar nuestro espacio en esta sociedad que nos tapa la boca constantemente.

Febrero de 2021

Cuando estoy en fase premenstrual me doy cuenta porque me invade una fiebre extrema por el orden. Cocina, armarios, salón, juguetes, escritorio. Orden y limpieza. Tan difíciles cuando hay un bebé-huracán en casa. Saca los libros de la estantería, la tierra de las macetas o hace lanzamientos de juguetes (y no juguetes) varios.

Esa necesidad de poner en orden «lo de fuera» me habla de mi necesidad de ordenar lo de dentro, atender mi barullo mental, aligerar(me) y simplificar. Siento que la fase premenstrual del ciclo, tan temida, pone a prueba el equilibro entre el exterior y el interior y nos invita a negociarnos los ritmos, los tiempos y los espacios.

Es importante saber escuchar para que el cuerpo deje de ser una olla exprés.

No rindo igual. Es un hecho. El mundo se me antoja un lugar misterioso que necesito observar a cámara lenta. Mi mente está llena de pájaros, de colores y posibilidades sin sentido que no puedo plasmar, solo sentir el vértigo de las mariposas en la tripa y las ganas de algo que no sé bien qué es. Ya llegará preovulatoria con su lucidez y me lo contará.

Me gusta mi premenstrual. Así fue durante años, y ahora que ha vuelto, sonrío por todo lo que me permite ver. También en el caos maternal. Aunque tenga ganas de pegar dos gritos, a ratos.

La clave para la reconciliación premenstrual fue darle permiso para alzar la voz. Es fuerte, reivindicativa. Es un regalo.

Mi lista de autocuidados negociados estos días ha sido:

- Sesión de terapia para ordenar mi jarana interior.
- Producir menos, estudiar más (después de un año sin hacerlo, me regalo recuperar este espacio).
- Paseo largo con los perros.
- Escribir en mi diario y expresar una emoción que me pesaba.
- Tarde de sol, parque y juegos, sin mirar mucho la hora.
- Pasta para cenar.
- Hora y media abrazada a mi bebé sintiendo su cuerpito caliente y su respiración tranquila.

Abril de 2021

Volver a la ciclicidad después de más de dos años está siendo un viaje.

No es igual acompañar/sostener la crianza en ovulatoria que en premenstrual y no ha sido hasta este cuarto ciclo que lo he visto con claridad.

Hay días en los que me siento incapaz. Necesito apoyo, espacio, me parto en pedazos ante sus desbordes emocionales y me desbordo yo. Sus rabietas y las mías. O al revés. Quiero estar presente..., pero mi mente busca desesperadamente la salida. Esto ocurre mucho en mi premenstrual, cuando mi vida interior está en su máximo apogeo, necesito estar en mí, espacio para crear, vínculos que me nutran. Cuando necesito descanso reparador y no lo tengo. Cuando «lo de fuera» va a una velocidad imposible.

En menstrual es un quiero y no puedo. Estoy tierna, blandita, necesito el ritmo lento y me flipa la sensación de mirar con lupa lo que ocurre, como si pasara muy despacio y pudiera gozar cada segundo. Versus la realidad. Que en el balance entre el dentro y el fuera rompe a veces. Y esto es más acusado que nunca en la crianza. Pero en menstrual soy ¡tan consciente!

Al pasar por ovulatoria, las ganas y necesidad de familia son brutales. También la necesidad de mi bebé. Y lo abrazo, lo huelo, lo cojo en brazos, aunque me duela la espalda, le susurro en sus incipientes rabietas, entiendo sus despertares nocturnos y no me pierdo en

> los «¡Que esto pase ya!». No me desbordo, no se me activa el instinto de huida ni sufro la falta de silencio. Me asombro por la grandeza de la crianza, admiro los ritmos del cachorro y todos sus aprendizajes y avances.
>
> En preovulatoria voy a tope de energía y creo que puedo con todo. Organizo sin agobios y tomo decisiones sin marearme: qué ropa, qué cena, qué camino es mejor para llegar a casa sin dramas (dramas para mí). Pero también me frustro, a veces, e influye mucho mi faceta laboral.
>
> Es poderoso registrarnos para observarnos. Entender nuestros ritmos cíclicos.
>
> Comprendernos es absolutamente sanador.

Después de la maternidad mi regla cambió. Antes del embarazo pasé unos años viviendo una especie de relación romántica con ella. Lo vivía como un relato de realismo mágico. Pero la vuelta a la ciclicidad fue un auténtico tropezón. Cansancio extremo, inflamación, dolor... ¿Me sorprende? No, porque si con la maternidad pierdes tu espacio y tu tiempo, si dejas de ser dueña y señora de tus ritmos (si es que antes lo eras) y tus momentos de descanso pasan a números rojos, es esperable que el cuerpo grite. Volver a menstruar cuando eres madre te coloca en el punto de salida en tu sabiduría cíclica otra vez. Yo me di cuenta de que mis registros cíclicos cambiaban, eran menos estructurados, y veía patrones más variables que antes. También me llamaban la atención cosas diferentes a las que observaba antes de quedarme embarazada.

Algunas cosas que se repetían en mis ciclogramas después de la maternidad fueron:

Fase menstrual:

- Sensación de congestión vulvar.
- Dolor de cabeza justo un día antes.
- Dolor menstrual intenso el día anterior y el primero.
- No pude usar la copa durante los primeros ciclos, porque me molestaba (esto cambió pasados los meses).
- Rigidez física y, a veces, mental.
- Necesidad de silencio y soledad.
- Ritmo lento e incapacidad para ponerme con tareas administrativas.
- Dificultad para sostener la crianza, así que intento ponérmelo fácil.
- Me levanto muy cansada y las rutinas de la mañana con el peque se me hacen cuesta arriba.
- Libido baja, solo a veces enfocada en fantasías y autoplacer. Antes, la fase menstrual la tenía asociada a un pico importante de libido.

Fase preovulatoria:

- Sensación de liviandad corporal.
- Me cuesta menos levantarme y las rutinas de la mañana.
- Más capacidad para acabar tareas de la puñetera lista.
- Energía física para entrenar y para la crianza a tope.
- Claridad para identificar cuáles son mis necesidades.
- Más lectura y estudio.
- Aumento de libido y autoplacer más consciente.

Fase ovulatoria:

- Sensación de plenitud y amorosidad.
- Paciencia y actitud conciliadora.
- Deseo sexual a fuego que, incluso, me pilla por sorpresa.
- Escucho canciones que me ponen a tope (ahora, *Perra* de Rigoberta Bandini en bucle).
- Disfrute máximo de la crianza y del tiempo en familia.
- Reconocimiento a mí misma.
- Reconocimiento a mi pareja.
- Ganas de compartir.
- Un poco de dispersión mental.

Fase premenstrual:

- Obsesión con mi olor corporal (siento que ha cambiado desde la maternidad).
- Sentimientos de relajación y calma, que se alternan con otros de rigidez mental y física.
- Necesidad urgente de orden y limpieza.
- Necesidad de pasar tiempo sola.
- Sensación de pesadez en el cuerpo.
- Actitud asertiva.
- A veces, estómago revuelto.

Noviembre de 2021

Ayer, mientras subía hacia mi casa empujando el carro, pensaba que menstruar ya no es lo que era. No sabía ni en qué día exacto de mi ciclo estaba, aunque intuía que no pasaba el 28 (suelo menstruar sobre el 30-32). Pero una especie de bajón general, sobrecarga lumbar y malestar localizado en el útero hablaban de que la regla estaba al caer.

Qué fuerte, cada vez que tengo esas sensaciones conecto con el día del parto. Honro mi sangre, valoro el poder de mi menstruación como parte de mi salud. Pero sinceramente, desde que soy madre, menstruar nunca me viene bien. Ayer eran más de las siete, de noche y con un frío que pelaba. Después de una clase de música infantil con criaturas y familias gritando y brincando, hice el trayecto de vuelta de cuarenta minutos a pie. Me gusta caminar después. A mitad del camino, por la avenida en la que comienza la cuesta arriba, no podía más. Fantaseaba con el sofá, una infusión, tirarme en la cama, masturbación como analgesia…, parar, a fin de cuentas.

Y la realidad es que tocaba baño, ducharme yo a la vez, preparar la cena y las cosas del día siguiente. Después, negociación para el lavado de dientes, cambiar el pañal, elegir un cuento —solo uno, hijo—, y ya, al borde de un agotamiento que en la maternidad parece siempre a punto de estallar, pero no lo hace, la batalla porque quería leerlo del revés. Sí, sí. Boca abajo. Y el

> «No puedo más, hijo». «O lo leemos bien o no lo leemos». «El cuerpo ya no me da». «Estoy cansada». Al borde de las lágrimas. La paciencia, bajo cero.
>
> Y recuerdo esos días en los que el día 1 iba a mi clase de yoga, preparaba una bolsa de semillas calientes, me tomaba una infusión tumbada en el sofá, me ponía una serie e incluso terminaba mucho antes de trabajar o me despertaba más tarde. Y entonces, la nostalgia. No por los planes, no por las menstruaciones conscientes, no por saber al dedillo las fases lunares. Nostalgia del espacio en el cuerpo, del silencio, de ese lugar para el malestar o el dolor. Ahora que soy madre no tengo tiempo para menstruar, pienso mientras escribo con una criatura dormida sobre mi cuerpo.

La crudeza del cuerpo puérpero

> *Querido cuerpo puérpero:*
> *Qué difícil nos lo ponen.*
> *Tú, que nos das tanto, con todo tu poderío salvaje, tras haber gestado, parido, alimentado, sostenido.*
> *Y a la que nos descuidamos, se nos cuela el patriarcado por los poros y nos olvidamos de lo ocurrido.*
> *Y te queremos moldeado, reducido.*
> *Qué difícil nos lo ponen.*

> *Por más que sepamos que no hay dos iguales, nos ponen la trampa y repetimos.*
>
> *Querido cuerpo puérpero.*
>
> *Tú y yo sabemos lo que hemos erigido. Tú me sostienes y yo te miro.*
>
> *Y aunque a veces desee a otros, me recuerdo que es a ti a quien visto.*
>
> *Hace meses que te siento raro, cansado, a ratos abatido. Pero quiero recordarme que te admiro porque sin ti no habría podido disfrutar de todo lo que hemos vivido.*
>
> *Querido cuerpo puérpero. Nos lo ponen difícil, pero yo te mimo.*

Para vivir con permiso y sin frenos nuestra sexualidad maternal hay que escuchar al cuerpo. Y si la maternidad es sexualmente transformadora es porque te lleva a él y te da la oportunidad de reaprender su idioma. Empezamos a observarnos para atendernos y, así, volver a *asociarnos* de nuevo con un cuerpo del que nos habíamos *disociado* para sobrevivir.

Y bajo el yugo estético patriarcal, escuchamos...

La maternidad te *estropea* el cuerpo.

Fuck the patriarchy!

¿Cómo es la relación con tu cuerpo tras el parto?

La maternidad es corporalidad cruda. La experiencia maternal nos lleva al aquí y al ahora: a la leche que sale disparada o se derrama por el pezón, al bebé que llora y el cuerpo responde, al pecho que se hincha cuando se acerca una toma, a la necesidad de estar en contacto con el bebé para regular mi sistema nervioso (¡y al revés!), al estado de alerta cuando sube la temperatura de su cuerpo. La maternidad puérpera es fluidos, contacto y piel.

> – No me da la vida para pensarlo mucho.
> – De odio total. Quiero recuperar mi cuerpo anterior y no lo consigo.
> – Antes no había relación consciente. Ahora empiezo a tener presencia.
> – ¡Socorro! Esas carnes blandas y esas caderas nunca volverán a los treinta, pero lo vivo sin dramas.
> – Horrible, no me reconozco.
> – Un poco de rechazo, de no reconocerme... Tres meses después he acudido a una experta.
> – Recién parida bien, pero al cabo de los meses ni me quiero mirar al espejo. No me reconozco.
> – Creo que es una relación ambivalente de amor-odio.
> – Respeto. Por todo el trasteo, dolor, puntos...
> – Tuve bastante dolor hasta que acabó la cuarentena, y luego me he ido centrando en el bebé.
> – Buena. De redescubrimiento, porque hay cosas que han cambiado.
> – Pasé un periodo de crisis, pero luego sentí mucho empoderamiento y gratitud.
> – De amor por lo fuerte que fue y es, extrañeza porque sabía que ya no era igual.
> – De mucho orgullo por haber sido capaz de dar vida. Ahora me quiero y me valoro más.

– Me gusta menos.

– Mi relación con mi cuerpo no cambió. Cambiaron mis hormonas, que me ha costado restablecer.

– Mucho respeto y admiración, pero poco autocuidado y mimo.

– Ahora lo miro como algo increíble por haber dado vida. La apariencia ha pasado a un segundo plano.

– Me siento mejor, más segura y empoderada.

– Volvió a gustarme y volví a sentirme cómoda cinco meses después del parto.

– Un poquito de rechazo. Luego observación y descubrimiento para entender mi nuevo yo.

– Rara: puntos, las tetas gigantes, ojeras...

– Durante años no tuve tiempo ni de mirarme. Ahora muy buena.

– Agradecimiento, reconocimiento y aceptación.

– No termino de aceptar cómo ha quedado mi cuerpo.

– Todavía no lo reconozco. Tampoco he tenido tiempo de mirarme ni mimarme mucho.

– Fue buena, me recuperé bastante rápido y también me di tregua y le agradecí todo.

– No acepto mi cuerpo. Evito mirarme al espejo.

– Esta segunda vez tengo la impresión de que no nos conocemos.

– No me gustaba nada.

– Suena raro, pero me encantaba ser suave y blandita. Estaba orgullosa de lo que había hecho mi cuerpo y fue sanador en ese aspecto.

EL POSPARTO ES PARTE DE NUESTRA SEXUALIDAD

> – Al principio durilla, y me costaba mucho verme como una mujer sexy. Como si ya no fuera mujer.
> – Pues me cuesta verme, la verdad.
> – Buena, me siento cómoda.
> – Me sentía rara. Un año después mi cuerpo se ha recuperado, pero ya no tengo ganas de sentirme sexy.
> – Ni mirarlo.

Ay, el cuerpo, tan increíble y poderoso. Nuestra vía para experimentar y estar presentes en el mundo. Estamos tan atravesadas por la mirada patriarcal que nos dice constantemente qué cuerpo deberíamos tener que vivimos en una agotadora lucha contra él. Los cambios tras el parto, en este sistema, son difíciles. Necesitamos mucha reeducación, respeto, amabilidad, compasión, comprensión, activismo, visibilización de cuerpos reales y diversos... Porque es muy difícil disfrutar de lo que hay fuera cuando estamos librando una batalla constante dentro.

La exigencia estética nos roba salud. Es importante ajustar las expectativas, porque el mandato interiorizado, ese que nos apunta constantemente «nuestra insuficiencia estética», no lo haremos desaparecer. Pero con tiempo, consciencia y mimo, podemos bajarle el volumen. Para ello, una lectura del todo recomendable es *Comer sin prejuicios* de Marta García Pérez. Y es posible que, en ocasiones, necesitemos un acompañamiento terapéutico para sanar y vivir más en paz. Nuestro cuerpo nos permite vivir, pero ¿cómo vamos a verlo con amor si nos enseñan a odiarlo desde niñas?

> *2 de agosto de 2020*
>
> Mirarte al espejo y no verte, de tan ausente que estás de quien eras.
>
> El deseo curioso de buscarte y descubrir qué hay de ti ahora.
>
> Aprender lo que es la presencia plena con tu cuerpo tierno, madurado.
>
> Mientras tu mente corre desorientada entre lo que fue y lo que será.
>
> Sin detenerse un rato en el aquí y ahora.
>
> Otras veces, absolutamente fascinada en el presente más crudo, más tangible, más real.
>
> Tu cuerpo, al que amas y rechazas como nunca, que desde hace meses solo entiendes en la relación con el suyo. Tan integrados y fundidos como si fueran uno.

¿Te sientes deseable?

– Menos que antes. No tengo tiempo para cuidarme y estoy en peor forma.

– ¡Qué pregunta! ¿Me siento deseable? Pues no sé, dependiendo de lo que el otro desee.

– ¡Sí! Pero el embarazo es muy sexy y, claro, la carne blanda no tanto.

– No, me veo horrible.

– Sí, pero no tengo ganas de serlo. O sea, sé que me veo bien, pero no me apetece nada sexual.

– No me gusto nada, aunque mi pareja diga que a él sí.

– No como antes. No estoy a gusto con mi cuerpo, pero priorizo estar con mi hijo.

– ¡Mucho!

– No del todo, porque me siento diferente. Creo que aún tengo que redescubrirme en esta nueva versión.

– No mucho. Mi marido dice que sí y he recuperado la figura muy rápido. Pero no me entran ganas.

– Según el día. Va muy ligado a mi ánimo.

– Sí, porque tengo un cuerpo que puede hacer grandes cosas.

– Sí, tal y como yo entiendo el deseo, sí. No tengo un cuerpo *top*, pero me siento muy en paz con él.

– No, porque desde el cuarto mes de embarazo y hasta ahora, que hace un año y medio que di a luz, he estado sin sexo con mi pareja.

– Después del parto no. Pero creo que fue porque me metí en una burbuja mamá-bebé de la que me costó bastante salir. Con el segundo embarazo fue distinto. Desde que di a luz me siento deseable cien por cien.

– Pues no sé. Aún me cuesta aceptar mis cambios.

– Ni un poquito. Estoy en el octavo mes de embarazo y me siento muy poco atractiva.

– Me siento deseada por mi cachorro. El foco de la sexualidad está en un lugar distinto.

– Sí, aunque no me arreglo tanto.

– Sí, hoy me siento bien con mi cuerpo. He recuperado la confianza.

– Cada día, un poquito más.

– Trece años después de mi último parto, sí. Adoro mi cuerpo y todo lo que vivo a través de él.

– No siempre, no me reconozco cuando me miro al espejo y mi nueva forma no termina de agradarme.

– Mi pareja me ve preciosa y sensual desde que di a luz y yo no.

– No. Tengo la piel flácida, los pechos llenos y deformados, sin poder depilarme, con kilos de más...

– Sí, pero es una cuestión personal, me siento sexy: es actitud.

– Para nada, siento que me sobran muchísimos kilos y que he pasado de novia a mamá.

– No mucho, y eso que mi marido intenta que me sienta así.

– No mucho. Me parece que soy todo tetas y redondez.

– ¡No! ¡Odio mi cuerpo ahora mismo!

– Sí. Me sentía superdeseada por mi hijo. Y superagradecida a mi cuerpo. Y eso me hacía sentirme así.

– ¿Recién parida? ¡Para nada! Me veía superdeforme, nada a gusto.

– Sí, tengo una energía sensual y me siento muy conectada con esa sensualidad.

– Uf. Me siento poderosa, pero sin deseo sexual.

– Sí por mi marido. No a rasgos generales. No como antes, desde luego.

– A veces sí. A veces no. Depende de cómo me sienta.

> – Sí, me siento sexy. Aunque en el momento en el que más sexy me he sentido ha sido en el embarazo.
> – Siempre me he sentido deseada por mi marido, independientemente de cómo ha estado mi cuerpo.
> ¡Absolutamente! Mi embarazo y lactancia me han empoderado y me han hecho amar mi cuerpo.

¡Mujeres! Sentirse *deseable* no es lo mismo que sentirse *deseada*. La primera coloca la mirada en una misma, mientras que la segunda lo hace en el exterior. Sentirse deseable tiene que ver con el permiso. Permiso para considerarme sexy, atractiva, digna de ser deseada. Y esto, de nuevo, está relacionado con la narrativa que el patriarcado ha construido sobre lo que significa *ser sexual* y sobre lo que merece o no merece ser deseado. Entonces, ¿qué hacemos? Trabajar para limpiarnos el patriarcado de nuestros cuerpos. Nos va a llevar toda la vida.

¿Dormir o follar? ¿Colechar?

Elige una opción: ¿dormir o practicar sexo?
Suelo hacer esta pregunta en las charlas sobre la sexualidad en el posparto. De primeras casi nadie responde por vergüenza (¡tabú sexual a la vista!). Poco a poco empiezan a animarse quienes levantan la mano para decir, con cautela, que prefieren dormir. Y luego casi siempre hay quien, entre risas, responde «Sexo, sexo».
La pregunta es un poco trampa. Dormir es una necesidad primaria y cuando, de forma habitual, no se cubre, tiene consecuencias en nuestra salud física, mental y emocional. Es fácil observarte

de mal humor, sintiendo emociones incómodas —incluso desbordada e incapaz de gestionarlo y regularte—, desconcentrada, ansiosa o haciendo un uso ineficiente del poco tiempo que tienes. Por eso, cuando hay que elegir entre una necesidad primaria no cubierta y un deseo, la respuesta está clara.

Yo solía pensar que, del cansancio de la experiencia de parto, muchas no nos recuperamos en años. Cuando corres una maratón, entrenas para ello y sabes que necesitarás autocuidados y descanso al cruzar la meta. Con cualquier otra actividad exigente, igual. La experiencia de parto es difícilmente comparable con ninguna otra actividad física. Pero después del parto llegan los cuidados del bebé, la lactancia y sus posibles dificultades, las noches eternas, los dolores de espalda, la casa como si hubiera pasado un huracán. Durante las primeras semanas de posparto, aún te sientas durante largos ratos a dar el pecho (o el biberón) o acompañas las siestas. Pero a veces te agobian los quehaceres pendientes y no te puedes dormir, así que aprovechas para hacer algo (im)productivo *gracias* a la tecnología, mientras el bebé duerme.

«Duerme cuando duerma el bebé», nos dicen. Pero nuestros patrones de sueño no son los de un bebé, así que no descansamos como necesitaríamos. A medida que la criatura crece y gana autonomía durante los primeros años, la crianza se vuelve más exigente, el cansancio se acumula y, a veces, vamos como zombis por la vida.

Es fácil encontrar alrededor alguna madre que está en plena crisis de descanso por posparto. Yo he aprovechado para hablar de esto con mi amiga Lara: «El cansancio no es lo más duro, porque lo más duro ha sido afrontar la enfermedad/discapacidad de mi hijo, pero está en el *top* de cosas duras que supone la maternidad. El cansancio extremo me ha afectado a todo, como si fuera potenciador de lo malo. Si algo me preocupaba con el peque, lo veía todo más dramático».

Pero además el cansancio también es dinámico: sus formas y consecuencias pueden variar a medida que avanza el posparto y la crianza. Para Lara, el cansancio tuvo una evolución: «En el posparto inmediato era mucho más físico que mental o emocional. Al principio estábamos todo el día en el hospital y era como tener un cuerpo-máquina al servicio de un bebé prematuro al que había que sacar adelante, un koalita pegado todo el día a mi pecho al que alimentábamos con dedo y jeringa y ponía en la teta todo el tiempo para conseguir la lactancia. Lo sentía muy asociado al cuerpo: portearlo, calmarlo, dormirlo en brazos, método canguro… Fue una etapa muy física que yo creo que, mentalmente, no me dio tiempo ni a asimilar. Y mucho menos, emocionalmente, ¡ya tuve luego todas mis horas de psicóloga para hacerlo! Más adelante, pasó a ser un cansancio mental, tener la cabeza hasta arriba de cosas por hacer, decisiones que tomar, y ese cansancio mental fue creciendo según yo fui necesitando espacio y tiempo para mí, sentir que no solo era madre. Estar cansada porque no puedes llegar a todo lo que te gustaría».

Sobre colechar

Me pregunto qué es lo que incomoda tanto de dormir con nuestros bebés para tanta opinión no pedida.
Incluso de quienes no tienen criaturas, pero han oído tal o cual cosa.
Me pregunto qué hay de malo en que el cachorro se meta en tu cama y duerma tranquilo pegado a tu piel y que tú lo goces.

Me pregunto qué carencias tenemos como adultas para permitirnos opinar sobre las camas de otras.

Me pregunto qué hay de malo en que las mapadres busquemos la forma de descanso que mejor nos funciona ahora.

Me pregunto por qué, a veces, doy una explicación a lo que no necesita ser justificado.

Me gusta. Disfruto. Gozo... de dormir con mi bebé. A un lado, a otro, encima de mí.

Aunque haya noches duras, posturas incómodas o dolores de espalda.

Lo miramos y sabemos que esto pasará rápido. Que en nuestra memoria quedarán grabados los instantes en los que su respiración tranquila nos hacía sonreír de amor.

Porque sabemos que le brindamos la confianza y protección del mejor modo que sabemos para que encuentre su sueño en calma.

Porque no quiero negarle lo que yo siempre deseé. Dormir acompañada, segura, sin miedos a oscuras bajo las sábanas.

Porque sabemos que volveremos a tener tiempo para abrazarnos en la noche siendo dos otra vez. Con más ganas.

Esta es nuestra opción. Que cada familia encuentre la suya sin juicios, mitos y prohibiciones.

Simplemente con placer y amor.

Una de las prácticas que más facilitan el descanso familiar, y más cuando hay lactancia materna, es el colecho. Silvia García Ruiz de Angulo explica:[53] «El colecho es, siguiendo una serie de normas muy básicas, totalmente seguro, bueno para la madre, bueno para el bebé y bueno para la lactancia. Si estamos intentando descansar para sobrevivir, el tener al bebé en una cuna y sacarlo y meterlo decenas de veces exige mucho esfuerzo y nos quita tiempo de sueño. El colecho puede ser supersatisfactorio para la mamá y el bebé».

Sin embargo, todo el mundo tiene algo que opinar con respecto a esta práctica. Por más que haya evidencia científica de sobra que muestra los beneficios del colecho para el descanso/salud familiar, para el bienestar de la madre y del bebé y para la construcción del apego seguro de este último. Y una de las cuestiones que suelen *preocupar* a quienes juzgan o temen el colecho es: ¿qué pasa con la pareja si haces colecho? ¿Dónde queda? ¿Y con el sexo?

Antes de responder, diré que no veo a la sociedad tan preocupada por qué pasa con el vínculo de pareja cuando estamos trabajando más de un tercio de nuestro día a día. Pero cuando una actividad es beneficiosa, principalmente para la madre y el bebé, que no son los que marcan los ritmos del sistema, entramos en pánico. Pues bien, seré tajante: cuando ambas partes de la pareja tienen ganas de sexo, ¡se buscan la vida! Mientras el bebé duerme, en el sofá, en el suelo. ¡Donde toque!

Puedo afirmar, después de años acompañando a muchas parejas, que el colecho no influye en su insatisfacción sexual de ningún modo. «Es que no tenemos sexo porque el bebé está en la cama», me han comentado alguna vez en una sesión. Es cierto, a veces tienes al bebé en la cama pegado a ti y, en cuanto te separas un poco, se despierta. Pero podría pasarte lo mismo si no colecharas,

---

53. <https://blog.lactapp.es/colecho-seguro-y-lactancia/>.

solo que tendrías que estar yendo y viniendo. El colecho puede influir en ocasiones a nivel logístico, pero creer que es la causa por la que no se practica sexo es un mito. Cuando llega el momento y las madres empezamos a recuperar la libido, si la pareja también tiene ganas, no hay colecho que nos frene. Buscamos la manera sí o sí, con bastante porcentaje de éxito.

El descanso influye en la libido. El colecho no.

Y la realidad es que vivimos bastante cansadas.

Retomando el tema de ir como zombis por la vida por la falta de descanso, resulta que *follar como zombis* puede ser una categoría que mole a amantes del cine de terror, pero no funcionará en la vida real. Durante los primeros meses, si disfrutáramos de una situación privilegiada, es decir, una red amplia que cuida al bebé de manera habitual y facilita los espacios y el descanso familiar (o un bebé que duerme del tirón desde pronta edad, ¡que dicen que existen!), tendríamos energía, quizá, para alternar descanso e intimidad (y la intimidad propicia, llegado el momento, el acercamiento erótico).

Hoy Lara desayunaba con otra amiga-madre que le contaba que el cansancio debe venir en el paquete de la maternidad, que no te lo puedes quitar de ninguna manera. El cansancio cambia la perspectiva desde la que miras tu cotidianidad. Por eso, como a tantas madres y padres, a Lara la falta de descanso le ha hecho valorarlo más: «Mi visión de antes de ser madre era "aprovechar el tiempo", lo que significaba hacer cosas. Y ahora, aprovechar el tiempo significa descansar. Ese aprovechamiento del descanso casi siempre está patrocinado por los abuelos. En nuestro caso tenemos mucha suerte de tener a los cuatro. Porque si no fuera por ellos, no sé cómo estaríamos. Se quedan con el peque algunas tardes, e incluso noches. Así podemos recargar, tener días de «no hacer nada» o darnos momentos *de novios*, hacer algún plan, ir a cenar..., desconectar del mundo médicos, bebés y niños».

Pero si tu situación está entre esa importante población de

EL POSPARTO ES PARTE DE NUESTRA SEXUALIDAD

madres que no tienen una red de sostén y pasan bastantes ratos con el modo supervivencia encendido, es normal que ni te plantees elegir entre un rato de sexo o uno de descanso.

«Sonia, paso las noches desvelada. Mi bebé llora, lo cojo, le doy teta y me siento encima de una pelota de pilates a dar botes para volverlo a dormir. Paso así horas. Por la mañana estoy tan cansada que no quiero ver a nadie. Solo me animo cuando salgo a la calle a dar un paseo con mi hijo en la mochila para que me dé un poco el aire. Ahí duerme como un lirón, el tío. Al final del día, hasta la presencia de mi pareja me molesta. Hay días que él duerme en otra habitación, porque madruga para irse a trabajar. Cuando vuelve por la tarde, solo quiero que coja al bebé para ducharme. Después me meto en la habitación a dormirlo otra vez», me explicaba una madre en consulta.

Si en una situación de cansancio sostenido en el tiempo (como es el caso del posparto) eliges el sexo antes que el descanso, ¡ojalá sea porque te anima el cuerpo y te recarga las pilas! Porque cuando esto ocurre, responde de manera habitual a un cerebro racional que elige sin tener en cuenta al cuerpo, desde la asunción de que es lo que hay que hacer, como ya hemos visto.

«Pues yo también estoy cansado y tengo ganas de sexo», me responden más de una vez en los acompañamientos a parejas. Y es cierto. Pero ¿por qué los hombres, a rasgos generales, aunque estén cansados, tienen ganas de sexo con más frecuencia que las mujeres? Hablemos de tres motivos:

—En primer lugar, y me repito, porque su carga mental es menor. El cansancio de las madres es, muchas veces, físico, mental y emocional. Cuando no directamente ocasionado por la falta de corresponsabilidad.

¡Si no friegas cuando te toca, no me apetece follar!

—En segundo lugar, y por culpa de los estereotipos de género, porque los hombres, tradicionalmente, sí han aprendido a relacionarse con el sexo desde el permiso y a entenderlo como una actividad que los revitaliza, los relaja, los valida. ¡Las mujeres, todo lo contrario! Hemos aprendido a relacionarnos con el sexo con miedo y a entenderlo como una actividad que nos puede causar problemas y que *nos quita puntos*.

¡El sexo para ti es jarana y para mí faena!

—En tercer lugar, y relacionado con el anterior, porque para los hombres el sexo es un mecanismo de regulación emocional, ya sea consciente o inconsciente. Y de los pocos que se les han permitido, junto con el deporte, para construir una masculinidad normativa que huye de la *debilidad* (vulnerabilidad). A muchas mujeres el sexo no solo no las regula, sino que, al haberlo aprendido desde el miedo, las desregula. Las mujeres tienen un buen número de recursos para regularse emocionalmente que no son el sexo (que podría serlo, porque el sexo es estupendo). Hablar con una amiga, acariciar al gato, ponerse una peli chorra, bailar, hacer terapia…

¡Que el sexo te regule no es un problema, sino un beneficio! ¡El problema puede ser que solo conozcas una manera, pero, sobre todo, que te tenga que regular yo!

Ya he hablado de que el sexo no es una necesidad como tal, pero ¿sabes qué sí lo es durante el posparto? Nutrirte y descansar.

Recuperas el espacio, ¿y el deseo?

Quizá deberíamos distinguir entre «no tener deseo» y «no tener energía física disponible para el sexo» (o para nada).

EL POSPARTO ES PARTE DE NUESTRA SEXUALIDAD

> *Porque puede gustarte tu pareja...*
> *Puede gustarte el sexo con tu pareja...*
> *Y no querer follar.*
>
> *Igual que puede gustarte pasear...*
> *Puede gustarte pasear por la naturaleza...*
> *Y que no te apetezca salir a pasear.*
>
> *Desear significa tener ganas de. Entre deseo y práctica existe todo un espacio que se puede explorar. Este planteamiento nos permite poner el foco no en la pareja, sino en qué nos aleja de las ganas de practicar sexo. A veces es la energía física disponible, a veces la dificultad para estar presente, a veces la carga mental, a veces la dificultad o falta de recursos para erotizarse. Hay que observar.*

Y llega un día en el que *ese espacio* aparece. Poco a poco, empiezas a coincidir con tu pareja en el sofá, ambas con el cuerpo libre de criatura. Y quizá, a la vez, asoma en esos momentos la idea «¿Deberíamos follar?», en el mejor de los casos, o el «Deberíamos follar», en el peor. Y piensas: «No puedo con mi alma, necesito un momento de desconexión de la cotidianidad». Quizá te apetece charlar de otras cosas, reírte un rato, acurrucarte en su cuerpo, saber cómo está. Porque, aunque recuperemos espacio, no necesariamente estamos recuperando energía. Y no es lo mismo no sentir deseo por tu pareja que no tener energía disponible para follar. Hace falta tener (algo de) energía física para disfrutar del sexo, sobre todo del sexo compartido. Y tener energía física pasa por conquistar esos espacios de autocuidado tan difíciles como anhelados durante los primeros años de maternidad.

Ahora bien. Estás con tu pareja y hay tensión en el ambiente porque lleváis meses sin sexo. Ante la tensión, te vienen a la cabeza tres posibilidades: la primera, evitar la conversación y hacer como si no pasara nada; la segunda, ponerlo encima de la mesa con el riesgo de que surja un conflicto; la tercera, pasar por encima de tus señales corporales teniendo un encuentro sexual para el que quizá no estás preparada o que, simplemente, no deseas.

Muchas mujeres se han acostumbrado a vivir el sexo desde la tercera opción. Consentido, pero no deseado. O por el deseo de darse paz (o quitarse culpa) y no por placer egoísta. En el contexto heterosexual actúan inconscientemente unos mecanismos relacionados con los estereotipos de género que es necesario identificar para desmontarlos con el tiempo.

No es lo mismo vivir el sexo desde la confianza:

- Disfruto cuando tengo sexo.
- No me agobio con la frecuencia.
- Me satisface la masturbación.
- No llevo un recuento de las veces que tengo sexo.
- Si una época tengo menos ganas, sé que ya tendré más.
- Cultivo mi erótica a través de fantasías, lecturas, pelis…
- Vivo la excitación con placer y no con frustración, sin necesidad de hacer nada.
- Desear a otras personas me parece divertido.
- Estoy satisfecha con mi consciencia orgásmica.

Que vivir el sexo desde el miedo:

- El sexo despierta emociones incómodas.
- Me agobio si la frecuencia no coincide con mis expectativas.

- Vivo la masturbación con resignación, vergüenza o como un fracaso.
- Cuento las veces que tengo sexo.
- Si una época tengo menos ganas, me preocupa que algo pase.
- Fantasear me hace sentir mal.
- Las escenas eróticas me incomodan.
- Excitarme me frustra si «no lo voy a usar».
- Creo que desear a otras personas está mal.
- Finjo los orgasmos o no confío en mi capacidad para alcanzarlos.

Si vivimos el sexo desde la confianza, lo podemos disfrutar, y si lo vivimos desde el miedo, lo podemos trabajar.

Yo solía decirle a mi pareja, entre risas —pero broma, no broma—, que no me iba a volver a tocar una teta en su vida. «¡Olvídate de que existen!», decía yo. La lactancia requería tanto de mí corporalmente que lo que necesitaba, en primer lugar, era espacio. ¡Espacio en mi cuerpo! Espacio para mí, antes de compartirlo con alguien más.

Hay madres que creen que la recuperación de espacio propio va unida a ofrecerle ese espacio a la pareja. Como si la otra persona tuviera derecho a disponer de tu cuerpo como parte del trato. Después de dar la teta siete horas, que tu pareja te acaricie una teta, lejos de parecerte excitante, puede generarte verdadero rechazo o enfado. *¡Que nadie se acerque a mis tetas más, por favor!* A veces, es tal la saturación que todo tu cuerpo se convierte en una línea roja.

«No quiero que me toque ni mi criatura, ni mi pareja, ni nadie», fue la primera intervención que hizo una madre durante una charla en la que hablábamos sobre tener o no tener ganas de sexo después de nacer el bebé. Nos cuesta respetar nuestra saturación. Nuestra necesidad de espacio nos parece *demasiado* pedir. ¡Nos da miedo *desatender* y que se vayan! Sin embargo, forzar el sexo «por el bien de la relación» sí es una opción que valorar. A muchas mujeres les genera culpa no estar disponibles para sus parejas. Puede que antes ya hubieran pasado por encima de su deseo, pero ahora los límites de la corporalidad en la maternidad tienen tal volumen que les cuesta seguir haciéndolo.

¡Ahí es donde yo veo una oportunidad inmensa para transformar la sexualidad! También veo con frecuencia que el nivel de culpa por no estar disponibles para el sexo compartido está influido por la actitud que muestra la pareja ante esta situación. Si tu pareja te transmite calma, confianza y despreocupación por el tema, tú puedes relajarte poco a poco también. Pero si tu pareja se acerca a ti como antes, como si nada hubiera pasado, con poca empatía por tu vivencia puerperal y se queja o te reprocha tu falta de ganas…, ¡apaga y vámonos! Es tu pareja quien debería revisarse con urgencia.

Las madres necesitamos espacio y permiso total para no tener ganas de que nadie toque nuestro cuerpo y para no tener ganas de follar, porque así, cuando las tengamos, lo podremos expresar y disfrutar con total libertad. ¿Ante cuánta exigencia puede responder un cuerpo sin enfermar?

22 de diciembre de 2021

La maternidad a veces rompe.

Desborde.
Priorizarte, porque no sabes hacerlo de otro modo.
Privilegio.

Culpa.
No priorizarte porque, francamente, muchas veces no puedes.
Frustración.
Culpa.

No eres tú la disfuncional.
Es un sistema que nos dijo que podíamos con todo esto.
Si, total, «al final las cosas salen».
Pero ¿a costa de qué? Pienso a veces.
Toneladas invisibles de salud mental.

Hace poco no sabíamos ni lo que era eso.
Mientras el cuerpo aguante, tira para delante.
Y si no aguanta, tira para delante.
El mantra de varias generaciones.

Salud mental absolutamente visible, invisibilizada.
Cuerpos exhaustos, rígidos, doloridos, enfermos.
Silenciados.
Frustración asegurada.

No es la maternidad.
La maternidad te obliga a ver.
A cuestionar.
Incluso a rehacer o replantear.
La maternidad te limpia las gafas para que puedas ver esa realidad antes borrosa.

Por eso rompe, porque lo que ves duele que flipas.

Choca de lleno con la idea del mundo que tenías o creías tener.

Lo disfuncional es un sistema antivida.

El capitalismo feroz para el que eres un cero a la derecha o a la izquierda.

La soledad hiperconectada.

El individualismo trampa.

La hiperdisponibilidad obligada.

La hiperocupación romantizada y premiada.

La maternidad choca de lleno con esto.

Te deja desnuda.

A la vez que te empuja a la transformación.

Te acerca a ti misma, pero es un tira y afloja.

Te acerca, también, a la necesidad de recuperar la red.

Nunca se pudo maternar en solitario.

Con este ritmo, menos.

Y lo hacemos.

Pero ¿a costa de qué?

EL POSPARTO ES PARTE DE NUESTRA SEXUALIDAD

La carga mental es enemiga del sexo

Te falta sueño, descanso, energía. Pasas el día de acá para allá, en una especie de carrera por llegar a todo. Y no llegas.

Quieres cumplir con lo de fuera. Sin desatender lo de dentro, pero desde la razón. Desde el «tengo que». Por encajar en esa **superwoman** *que te han vendido que es muy feliz (men-ti-ra).*

El ritmo frenético define tu vida. Aunque te sepas de memoria la teoría del slow life *en cuya práctica te pierdes. Y la desconexión con tu cuerpo es un paso inevitable para evitar escuchar sus gritos de atención.*

Pero «sábado, sabadete»…, ¡toca poner el contador a cero! Que no estás dispuesta a sumarle a tu estrés una preocupación más.

Y quizá lo que necesitas es permiso. Permiso para estar cansada. Permiso para no tener ganas de sexo. Permiso para ir a dormir sin sentir culpa por todo lo que no has hecho hoy. Permiso para preguntarte, por fin, qué narices necesitas tú.

De nada servirán los consejos —saca tiempo para ti, busca espacios para cuidar la pareja, recupera ratos de intimidad, enciende la llama, alimenta el erotismo…, ¡de nada!— si no cambias el chip y empiezas a subir el volumen a la libido por la vida. Por una vida que te tenga en cuenta.

Y quizá todo empieza ahí. Cuando te das permiso para no tener ganas. Porque será entonces cuando ganes

> *espacio para descubrir qué es aquello que te enciende la piel.*
>
> *Por eso es posible que hayas recuperado tu ciclo menstrual y ya no estés en lactancia materna, pero el bajo deseo continúe porque el contexto (lo psicosocial) continúa patas arriba: falta de sueño, estrés para llegar a todo, poco espacio de cuidado personal, poco espacio para disfrutar en pareja.*

La revolución sexual masculina

> *El reto de educar a mi hijo en el feminismo*
>
> *Siento en mis carnes la responsabilidad enorme de educar a mi hijo en el feminismo, de criarlo para que sea comprometido, crítico, justo.*
>
> *Tengo el reto firme de educar a mi hijo para que practique el buen trato.*
>
> *Cuando hace años no era madre y decía que el reto estaba en educar a los niños para no violentar, más allá de educar a las niñas para identificar la violencia, recibía comentarios de rechazo y las familias se removían en sus asientos llevándolo a lo personal: «¿Estás diciendo que mi hijo será un maltratador?».*
>
> *No, estoy diciendo que podría serlo. Y que, en este*

sistema, muchos de los referentes culturales con los que se va a encontrar (películas, videojuegos) hacen uso de la violencia hasta el punto de volvernos inmunes a ella.

Yo no soporto ver la mitad de las películas que lo petan en la cartelera.

Aceptamos con pasmosa naturalidad la urgencia de que las niñas aprendan que no tienen que someterse a un hombre, ni estar a la sombra, ni aguantar el maltrato. Pero no hacemos lo propio con los niños para que no se conviertan en actores de la violencia. No con la misma urgencia.

Nos pica oír que nuestro niño podrá ser un maltratador. Algunos lo serán, pero #notallmen, por supuesto. Sin embargo, trasladamos a las niñas la posibilidad de ser víctimas y crecen con esta alarma integrada para siempre.

Cambiemos el foco hacia el sujeto que potencialmente ejerce violencia. Porque si hay mujeres asesinadas, hay hombres asesinos. Y debería molestarte a ti, igual que a mí. A ellos igual que a nosotras. La violencia machista es un problema de todas las personas.

Educar a un niño es una oportunidad. Es deconstruir desde la base, la única forma de desmontar un sistema que perpetúa la violencia.

Ahora soy madre y puedo decir sin incomodarme que haré lo posible por educar a mi hijo en unos valores que lo protejan de una masculinidad tóxica que mata.

Y eso empieza por dar espacio a su vulnerabilidad y sensibilidad, por no alabar solo su fuerza.

En octubre de 2023, en Sevilla, asistí a las jornadas «Hombres en cambio, para el desarrollo de la conciliación real. Corresponsabilidad, cultura de los cuidados y paternidades desde la igualdad». Durante el conversatorio en el que participaba, «Sexo afectivo. El aprendizaje de las sexualidades desde la empatía y el cuidado», planteé una reflexión: «¿Y si hablamos de la frustración?».

¿Qué les ocurre a los hombres cuando creen que «les falta sexo»? Les dijeron que la sexualidad era suya y aprendieron a entenderla como una necesidad. Debían hacer uso de ella si querían ser Hombres de Verdad. Pero no solos. Tenían que hacer uso, pero «con ellas». Y va a ser que les mintieron.

Veo en las consultas que cuando el sexo no cumple las expectativas de cantidad y rendimiento que tienen, la mirada hacia uno mismo se tambalea. Entonces llega La Crisis. Y creo que la revolución sexual masculina pasa por *Esa Crisis*. Para ser más concreta, veo que la revolución sexual masculina solo es posible cuando uno es consciente del Guion Sexual e identifica La Crisis para ocuparse de ella.

La sexualidad masculina estereotípica se construye en torno a la heterosexualidad obligatoria, la hiperdisponibilidad, el tamaño, la erección y la duración/rendimiento del pene. Una realidad exigente que deja el sexo como un espacio de evaluación y examen constante en el que uno no se puede relajar y mucho menos aprender («¡Tenéis que llegar con todo sabido!», les dijeron).

Los hombres tienen pendiente una revolución sexual, y esta no va de ocupar (más) espacio, sino de cederlo. No va de satisfacción, sino de vulnerabilidad. Pero claro, tradicionalmente, la vulnerabilidad los ha puesto en riesgo, porque ha sido castigada a través de la decepción, la burla o el cuestionamiento.

La satisfacción sexual masculina está también atravesada por el malestar. O se sienten insatisfechos por la falta de sexo (con frecuencia) o presionados por no llegar (cada vez más común). Y en la mayoría de los casos, la emoción protagonista es la misma: la frustración.

Por un lado, explico a menudo que quizá el problema es de quien «siempre tiene ganas».

Porque si...

cuando no tengo sexo compartido, me frustro;

cuando mi pareja no tiene ganas, me enfado;

vivo el sexo compartido como «una necesidad»;

el sexo compartido es mi manera de regularme, pero no tengo alguna más;

me tomo un no como un rechazo personal;

puedo estar viviendo la sexualidad de forma ansiosa, desde la exigencia y no desde el bienestar.

Es común que lleguen a consulta mujeres creyendo tener un problema de «falta de deseo» por no cumplir las expectativas de sus parejas hombres, que «siempre tienen ganas». Pero es que, no tener ganas «nunca» y tener ganas «siempre», cuando generan malestar, son la misma dificultad. También entiendo que no es lo mismo «no tener ganas nunca» que «tener menos ganas que mi pareja». En el sexo y en todo, cada persona tiene sus propios ritmos y frecuencias, pero no podemos olvidar que hombres y mujeres no hemos aprendido a relacionarnos con el sexo con el mismo permiso: las mujeres aprendimos desde pronta edad a relacionarnos con el sexo de forma evitativa para encajar (no fuéramos leídas como unas guarras) y los hombres de forma ansiosa por la misma causa (no fuera a ponerse en duda su hombría).

Romantizar eso de «tengo ganas siempre» (y de sexo genital compartido, encima) responde a una mirada patriarcal. Como si tener ganas siempre fuese el estado natural de una persona. Y no lo es. Si tienes más ganas de sexo que tu pareja, ¡puedes masturbarte! Masturbarse es maravilloso, un regalo que nos hace el cuerpo. Y si masturbarte te hace sentir mal, ¡también puedes pedir ayuda profesional! La responsabilidad de esto no puede recaer sobre la pareja.

Por supuesto, cada persona coloca el sexo en un lugar de prioridad. Pero la flexibilidad es sana. No podemos pretender construir relaciones en las que los ritmos (sexuales) coincidan exactamente, porque eso no existe. Y sí, hay ocasiones en las que la falta de compatibilidad sexual rompe el vínculo. No es un motivo mejor ni peor, ni menos lícito. Pero no poder entender que la vida son etapas, y que una de ellas serán los primeros años de crianza, te condena a relaciones cortas, a saltar de forma constante entre una fase de enamoramiento y otra.

Tener ganas de sexo «siempre» no es sinónimo de una vivencia saludable de la sexualidad *per se*. Necesitamos con urgencia desmontar el Guion Sexual, que gira literalmente en torno al pene. Porque es un modelo que, muy habitualmente, no funciona para ambas partes. Pero nosotras hemos aprendido «que es lo que hay», y ellos, «que ellas estarán disponibles si ellos lo hacen bien». Ellas se resignan, ellos insisten. A veces ellos llegan a consulta descolocados. No saben qué ocurre, si han hecho algo mal, cómo pueden actuar, qué se espera que hagan y si hay algo que puedan cambiar. Tampoco a ellos les contaron nada de «cultivar». Y de forma casi siempre inconsciente, sí interiorizaron el sexo como un derecho que «conquistar».

¿En qué consiste La Crisis de la sexualidad masculina? En el malestar que produce descolocarte con respecto a donde te dijeron que debías estar: hiperdisponible, insaciable, infalible. Un movimiento que puede traducirse en disminución o ausencia de deseo, frustración, desinterés, ansiedad, incertidumbre por no saber qué se espera de ti, inseguridad, angustia, miedo. Entiendo el miedo como una emoción revolucionaria aquí. Miedo a no cumplir las expectativas imposibles o a no estar a la altura —infalibilidad—, miedo a no hacerlo bien —no ser experto—, miedo a no gustar —virilidad—. Miedo a estar forzando una situación. Miedo a incomodar. Miedo a no saber diferenciar seducción e invasión.

Recuerda esto: no nos enseñaron a gozar. Mucho menos a gozar del encuentro con otros cuerpos que hablan lenguajes distintos.

Por otro lado, ¿qué ocurre cuando ellos son los que no tienen deseo o lo tienen en menor grado que sus parejas y sienten, por ello, malestar? Puede haber numerosas causas, pero las tres más frecuentes que veo son:

1. Tener profundamente integrados unos referentes eróticos relacionados con la hipersexualización de la mujer. Tanto que puede llegar a dificultar la excitación con estímulos menos intensos o, simplemente, estímulos reales/cotidianos. Ya sean prácticas sexuales, actitudes o cuerpos. Me encuentro a hombres que se han habituado a excitarse a través de la pornografía y a los que les cuesta hacerlo si se salen de esas referencias. Algunos empiezan a ser conscientes de ello y lo rechazan, dejan de ver porno..., pero en sus prácticas afecta a su excitación y su deseo. Para deconstruirlo hace falta consciencia, paciencia y tiempo. Hay que aprender a construir erótica desde dentro (presencia en el placer del cuerpo), en vez de hacerlo desde fuera (observación del cuerpo como objeto).
2. Sentir mucha presión y miedo de no cumplir las expectativas que han aprendido que se tienen de ellos, relacionadas con los mandatos que dictan cómo un Hombre de Verdad debe ser en la cama, ya mencionados. Pueden sentirse inseguros con uno de ellos, con varios o con todos. Es tanto el miedo que les da «no hacerlo bien» que pueden llegar a perder el deseo de acercarse a lo sexual para evitar el sufrimiento.
3. Tener muchas preocupaciones, sufrir estrés/ansiedad o vivir

demasiado en la mente, con poca consciencia corporal (rigidez), dificultad para estar presentes y poco hábito (y pocos registros) de disfrutar distintos placeres a través de los sentidos.

> ### El dolor de no sentirse deseada
>
> *Todas las personas queremos gustar. Forma parte de ser sociales. De ser humanas. Querer gustar es, en sí, sano. Aunque querer gustar a toda costa y a todo el mundo, bajo las normas de un canon estético y de comportamiento según unos estereotipos de género establecidos, no solo es imposible, sino que nos roba toda energía y disfrute.*
>
> *Querer gustar desde una sensación de insuficiencia, de que nos falta algo, se siente como querer llenar una mochila que tiene un agujero. Pero con amor, tiempo y compasión, podemos aprender a coserlo.*
>
> *Querer gustar a tu pareja es natural. ¡Cómo no! Y poner en ello energía, también. Y que esa energía sea valorada y reconocida fortalece el vínculo.*
>
> *Del mismo modo, sabe genial poner energía en mirar a nuestra pareja y expresar que nos gusta. Hacerlo nos cuida, nos llena, nos conecta y une.*
>
> *Es importante sentir que tu pareja te mira, te ve, te admira, te reconoce y te expresa su deseo. Habrá distintas formas de hacerlo y distintos lugares a los que eso te llevará.*
>
> *Y cuando esa mirada falta, duele. Y ese dolor mantenido en el tiempo puede generar una importante herida*

> que, a veces, se tiende a silenciar (por vergüenza, incomodidad, miedo...).
>
> El deseo no ha de expresarse siempre del mismo modo, con los mismos códigos. Y ahí cada persona puede aprender a encontrar los suyos, los que le son cómodos.
>
> Y esos códigos de reconocimiento pueden sentirse insuficientes desde el otro lado. Dependerá de muchas cosas. De los valores propios, de los deseos y necesidades de cada persona o de si la mochila está rota o cosida.
>
> Por eso es fundamental hablar. Abrir conversaciones incómodas, pero que pueden ser el primer paso para acercarnos. Y desde esa cercanía y cuidado, llevarnos a entender con amor lo que necesitamos para ver si tenemos la posibilidad de ajustarnos.
>
> A veces, no sentirnos deseadas no es solo una cuestión sexual. Y ayuda poner el reconocimiento en otros ámbitos. A veces, sí es sexual y merecemos poder escucharlo, acompañarlo y, de distintas formas, sanarlo.
>
> Hablamos mucho de qué pasa cuando no se siente deseo y también es fundamental hablar de qué pasa cuando no se recibe del otro lado.
>
> Para poder abrazarlo.

La revolución sexual de las mujeres pasó por ocupar un espacio que no había sido permitido. Pasamos de la sombra a la luz. Pero los hombres parten de otro lugar. Y su reto está en ocupar la sombra desde la humildad, la compasión, la escucha. Con el miedo y el malestar a cuestas. Emociones para las que tampoco hubo nunca permiso. Revolucionar la sexualidad de los hombres pasa por soltar un privilegio tramposo, pero es imposible hacerlo sin atravesar el malestar que supone no tener ni idea de por dónde empezar cuando les dijeron que saberlo todo les hacía hombres. ¿La parte buena (aunque creo que un poco sesgada)? Veo cada vez más hombres cargando con un enorme sufrimiento en la relación con su sexualidad y con muchas ganas de explorar qué significa eso de abrazar su vulnerabilidad.

Resulta que la paternidad corresponsable es una gran oportunidad para que la masculinidad estereotípica entre en crisis, porque en sus mandatos nunca se habló del placer de cuidar. Y para disfrutar de cuidar, hay que entenderse vulnerables. Pero al contrario de lo que se suele creer, la corresponsabilidad no implica necesariamente conectar con el deseo sexual de forma más frecuente durante los primeros meses o años de crianza. La corresponsabilidad también conlleva confrontación y requiere capacidad para negociar en situaciones en las que ambas partes tienen algo que decir. Hacen falta más hombres hablando entre ellos de la experiencia de cuidar. Necesitamos testimonios, referencias..., apertura, al fin y al cabo. La visibilidad es la única forma de provocar el efecto dominó necesario para desmontar la masculinidad normativa y, por tanto, los modelos de paternidad ausentes, no corresponsables. En las mencionadas jornadas de «Hombres en cambio», Juan Blanco, trabajador social y profesor de la Universidad Pablo de Olavide, dijo: «La revolución masculina no es una revolución, todavía es un *meneíllo*».

Hace unos años apunté esto en un cuaderno donde anoto reflexiones que nacen de los acompañamientos: «A veces, acompañar a hombres es chocar contra un muro. Cuesta sacarlos de la creencia de que *siempre tienen ganas porque les gusta el sexo y ya está*. No conectan con lo que hay detrás». Y ahora me pregunto, también, si a nosotras nos vendría bien un poco de eso para el sexo, que nos guste «y ya está», si podríamos conectar menos con todo lo que hay detrás. Puede que las mujeres necesitemos aprender a escuchar al cuerpo y atender sus necesidades, mientras que los hombres necesitan conquistar el permiso para aprender a escuchar y responsabilizarse de sus emociones.

Junio de 2022

Quiero para mi hijo referentes diversos.
Que lo ayuden a construir un mundo ancho.
Amorosos, cuidadores y tiernos.

Quiero para mi hijo un mundo que no le enseñe a convertirse en hombre. Simplemente, que a su manera, le permita, si así se define, serlo.
Quiero que mi hijo vea un mundo en el que los hombres abrazan, aman, escuchan, besan. También entre ellos. Y en ese espacio vulnerable, conectan desde dentro.

Quiero que vea a hombres que lloran, se enfadan, se alegran, celebran contentos.
Hombres que se permiten el dolor y la tristeza.
Igual que la euforia y el sexo.

No quiero que mi hijo sienta que hace algo mal porque no encaja con lo que le dijeron.
Que se ponga en duda si no siente lo mismo que el resto.
Quiero, de veras, poder mostrarle un mundo diverso.
Donde quepan todas las posibilidades.
Donde ninguna le ponga en riesgo.

Los trece pasos para la vivencia plena de tu sexualidad

Paso 1. Date permiso para transitar esta etapa
Ya te he contado lo que significan los inicios de la maternidad, y ahora toca llevarlo a la práctica. Reconoce el momento que estás atravesando, puedes vivirlo absorbiendo toda la sabiduría que traiga. Mereces buscar tu placer en tu *maternar* y dejar espacio al goce que produce relacionarte con tu criatura. Si tienes pareja, será fundamental que se haga responsable también de buscar su propio placer en la crianza. En el caso de los hombres, es una manera de romper con la herencia transgeneracional de padres ausentes. Será importante que os expreséis para entenderos y admirar vuestra labor mutua. Ese reconocimiento muto es reparador. ¿Cómo no va a ser admirable? Una madre que ha sido y es nido, y una pareja que lo cuida y protege. Y que disfrutan. Así puede que un día esa criatura sea una persona adulta que ha aprendido a relacionarse con ternura. Por eso es vital que toquemos a nuestros bebés, cogerlos, acariciarlos, achucharlos, besarlos, olerlos. Será el trabajo más influyente que haremos las familias, quizá, en nuestra vida. A los hombres les vetaron el acceso al placer de *paternar*, de ser cuerpo amoroso. Y se les ha aplaudido por quedarse fuera de casa durante generaciones, en el centro del juego capitalista, a costa del vínculo. Está estudiado que el progenitor no gestante libera oxitocina en el contacto con su bebé, así que su presencia no solo es buena para la madre y para el bebé, sino que también lo es para sí mismo/a.

No olvides observar tu vínculo de pareja con el mismo mantra: transitar lo que ahora es, incluyendo la vivencia de la sexualidad. Desde el miedo, corréis el riesgo de perder mucha energía del presente en la comparación (con el pasado o con expectativas desajustadas) y tener el foco en aquello que falta: espacios comunes, ratos de ocio, tiempo para una/o. Desde la confianza podéis admirar lo que ha cambiado y lo que habéis ganado en esos cambios: un proyecto común, una versión evolucionada o más madura de ti, un ensanchamiento en la capacidad de amar y, sobre todo, una criatura que forma parte de vosotros. Esto significa que continúe o no nuestra relación de pareja en el tiempo, compartiremos a nuestra/s criatura/s de por vida. Merecen que lo hagamos bien. Que ya sea juntos o separados, haya un clima de seguridad, comunicación, corresponsabilidad, un equipo. Como hija de padres separados, no tengo ninguna duda sobre estas dos cosas:

- Una separación es un regalo para las criaturas cuando una pareja no se lleva bien.
- Separarse bien y mantener una relación respetuosa y cordial, es un regalo aún mayor.

Mapaternar de manera corresponsable es una labor exigente que requiere comunicación, negociación, escucha y renuncia a ideas preconcebidas. Pero también es maravilloso, divertido, reconfortante, retador, generoso, amoroso, admirable. Si miramos esta etapa desde las ganas de descubrir lo que ahora hay y nos cuidamos (¡y admiramos!) por el camino, podremos disfrutar de nuevos espacios de intimidad que nos eran desconocidos, de la nueva versión de la pareja en su rol, del deseo de pasar ratos juntos —aunque no se pueda satisfacer siempre— y, antes o después, quizá, de un sexo en común transformado. Porque cuando el reencuentro sexual llega con la pantalla de los primeros meses de crianza superados, el sexo puede ser brutal.

Integrar la sabiduría del posparto es una oportunidad para vivir un sexo más presente, calmado, conectado con el cuerpo y encendido por la admiración y el reconocimiento hacia todo lo que ahora sois.

El sexo de las madres puede ser brutal.

Paso 2. Cuida la comunicación en la pareja
La mayoría de las veces el problema de comunicación viene de antes. También la conciencia del mismo. Pero otras veces la *mapaternidad* te pone en contacto con esta dificultad por primera vez, porque la crianza agudiza ciertas dinámicas debido a las tensiones del día a día, a la diferencia de criterios, al cansancio, a la responsabilidad.

Necesitamos herramientas para mantener una comunicación horizontal, asertiva y afectiva, no violenta ni reactiva —y para eso cada miembro de la pareja debe ocuparse de sus propias dificultades—. Cuando la comunicación en esta etapa es un problema, necesitamos ayuda profesional para transformarla, porque es la clave de la salud del vínculo (¡y no la cantidad de sexo que se practique! —aprovecho para recordar—). La comunicación es una garantía, la cantidad de sexo no. Una buena comunicación es una forma de cuidar el vínculo y la intimidad de la relación. Cuanto mayor sea el espacio de intimidad que compartimos, más conectados nos podremos sentir y, con la energía física disponible, más probable es que el sexo nos pueda apetecer.

Hacernos responsables de nuestros patrones a la hora de comunicarnos no se aplica solo a la relación de pareja. Aunque en el vínculo de pareja, por la confianza que genera el tiempo/espacio compartido, nos permitimos formas que quizá no se dan con otros vínculos. Por eso es interesante observarnos en nuestras relaciones con otras personas. *¿Cómo nos comunicamos con otros miembros de nuestra familia, con nuestras amigas o compañeras de trabajo? ¿Qué nos enseña cada vínculo de nuestra manera de comunicarnos?*

Al final, hablarnos bien, comunicarnos, genera un clima de seguridad y calma que deja espacio al acercamiento y al contacto. Y es desde el tacto como podemos despertar el deseo.

Paso 3. No dejes de pensarte como mujer sexual
La maternidad es sexual en esencia. Aunque en los inicios nos desdibujemos entre el chándal empapado en fluidos (leche, regurgitaciones, sudor o lágrimas), el moño eterno (llevar el pelo suelto parece misión imposible), las bragas posparto, los cojines para las hemorroides o las tetas a reventar. Quizá, cuando llega la noche no sabes ni dónde estás tú. Pero recuerda que lo que te hace sexual no es la cantidad de prácticas que tengas. Eres sexual por el hecho de ser humana. Sostienes (y das) vida, nutres, en un sentido muy amplio, y pones el cuerpo. Todo gracias a la mujer sexual que eres. Ríndete al goce que pueda llegar en estos momentos.

En el imaginario social no existe la mujer sexual desde esa mirada, se ha borrado la representación erótica de las mujeres que experimentan (una parte de) su soberanía sexual a través de su cuerpo maternal, fuerte, resiliente y abundante. Necesitamos volver a mirarnos con las gafas de la madre sexual para dejar de reproducir la idea de que ser sexual es un número de coitos o un cuerpo que encaja en un canon de belleza patriarcal e hipersexualizado.

No te hace/deshace «sexual» la mirada del otro.

Gestar, parir, puerperar... son verbos sexuales.

Paso 4. Cuidarte (para poder cuidar). Darte (para poder dar)

Julio de 2022

Yo pensaba que conciliar no podía ser tan difícil.
Pensaba que conciliar era solo combinar crianza y profesión (¡y uf!).
Pero me olvidé por completo —nos olvidamos— de

que tenía que comer, comprar, limpiar, lavar, tender, recoger, los perros, las citas, las vacunas, las amistades, la familia..., y seguro que me olvido de algo.

¿Qué pareja puede con esto sola?

¿Qué mujer que se ocupa sola de esto puede no perder la salud?

Ya sé. ¡Me olvidada de algo!

El autocuidado: la soledad, el silencio, la lectura por gusto, el ejercicio, los ratitos en pareja, las amigas, los paseos, el descanso, el rato en el sofá, una peli sin interrupciones, un cine con palomitas, una cena con vino o el sexo pausado.

He aprendido que la maternidad también es renuncia.

Y que si sé a qué renuncio, puedo disfrutar lo que elijo.

Porque este sistema nos cuenta que maternar no tiene por qué ser renunciar, que nosotras podemos con todo.

O lo contrario, que la maternidad es todo renuncias y sacrificio.

Precisamente, la maternidad es maestra en ponerte delante tus anhelos.

Tuyo es el turno para ajustar y quitar mierdas. Qué maravilla quitar mierdas.

Yo decido y aprendo a asumir mis renuncias para honrar mis elecciones. Y cuando tropiece, me volveré a preguntar qué elijo y a qué estoy dispuesta a renunciar para vivir con más paz. Porque solo cuando sé a qué renuncio soy más capaz de aceptar.

EL POSPARTO ES PARTE DE NUESTRA SEXUALIDAD

> ¿Qué es conciliar? Combinar el deseo de criar, trabajar y (auto)cuidarnos creando las infraestructuras para garantizarlo.
>
> Conciliar es dejar de sobrevivir para poder vivir, vamos.

Las madres merecemos.

Somos las protagonistas de esta etapa y es hora de que asumamos con gusto ese papel, de que nos coloquemos en el centro. Cuidarnos y darnos es una verdadera necesidad durante el puerperio y los primeros años de crianza. Debería ser un derecho incuestionable. No solo porque así podemos cuidar o dar, no es condicional. No es «cuidarme para cuidar», es cuidarme y así cuidar con las pilas cargadas. Miles de madres viven con la batería a punto de agotarse: desgastadas, desnutridas, desbordadas y solas. Cuanto menos privilegio o más precariedad, más desgaste, porque tener la posibilidad de pagar el sostén que no tenemos en nuestra comunidad es una realidad que no pueden permitirse todas, aunque algunas lo hagan montando un puzle con su cuenta corriente, porque no les queda otra. Cuando no existe red ni corresponsabilidad en la pareja (o no hay una pareja) y no se pueden pagar los cuidados, ¡el desgaste pone en riesgo la salud mental materna!

Tampoco se trata de ponernos como únicas responsables de cuidarnos. Necesitamos que nos cuiden y dejarnos cuidar, y para eso tenemos que hacernos cargo de la culpa, el malestar o la incomodidad que aparece cuando abandonamos el rol de salvadoras, cuidadoras, todopoderosas que, ¡sorpresa!, eran vulnerables, humanas e interdependientes (no solo en la teoría, que lo sabemos, sino en la práctica, que nos cuesta permitírnoslo).

Nos necesitamos a nosotras mismas plenas y nutridas, y por supuesto necesitamos a las demás.

Entiendo el cuidarse como la posibilidad de tener espacios y tiempos para una misma en los que poder conectar con pequeños placeres cotidianos. Muy al principio de la maternidad, estos espacios pueden ser casi inexistentes, pero no por ello deben ser minusvalorados. Ratos cortos para dar un paseo, reír con una amiga, quedarte sola en casa para darte una ducha o tumbarte en la cama mientras se llevan al bebé a la calle pueden ser grandes placeres.

Paso 5. La sexualidad forma parte de tu vida
La sexualidad es una dimensión de las personas que nos acompaña «desde el nacimiento hasta la muerte, y que se vive y manifiesta en cada momento de la vida de un modo diferente, producto de nuestra experiencia y de lo que hemos aprendido en nuestras relaciones con nosotras mismas y con los demás».[54]

Me gusta explicar que la sexualidad no es un espacio aparte de nuestra vida que debamos mantener oculto y cerrado con llave. Que lo entendamos así se debe al tabú que existe en torno al sexo, que se nos enseña como algo vergonzoso. Sin embargo, luego esperamos abrir la llave y disfrutar de fuegos artificiales. La vergüenza y el miedo son incompatibles con la liberación y el placer. La sexualidad forma parte de la vida y está atravesada y atraviesa a su vez:

- Nuestra fisiología, a través de las respuestas y cambios corporales que se dan.
- Nuestra psicología, a través de un sistema de valores y creencias que irán de la mano de una respuesta emocional concreta y de una identidad propia y única.

---

54. *Manual del máster en Terapia Sexual y de Pareja con Perspectiva de Género*, tomo 1, Fundación Sexpol, 2021.

- Y por un contexto social que construye dichas creencias y en el que se generan unos ritmos que nos acercan o alejan de nuestra consciencia sexual.

Entender que la sexualidad es biopsicosocial nos ayuda a mirarla de una manera más ajustada a la realidad para colocarla en el lugar visible (para una misma) que merece. Así dejamos de apartarla, como si creyéramos que «Si no la miramos, no existe», de sufrir las consecuencias de desatenderla y temerla.

Tenemos que ser conscientes de que:

- Tenemos sexualidad y somos sexuales por el hecho de ser humanas.
- La sexualidad es dinámica y atraviesa distintas etapas a lo largo de la vida.
- Nuestra sexualidad es nuestra, es única y no le corresponde a nadie validárnosla.
- Si la sexualidad es nuestra, decidimos cómo y con quién compartirla. No hablo solo de sexo, aunque también. Tú decides, por ejemplo, compartir una parte de tu sexualidad con una matrona y deberías poder elegir con qué matrona.
- No podemos no tener sexualidad. Desatenderla tiene consecuencias negativas para nuestro bienestar, mientras que atenderla, ser conscientes de ella, nos permite transformarla/recolocarla si lo necesitamos e impacta positivamente en su vivencia y en nuestra salud.
- El sexo forma parte de la sexualidad y nos pertenece también, por lo que tenemos permiso para explorarlo con nosotras mismas (la masturbación es un campo de goce y aprendizaje estupendo) y para decidir con quién más lo queremos compartir, siempre desde el disfrute y goce egoístas.

Si asumimos estos aspectos, podremos romper capa a capa el tabú que dificulta la vivencia de nuestra sexualidad al cargarla de pesos que, después, necesitaremos toda la vida para descargar.

> *Todo cambia, sin embargo, a la sexualidad le exigimos que sea siempre igual.*
>
> *Me gusta el chocolate, pero no siempre quiero comer chocolate.*
>
> *Me encanta leer, pero no siempre el mismo libro.*
>
> *Me encanta pasear, pero no siempre por los mismos caminos.*
>
> *Me encanta el sexo, pero no siempre las mismas prácticas.*
>
> *¿Se entiende?*
>
> *Asumimos que a lo largo de la vida (casi) todo cambia. Nuestros gustos, nuestras rutinas y hasta las personas que nos rodean. Pero aspiramos a tener siempre el mismo tipo de sexo. O el sexo que nos hemos contado. Coitos espontáneos pedidos «por favor, por favor», aquí te pillo aquí te mato, con una frecuencia determinada, una excitación previa que ponemos en manos ajenas, unas ganas y curiosidad despojadas de todo contexto.*
>
> *Luego preguntas y resulta que «tampoco era para tanto» o te das cuenta de que esa excitación que te empujaba a esas ganas locas iba más de ti que de la otra persona. Y que, por tanto, puedes cultivarla abriendo las puertas al maravilloso mundo de la fantasía sexual, que es infinita, libre, lujuriosa, variada y, sobre todo, a tu medida. O que le ponías más intención o le dabas más*

> *espacio al tema. O que tenías menos preocupaciones y menos desgaste. Menos cargas. O que pensabas menos. O que fluías más.*
>
> *¿Qué había en aquellas ganas que ahora echas en falta? ¿Qué querrías disfrutar ahora que no te permites? ¿Qué tipo de sexualidad sí te apetecería vivir/compartir? ¿Con quién?*
>
> *Solo tú tienes las respuestas. Pero una cosa está clara:*
>
> *La vida es dinámica. La sexualidad también. Dejemos de exigirle que sea siempre igual.*

Paso 6. Busca espacio para la intimidad y los placeres compartidos

Entender el placer de una manera amplia, nutrirlo y entenderlo íntimamente relacionado con nuestra sexualidad es dar un paso hacia delante en este reto de conquistar nuestro bienestar sexual a lo largo de la vida. El placer llama al placer.

A lo mejor, durante un tiempo no te apetece sexo genital o coital, pero seguro que sí un masajito en los pies o en el cuello, un beso —quizá no el morreo que hace saltar tu alerta de estar despertando *algo más* y que te impide relajarte, sino uno tierno y consciente—, una caricia en la mano o un abrazo durante unos minutos… ¡Todo esto es intimidad y va a enriquecer el vínculo y el espacio de pareja! Intimidad llama a intimidad.

Puede que no apetezcan según qué prácticas sexuales o según qué intensidad erótica, pero seguro que apetecen otras cosas y es importante buscar cuáles son para darles espacio si están inhibidas por el miedo a activar un encuentro sexual que no deseas. La sexualidad es más amplia que el sexo genital y no se alimenta de un coito (salvo que sea uno deseado y gozoso), pero sí de la intimidad.

Y ojo, que el sexo deseado y divertido es intimidad, pero necesita alimentarse de otras experiencias a su vez.

Hablamos erróneamente de *preliminares* para nombrar toda práctica erótica que ocurre antes del sexo con penetración, pero esta idea jerarquiza las prácticas y limita nuestra experiencia sexual. No son preliminares, son prácticas placenteras que potencian la excitación, y desde esa excitación, es posible que puedan aparecer las ganas de otro estímulo, de otra práctica o de sexo con penetración. Pero si practicamos sexo con penetración, que además es la práctica que responde al Guion Sexual, ¡que sea con muchas ganas!

En las sesiones sexológicas digo en clave de humor que la señal de que estamos listas para la penetración es suplicarla. Para vivir un sexo gozoso en pareja hay que romper el patrón de darse cuatro besos y pasar al coito, porque es indicador de una sexualidad empobrecida por falta de sabiduría sexual, de tiempo o de ganas. Además, muy a menudo, el deseo o la excitación de las mujeres no se enciende desde ese lugar, como si se pulsara un botón. En este sistema feroz, las madres necesitamos tener (mucho) espacio para conectar con nuestras ganas, lejos de la presión.

Nos toca trabajar por integrar una sexualidad no coitocentrista, no enfocada solo en los genitales, sino en el despertar del placer a través de los sentidos con mayor o menor intensidad. Cuando alimentemos el placer de otros modos, cuando hagamos que nuestra vida y relación sea gozosa, tendremos ganas de acercarnos más.

Cuando evitar el coito te aleja de toda intimidad

Te mira con ojos seductores y miras a otro lado.
Te besa cinco segundos más y te apartas rápidamente.

Te acaricia la pierna, la espalda o el brazo y te pones tensa.

Te dice que eres guapísima y respondes: «No digas tonterías», «Anda, venga», o te ríes nerviosa.

Evitar cualquier tipo de intimidad para no tener un coito que no deseas.

Y luego la culpa.

De vez en cuando entrar en el juego para volver después a la tranquilidad un tiempo.

Es jodido lo habitual de estas dinámicas. Pero no es raro, no te pasa solo a ti, no eres una rancia, no es tu culpa.

A las mujeres, en las relaciones hetero, se nos ha puesto toda la carga del consentimiento. Partimos de la idea de que como ellos quieren siempre, de nosotras depende querer a veces.

No solo eso, aprendimos que de nosotras depende el no, y que como el deseo masculino es irrefrenable, hay que decir no insistentemente desde el mismo momento en el que hay un acercamiento.

¿Cómo va a funcionar el goce así? El problema es estructural, profundo y aprendido.

Porque si accedes al beso, si besas tú, si tocas, si abrazas de más, si miras de frente..., es que lo estás buscando. Porque «Si empiezas, acabas».

Así que, por no empezar, se aleja una intimidad que desearíamos. Porque querríamos esos besos, esas caricias, esos halagos..., esos placeres. Pero como no sabemos separarlos del coito porque nos enseñaron que eran

> *preliminares y que, por tanto, son lo que pasa antes del Sexo de Verdad, pues los tachamos todos.*
>
> *Y así, sin quererlo, nos alejamos, nos rendimos al encuentro porquetoca, nos enfriamos y perdemos el arte de seducirnos.*
>
> *Unas porque nunca supieron (ni tuvieron permiso para) ponerse en el centro. Otros porque no han integrado (o entendido) que el sexo es más que un coito, que sin coito también puede ser sexo, y que ser visto y deseado no siempre lleva al mismo sitio.*

Paso 7. Mira con las gafas «de pareja»
Hay que verbalizar el reconocimiento a la pareja. Recordar que estamos aquí, que somos nosotras y nos echamos en falta. Acompaño a muchas parejas que se han desconectado (sexualmente) después de la *mapaternidad* y que lo han pasado mal, que tienen miedo y que se echan de menos, porque no saben cómo reencontrarse.

Hay dos claves para recuperar con ganas el espacio sexual compartido tras la llegada de una criatura:

- La primera: acompañarse bien (no perfecto), ser corresponsables y contar con información sobre esta etapa.
- La segunda: el reconocimiento cotidiano que nace de poner energía en mirar a tu pareja y saber que te gusta lo que ves.

Aunque yo no tuviera ganas de practicar sexo con penetración durante meses, miraba a mi pareja, *lo veía*, y echaba de menos nuestros espacios. Y jolín, veo en mis consultas que es habitual echar de menos y no expresarlo (por falta de costumbre, por vergüenza o, sí, por miedo a activar su deseo). ¡Hagámonos responsables de nuestra expresión afectiva para cuidar el vínculo!

A veces estaba acostada con mi bebé en brazos, a punto de dormir, y le decía: «Echo de menos tu cuerpo». Y no hablo de coito, sino de intimidad, de tacto y contacto relajado. La cuestión es que mi pareja sepa que yo la veo, que estoy aquí, que la echo en falta, que pienso en besarla, que echo de menos nuestros momentos a solas, practicar sexo en nuestra cama con todo el tiempo del mundo, y que hace meses que eso no ocurre, pero da igual, porque sé que llegará. Si te acompañas bien, llega. La cuestión es que tu pareja sepa que la ves y que te gusta (y al revés).

> *Te veo.*
> *Me gustas.*
> *Te echo de menos.*
> *Estas frases se convirtieron en una llave para acercarme a mi pareja cuando los inicios de la* mapaternidad *nos embistieron. Fueron mi ancla para recordarme quiénes éramos, quién era yo sin un cuerpecito enano pegado al mío. Uno de mis grandes miedos —y sé que el de muchas— era cómo afectaría la llegada de un bebé a nuestra intimidad, a nuestra forma de mirarnos. Lo que teníamos era tan alucinante que temía tocar una tecla y alterarlo. Lo hablamos mucho y me recordé que éramos equipo, en esto también. El posparto llegó como nos llega a millones de nosotras: arrasando. Los nuevos ritmos, el cansancio, la lactancia, los miedos, el cuerpo dolorido, las emociones cual huracán... ¡Aterrizar en la*

maternidad es brutal! Pero recuerdo, a los pocos días, ir en el coche con mi Sergi al volante, mi mano puesta en el cuerpecito del bebé en la parte de atrás, la puesta de sol tiñendo Madrid, cruzar las miradas un instante en el espejo y decir: «Echo de menos tu cuerpo».

Se convirtió en mi forma de expresar que lo veía, que me gustaba y que necesitaba su intimidad más allá (o más acá) del sexo. Mi cuerpo estaba atravesando la experiencia más brutal de mi vida, mis necesidades eran otras..., pero necesitaba su cercanía, su mirada, su amor y su deseo respetuoso, como siempre o más.

Te veo. Me gustas. Te echo de menos.

Frases sencillas que se convirtieron en nuestro oasis. En nuestra forma de sabernos física y emocionalmente unidos, aunque no pudiéramos tocarnos porque nuestro bebé estuvo en brazos durante cinco meses, literalmente.

Ahora sé que el problema no es tanto el sexo como la forma de mirarnos. Puede doler más sentir que has desaparecido que semanas sin follar. Y cuando digo esto en las consultas, hay parejas que lloran. Porque saben que es verdad. El sexo es también una forma de sentirnos vistas/os.

Por eso, si el sexo se hace cuesta arriba en esta primera etapa, necesitamos mucho permiso, mucha comunicación, mucha ternura y comprensión. Y esto es difícil si no lo hemos cultivado antes.

La mapaternidad *remueve lodos que ya estaban ahí.*

> «Ahora mismo tengo un bebé encima todo el tiempo, voy con el moño todo el día y no me encuentro ni yo. Echo de menos los momentos de pareja que teníamos. Y sé que está bien así, porque estamos en una etapa increíble y disfrutamos otras cosas. También echo de menos quiénes éramos antes. Le pregunté a mi amiga Nuria Torres, que es psicóloga y fue madre antes que yo, cómo lo hizo ella para salir en pareja por primera vez cuando aparecieron las ganas y se sintió preparada para dejar al peque con los abuelos. Me respondió: «Cuando mamá y papá desarrollan un vínculo seguro con su criatura, cubriendo sus necesidades emocionales básicas durante los primeros años de vida, será enriquecedor que vea como sus ma/padres pueden tener un espacio en común más allá de ella, se sentirá segura al ver cómo se van y vuelven juntos, permitiéndole también explorar y disfrutar de otros vínculos diferentes sin miedo. Confiará en que el equipo familiar es sólido para poder separarse y regresar cuando lo necesite. Cada pareja marcará su ritmo, pero si criamos en equipo, de forma corresponsable, el deseo de estar juntos y a solas llegará».

Paso 8. Trabaja las tensiones
La crianza genera desencuentros en una relación. Si no es corresponsable, más. Sin embargo, ser unas *mapadres* corresponsables no está exento de conflictos, porque es normal que, incluso cuando tenemos una manera de entender la crianza similar, haya ocasiones en las que no nos pongamos de acuerdo. Cada miembro ha

recibido una educación, creado un sistema de valores y experimentado unas vivencias. Una pareja no es la suma, y menos la fusión, de sus miembros.

Una pareja es un sistema en el que conviven tres perspectivas: la de cada persona individual (no dejamos de ser seres soberanos) y la de la propia relación, que tiene su propio ecosistema. Que cada miembro sea un adulto responsable es fundamental para la buena salud del vínculo, pero también para que puedan generarse espacios de erótica. Habrá que poner en práctica las herramientas de comunicación para generar un reparto de tareas y asumir unas responsabilidades que nos hagan sentir equipo. Asumir tareas de más nos lleva a follar de menos, ya te lo digo.

Cada pareja, con sus circunstancias, vivirá situaciones que supongan más o menos tensión, pero cuando una problemática se repite y se complica su abordaje dentro del espacio de pareja, es importante pedir ayuda profesional. Buscar la forma de aliviar las tensiones para que no se enquisten es cuidarnos.

Partamos de la base de que las relaciones no tienen por qué ser para siempre. Que lo sean o no depende de muchas cosas, pero una será el *trabajo* que hagamos como pareja. Dar por hecho que siempre vamos a estar ahí hagamos lo que hagamos, creer que el amor es incondicional y no cuidarlo, no solventar los conflictos o que su solución recaiga más sobre una de las partes llenarán la mochila de incomodidad hasta que quizá un día *estar* signifique no cuidarse. Me gusta recordar que el amor es condicional. Hemos aprendido que cuidarnos para que la relación funcione significa proteger nuestra estética bajo un mandato rígido y opresor, moldearnos o luchar contra el paso del tiempo, porque mientras seamos bellas —según el canon de belleza normativo— nos querrán.

Pero...

> *Lo que te hace sentirte plena en una relación no es la estética, son los cuidados.*
>
> *Lo que te hace sentirte plena en una relación no es la fusión, son los espacios.*
>
> *Tu pareja no tiene que parecerte la más bella del mundo por/para ser tu pareja, basta con que te guste. Y que te guste alguien es un cúmulo de distintos factores.*
>
> *No es lo estético lo que construye un vínculo sano.*
>
> *No tienes que creer que tu pareja es la única persona compatible contigo para dar valor a vuestro amor. Os habéis cruzado en el momento adecuado, os habéis elegido y podéis seguir haciéndolo (o no). No existen las medias naranjas.*
>
> *No tienes que cubrir todas las necesidades de tu pareja ni ella las tuyas para construir una buena relación. Es importante que cada una identifique las suyas, las exprese y ver cuáles podemos cubrir. Los vínculos sanos no incluyen la telepatía.*
>
> *En una relación no tienen por qué gustaros las mismas cosas. Es suficiente con compartir placeres comunes y, a veces, acompañar a la otra disfrutando de compartir su disfrute. Compersión, lo llaman.*
>
> *Es importante tener espacios individuales a solas o con otros vínculos (amistades, familia…).*

Hay personas que se quedan en una relación porque están en una situación de vulnerabilidad o no tienen la capacidad económica para vivir junto a sus criaturas. En estos casos, antes de hablar del vínculo, toca hablar de precariedad.

Paso 9. Explica lo que te daña y aprende a recibirlo

Confío en que ya ha quedado más que clara la importancia de la comunicación en pareja, más si cabe en etapa de crianza. Y saber comunicarnos va de la mano de poner límites y expresar cosas que pueden ser incómodas. Y tener una actitud conciliadora cuando estás agotada o se tocan tus heridas (tengan que ver con el presente o no) es todo un reto. Del mismo modo, nos pueden molestar o enfadar palabras o comportamientos de nuestra pareja que quizá nos cueste expresar. Sobre todo, si existe una herida de abandono o aprendimos en la infancia que teníamos que ser perfectas para que alguien se quedara a nuestro lado, o que si nos enfadábamos, se marchaban. Necesitamos expresar por qué nos hemos sentido mal cuando ocurre algo, en vez de explotar por acumulación. Así nos cuidamos a nosotras mismas y cuidamos la relación.

La otra cara de la moneda es aprender a recibir esa información, saber encajar una crítica. Porque tendremos comportamientos o haremos comentarios que podrán herir a nuestra pareja y es importante que sienta que nos lo puede decir, que no habrá consecuencias peores que el malestar que genera callarse.

El malestar que no expresamos rara vez se regula solo. Se aloja en nuestro interior y va pesando hasta que llega el día que explota, a lo mejor por algo mucho menor. Tan difícil es aprender a escuchar (sin ser reactivas) que hemos hecho algo que ha podido herir a nuestra pareja como aprender a expresarlo. Y aquí caben todos los matices: a veces reaccionamos porque la pareja se expresa a través del ataque, o porque es una temática recurrente, o porque hemos vivido esa situación de otra manera. Y podemos enfadarnos (¡vamos a enfadarnos!). Pero también podemos hablarlo cuando se calmen las aguas, recordar que somos un equipo y que no actuamos con mala intención.

Y sí, hay parejas que violentan, atacan, manipulan o invalidan. Si este fuera el caso, la comunicación horizontal no es posible hasta que quien violenta identifique y reconozca su actitud y se responsabilice de ella para transformarla. A veces este tipo de perfiles no se llegan a hacer responsables o no pueden transformar la dinámica. En ningún caso es obligación de la pareja quedarse a esperar, tampoco cuando hay hijos/as en común. Merecemos protegernos.

Al contrario de lo que se suele pensar, cuando una relación nos daña y hay criaturas de por medio, la separación es el mejor ejemplo que les podemos dar, para que aprendan desde la infancia que hay vínculos en los que quedarse porque nos cuidan y otros de los que nos podemos marchar para cuidarnos.

Paso 10. No eres ni tienes que ser perfecta, pero puedes mejorar tu forma de relacionarte
Ninguna persona es perfecta. Por tanto, ninguna pareja lo es. Es muy frecuente llegar a las consultas creyendo que el resto de las parejas lo hace mejor o están más unidas o tienen más sexo. Desgasta mucho vivir evaluándose constantemente. Toda esa energía que dedicamos a compararnos (sin tener toda la información, además) y criticarnos, podemos invertirla en:

- Aprender a observar de manera justa si estoy en una relación que me cuida (estoy tranquila, me siento escuchada, la otra persona asume responsabilidades y muestra sus ganas de crecer y su intención de transformar lo que no funciona, hay transparencia) y trabajar la mirada compasiva a mis vínculos. A veces, por experiencias en nuestra historia de vida, vivimos las relaciones en alerta. Puede que hayamos desarrollado un apego inseguro que necesitamos abrazar y sanar poco a poco. Incluso recurriendo a terapia.
- Siendo conscientes de que estamos en una relación segura, que nos cuida, podemos invertir esa energía crítica que respondía

al miedo en ocuparnos de aquello que sí está en nuestra mano cambiar de nuestro comportamiento o actitud y que puede ayudar a mejorar la relación de pareja. Por ejemplo, si tu pareja te ha repetido en múltiples ocasiones lo importante que es para ella la expresión corporal de afecto, y a ti, por tus aprendizajes, te cuesta, puedes buscar maneras amables de aprender a acercarte más. Hay que pasar de la teoría a la práctica, probar y experimentar con nosotras y nuestras relaciones. A relacionarse bien se aprende.

Para mejorar la relación de pareja en tiempos de crianza debemos reservar ratos cotidianos a solas para expresar lo que sentimos y necesitamos. Pero, siempre y cuando estemos en una relación de buen trato, podremos ir aprendiendo. Tendremos que seguir hablándolo a lo largo de toda la relación, porque quizá lo que un día nos funcionó no lo haga en el posparto, o lo que necesitamos en el posparto cambie pasadas algunas pantallas de este *juego* que es la crianza.

Paso 11. Busca ayuda si la necesitas
Cuando una etapa se nos haga cuesta arriba o tropecemos una y otra vez en un aspecto de la relación, ¡toca pedir ayuda! Podemos intentarlo una y otra vez o enterrar los asuntos complicados o dolorosos debajo de la alfombra. Pero al final explotarán. Y si eres de las personas que creen que ir a terapia de pareja es una vergüenza, te diré que acudir a terapia de pareja puede ser un acto de amor o una señal de la fortaleza del vínculo. Aunque haya ocasiones, y más al principio del acompañamiento, en las que parece que la terapia lo desordena todo y saca a la luz conflictos que antes no lo eran tanto, con el tiempo «los asuntos» se ordenan y, si es el caso, dejan muy a la vista la complicidad.

Me gusta pensar en la terapia como la experiencia de entrar en una buhardilla que llevaba años cerrada y llena de cajas amontonadas y polvorientas que no sabemos ni lo que contienen. Para ordenar la buhardilla hay que empezar a moverlo todo y ponerlo patas arriba, convivir con el desorden y el caos, atravesar las ganas de tirarlo todo directamente a la basura, comenzar a abrir cajas, sentir agobios y frustraciones, empezar a descubrir el contenido, decidir con qué te quedas y con qué no, limpiar y, poco a poco, colocar hasta que encuentras el orden. Puedes tardar más o menos, dependiendo de muchos factores como si conocías el contenido de las cajas, si tienes alergia al polvo, si eres más organizada o menos, si tienes tiempo para esa tarea, si llegas con la cabeza despejada o ya agotada...

Y sí, en ocasiones, sale a la luz la opción o la necesidad de romper la relación. A veces es la mejor decisión, y la terapia de pareja nos puede acompañar en la separación.

Paso 12. Haz pactos usando como recurso la pregunta «¿Qué necesito?»
Es necesario llegar a acuerdos, pactos o alianzas que se vayan actualizando en cada etapa, a medida que cambian el contexto y las necesidades de la relación. Cuando llega el embarazo, con la información en la mano y teniendo en cuenta la vivencia de la gestación que estemos experimentando, toca sentarse y poner encima de la mesa qué necesitas en esta nueva etapa para que podáis crear el primer pacto.

Durante meses vas a tener que llevar la voz cantante, porque llevas a tu/vuestra criatura dentro de ti. Eres responsable de una parte, ¡pero no de todo! Tú gestas y tu pareja te sostiene y cuida en esa importante labor. Después llegará el bebé y ese pacto quedará desactualizado, así que pasarán unos días o semanas y podremos observar, una vez más, cuáles son las necesidades actuales de la madre, de la díada, de la pareja, de la nueva familia y de la relación. Siempre teniendo en cuenta que los roles de cada miembro van a ser distintos; por tanto, sus necesidades y potencial de aportación también.

Un pacto no es un contrato indestructible, es una dinámica saludable, un espacio para poner voz a las percepciones, necesidades, dificultades o problemáticas que nos estamos encontrando. El pacto es una herramienta práctica para la comunicación. Aunque es un ejercicio fácil y sencillo, no hemos aprendido a preguntarnos qué necesitamos, ya que ello implica tomar consciencia emocional. Hacer un pacto crea un espacio físico real para hablar de qué necesidades existen ahora, porque a medida que avance la crianza irán cambiando. Entonces iremos poniendo voz a las nuevas experiencias.

Paso 13. Sé muy compasiva contigo misma

Mapaternar en este sistema es nadar a contracorriente. Y la intención de conquistar el bienestar en un sistema que nos lo roba es un reto exigente. A veces, una imposibilidad. Vivimos en una sociedad que invisibiliza, por norma, las necesidades de las madres, de las familias y de la infancia. Que no valora ni protege esta etapa. Transformar el sistema es una tarea de organización colectiva, una carrera de fondo, un trabajo de resistencia.

Para aguantar, tenemos que cuidarnos mucho, ser conscientes de que la lucha es contra un gigante y que solas no podemos vencerlo. Seamos ~~realistas~~ compasivas. Porque, además, estamos atravesando uno de los momentos más vulnerables de nuestra vida. A nivel micro, tenemos que ajustar expectativas en nuestra propia vivencia. Criamos en este sistema, con unos ritmos y exigencias concretos que, o bien cumplimos a costa de nuestro bienestar personal —por ejemplo, te incorporas a tu puesto de trabajo a las dieciséis semanas, aunque desearías quedarte con tu criatura su primer año de vida, pero no puedes permitírtelo—, o incumplimos priorizando nuestro bienestar personal y pagamos el coste a nivel económico o laboral —por ejemplo, pido una excedencia o una reducción de jornada y pierdo ingresos o posibilidad de promocionar—.

Las decisiones que tomamos en esta etapa, dentro de este sistema patriarcal y capitalista, tienen consecuencias que ponen a prueba la salud mental de las madres y las familias. ¿Cómo no va a ser todo un reto conectar con el placer así? ¿Tener espacio para una corporalidad gozosa? ¿Ganas de sexo compartido? Es que antes de pensar en el sexo tienes que preguntarte cómo estás y responderte con total sinceridad.

14 de febrero de 2023

Te admiro.
Es lo más sexy que puedo oír.
Te veo.
Y me gusta lo que veo.
Me lo puedes decir.

Te miro.
Te siento.
Te quiero.
Te escucho.
Te atiendo.
Cuando lo necesites,
te sostengo.

No soy adicta a los fuegos artificiales.
Ni a las promesas de ficción.

Ya no.
Tampoco a los días especiales.
Pero gozo cualquier celebración.

Te acompaño.
Te entiendo.
Te busco.
Te encuentro.

Me acompaño.
Cuando puedo.
Me entiendo.
Lo intento.
Me busco.
Lo acepto.
Me encuentro.
Me quiero.

Y no miento.
Nunca pude sola.
Tampoco lo pretendo.
Si juntas es mejor,
como vamos diciendo,
eso le pido al amor.
A todos los que estemos viviendo.

Hacer el humor: la reconquista

Abrazar el sexo torpe

Necesitamos bajar la exigencia al encuentro íntimo para reconciliarnos con él. Para motivarnos. Urge que naturalicemos que las cosas no salgan como esperábamos sin que eso invalide por completo la experiencia, incluso el placer. Urge que dejemos de tomarnos el sexo tan en serio, que le metamos humor, ternura, humildad.

¿Cómo va a ser posible pasar de una vivencia sexual insatisfactoria a una satisfactoria sin atravesar un territorio lleno de incertidumbre, de incomodidad, de descubrimientos, de torpeza...?

¿Por qué nos exigimos hacer el papel de nuestra vida, dar la talla, cumplir con lo que se espera de nosotras/os para gozar?

¿Acaso en esa exigencia entra, de veras, el placer?

Yo soy fan de abrazar la torpeza.

De reírnos si toca.

De no saber y preguntar.

De probar y ver qué pasa.

De escuchar.

De aligerarnos la carga.

De simplemente experimentar.

Quizá, sí o sí, para alcanzar el goce, debamos reconciliarnos con la torpeza. Y follar, así, en cada etapa de la vida, sin guiones, estructuras o exigencias.

A mí me pasó. A veces transcurren meses y sigues como si te hubieran zarandeado la vida entera. No te has reencontrado a ti, no has recuperado espacio propio y, aunque hayas tenido algunos encuentros rápidos y un poco cautos —lo que han podido ser y lo que os permiten los ritmos de sueño del bebé—, de repente reparas en que ya no sabes cómo conquistar y te da vergüenza. Por mucho que te sabes la teoría feminista, influye la relación con tu cuerpo transformado, las canas que no te da tiempo a teñir (¡y sabes que podrías no teñirlas, que eres feminista, pero no te gusta verlas!), tu rostro cansado cuando te miras al espejo y, por mucho que odie decirlo, también esa idea heredada de que las madres no somos sexis ni erotizables que anda alojada de una manera muy profunda en el inconsciente. Yo me encontré con ganas de practicar sexo con mi pareja, pero sintiéndome rara al pensar en acercarme a él, no solo por una cuestión de tiempo, sino sobre todo por el cambio de identidad, de autoimagen y autoconcepto —no necesariamente malos, pero sin duda diferentes—.

En estos casos, ¡abogo por hacer el humor! La risa es un recurso erótico increíble. Quizá el acercamiento no se dé como antes o no es como imaginabas. Quizá tenemos demasiado integrada la seducción hollywoodiense y nos sale una cosa *raruna*, pero qué oportunidad para poner palabras, reírnos y decir: «¿Te puedes creer que no sé cómo acercarme a ti?». Lo mismo puede sucederle a tu pareja: a lo mejor tiene ganas de acercarse y, con suerte, se sabe la teoría y no expresa las ganas porque prefiere respetar tu ritmo. Y pasa el tiempo y tampoco sabe cómo acercarse por miedo a estar forzando la situación o generarte presión.

Han podido pasar unos meses, pero una vida entera de por medio, literalmente. Se ha transformado la realidad que vivíamos, la cotidianidad. Pero nos queremos, deseamos compartir intimidad y sexo, y qué risa no tener ni idea de cómo conquistarnos ahora. Puede que no me sienta precisamente sexy o no igual que antes (¡o sí!) y, quizá, escuchar un «Me encantas» sincero aligere la presión estética. Así, un día aparecerá el deseo, la motivación, habrá algo de energía disponible y será maravilloso encontrarnos, explorar el placer que hay en esta etapa y gozarnos. Ya no somos los que éramos, pero darnos permiso para vivirnos siendo quienes somos, con curiosidad, acompañándonos y dándonos la mano, nos fortalecerá.

27 de septiembre de 2021

Llega un momento en el que estás preparada para separarte de tu criatura.

Que lo deseas. E incluso entonces cuesta.

Y llega la culpa. Y miras el teléfono a menudo. Y te emocionas viendo un vídeo en el que compruebas que se lo está pasando genial.

Ese momento llega, claro que sí.

El de volver a pasear cogidos de la mano.

Ir al cine.

Una cena juntos.

La primera noche solos.

O la primera celebración.

Hay momentos en los que podría parecer que nunca volveremos a ser iguales.

Que nunca volveremos a bailar a solas.

A reír.

O a follar.

¿¿¿Cuándo tendremos ese espacio/tiempo???

Pero llega.

Estaréis listos/as.

> Será cuando tenga que ser.
> Pero habremos de acompañarnos bonito hasta entonces.
> Mirarnos.
> Recordarnos.
> Reconocernos.
> Y un día llegan las ganas.
> La certeza de que es el momento.
> Muchas ganas.
> Y lo pasaréis genial.
> Bailaréis.
> Os reiréis.
> Follaréis.
> Y os daréis cuenta de que, aunque no volváis a ser los mismos, seguís siendo vosotros.

No me cabe duda. La maternidad es una oportunidad para transformar nuestras sexualidades a mejor.

Porque invita a conectar con tu cuerpo.

Obliga a bajar el ritmo, a saborear la lentitud. Reclama presencia.

Abre el abanico de placeres.

El puerperio libidinoso

¿Cómo iban a contarnos que el puerperio es sexualidad pura? ¿Desde cuándo se narra la sexualidad con voz femenina? ¿Y con voz maternal?

EL POSPARTO ES PARTE DE NUESTRA SEXUALIDAD

Olvídate, no interesa al sistema tener a mujeres habitando sus cuerpos gozosamente. La desconexión y el desempoderamiento son puritas herramientas de venta, porque sí, querer huir de la propia piel vende.

¡Comadres! ¡El sistema no es nuestro! Y no por ello vamos a quedarnos de brazos cruzados. Nos dijeron que nosotras no podíamos gozar y demostramos que sí. Que hablar de sexo era cosa de hombres. Que la sexualidad se reducía a hombre-coito-mujer. Que nosotras deseábamos menos y cuidado con «hacerlo de más». Y les desmontamos un chiringuito que, actualmente, se les cae a trozos. La sexualidad normativa hace aguas.

Cuando dinamitamos todas las incongruencias, se tambalea el Guion Sexual. Nosotras, galopando raudas. Ellos, esperando su revolución. *Asincronía heterosexual*, lo llamo yo.

Y llega la maternidad. ¿No era casta y pura? La maternidad cruda, revolución que se siente en las entrañas. Maestra. Antisistema. Y resulta que no escuchan, no quieren ver, porque «son cosas de madres». Así, despectivo. Un eufemismo para decir «nada tan importante como hablar del capital».

Demasiado tiempo hablando en bajito, sin molestar. Hasta que llegó el golpe en la mesa y empezamos a reivindicar nuestros cuerpos, fluidos, placeres. Nuestras tetas abundantes podían tener un papel lejos de la hipersexualización, del consumo y satisfacción masculinas.

Tetas en el autobús, en la plaza o en el bar. Algunas se atrevieron a poner sus experiencias en el centro. Muchas corrimos *desnudas* detrás.

El puerperio es muchas cosas, pero también es placer, alegría, goce, corporalidad, piel, rabia, fluidos, erótica, fuego y transformación. Sexualidad. Por eso lo silencian y le roban espacio.

Hemos demostrado que la sexualidad no es solo territorio de hombres. Que nuestros cuerpos fuertes, curtidos, dispuestos, ¡lo gozan! Sin nuestras *cuerpas* no hay vida posible, pero no seremos máquinas expendedoras para el sistema.

No hay capital suficiente en el mundo para pagar esto. Por eso nos temen.

Y si rugimos juntas, no volverán a usurparnos espacio.

> *Quiero decirte que…*
> *quizá en algún momento hayas pensado que tras ser madre tu sexualidad no volverá a ser la misma.*
> *quizá en el tsunami maternal dudes de dónde quedó la erótica.*
> *quizá te agobies por no cumplir las expectativas sexuales que se tienen de ti.*
> *o las que te pones tú.*
> *quizá hablar de sexo se volvió un asunto incómodo.*
> *quizá te coma la culpa, a veces, y caigas en los «Pobre, que está a dos velas».*
> *quizá hasta se haya ironizado en vuestro entorno con la (ninguna) cantidad de sexo que tendréis y te hayan subido los colores.*
> *quizá te coman los miedos, a veces, y caigas en los «A ver si le voy a dejar de gustar».*
> *quizá, incluso, hayas accedido a tener relaciones sexuales que no te apetecían, porque eso era menos doloroso que la tensión que sientes cuando no accedes después de «mucho» tiempo.*
> *Quiero decirte que esto es una mierda que no es tuya. Que la hemos heredado junto al tabú y el silencio. Es de todas (y todos). Y podemos subvertirla.*

EL POSPARTO ES PARTE DE NUESTRA SEXUALIDAD

*Quiero decirte que
si respetas tus ritmos,
escuchas tu cuerpo,
das voz a tus deseos,
te permites transitar lo que hoy hay,
y eres respetada y sostenida en el proceso,*
TU ERÓTICA VOLVERÁ.
TU DESEO VOLVERÁ.
TUS GANAS VOLVERÁN.
Y lo harán transformadas.

No se han esfumado. Esperan a que vuelvas a reencontrarte siendo el centro de tu vida. Ese lugar que durante un tiempo ocupará la criatura. Tardes lo que tardes. Necesites o no ayuda.

Porque puede que vuelvan.

O puede que no.

Porque la erótica no habla solo de cuerpos y hormonas. La erótica habla de dónde te ubicas en tu vivir.

Puede que cuando dejemos de centrarnos en la cantidad de sexo y lo hagamos en la salud de nuestro vínculo, lo que estamos necesitando, cómo nos estamos acompañando..., el sexo deje de preocuparnos y podamos ocuparnos de encontrar el placer en el momento inmenso que estamos atravesando.

Solas.
En pareja.
Con nuestra criatura.

> *Quiero que me despiertes la piel.*
>
> *Para encender la erótica, nos tenemos que tocar más.*
> *Nunca bajo la premisa causa-efecto, no.*
> *Eso sería otra exigencia.*
> *Nos tenemos que tocar honrando el sentido del tacto.*
> *Humanizándonos.*
> *Sintiéndonos.*
> *Nutriéndonos.*
> *Despertándonos.*
> *Sin otro fin.*
>
> «La caricia es la unidad de reconocimiento humano», dijo el filósofo R. Steiner. Se lo escuché a mi maestra Ana Márquez, presidenta de la Fundación Sexpol, en un seminario sobre deseo sexual. Y es que parece que entre las violencias sufridas, el terror sexual extendido y la cultura de las pantallas…, tocarse es un temazo. Cuando no un peligro.
>
> *Pero somos humanas.*
> *Necesitamos más piel.*
> *Más cuerpo.*
> *Más calidez.*
> *Más presencia.*
> *Más tacto.*
>
> Y de cuerpo sabe mucho la experiencia maternal, que nos lleva allí a la velocidad de un cohete. Aunque, a

veces, estamos tan centradas en lo que creemos que debería ser que nos perdemos la experiencia brutal que ya está siendo.

Necesitamos más tiempo.
De eso quizá vamos peor en este sistema.
Más tiempo para recodar que la piel, el cuerpo, es el lugar del que venimos.
También más tiempo para recuperar la seguridad, la confianza.
Para bajar las alarmas a «lo que significa», «lo que viene después».
Para desandar con mimo algunos caminos recorridos que nos llevaron a lugares desagradables.
Que nos hirieron y nos desconectaron del cuerpo para sobrevivir.

Nos tenemos que tocar más.
Con cuidados.
Explicitando el permiso tantas veces como haga falta si eso me da seguridad.
Recordando que no hay que llegar a ningún destino, tantas otras.

Las mujeres hemos sido educadas (sexualmente) en la prevención. Los hombres en el permiso. Y esa fórmula nos ha traído infinitos males. Infinitas violencias. No podremos abrirnos a la caricia sin entender y sanar esto. Y la realidad es que nosotras, las mujeres, llevamos un gran camino recorrido, pero el turno de ellos ya va con retraso.

No podremos abrirnos al goce desde el miedo.
    Pero tampoco sin permiso para el tacto.
    Nos merecemos tocarnos más.
    Somos humanas.
    Y eso ya es nuestro mayor potencial erótico.

Dejemos a un lado los «Dame un masajito».
Porque esto no va de técnicas.
Probemos con un «Quiero que me despiertes la piel».
Porque esto siempre va de sentir.

¡La caricia, qué goce!

5
EL SEXO D. C.
(DESPUÉS DE LA CRIATURA)

soy de esas que es porque elucubra. soy palpitante masa gris. aprendí a ser leche y sudor. podría decir que lo disfruté pero duró lo que las drogas (hormonas) dispusieron. la bajada... casi me descalabro.[55]

ERIKA IRUSTA

Cargar con tareas de más nos lleva a vivir (y follar) de menos

Algo tan evidente que a la vez pasamos tanto por alto. Lo pasamos por alto cuando nos exigimos más. Porque cuando nos dejamos la energía para llegar a

---

55. Erika Irusta, neon bubble kandy, 28 de agosto de 2024, <https://open.substack.com/pub/yomonstruo/p/entredosmundossiempre?r=wu0a0&utm_medium=ios>.

todo, a veces, nos olvidamos de cuáles son esas cosas a las que ni siquiera nos estamos acercando.

¿Y cuáles son? Justo ESAS.

Las que tienen que ver con el placer.

Un placer presente.

Un placer no productivo.

Un placer no meritocrático.

Si el deseo, la libido o la motivación sexual necesitan de un excedente de energía para darse..., ¿cuánto espacio estamos dejando para nutrirnos de esa energía? ¿Tenemos sexo desde un lugar de motivación y tranquilidad? ¿O lo tenemos desde la preocupación y el estrés?

Cargar con tareas de más nos roba vida.

Y en eso que debería ser vida está todo aquello que nos nutre, nos sana, nos hace disfrutar. El sexo debería estar en ese lugar. Sin embargo, demasiadas veces el sexo ocupa el lugar del hacer, de la validación, de la meritocracia, o los asuntos pendientes.

Y desde ese lugar, ¿cómo podemos explorar con curiosidad y sin expectativas?, ¿cómo podemos gozar dejando de lado las metas?, ¿cómo descubrirnos sin prisa por alcanzar el check que promete dejarnos tiempo para esas cosas que supuestamente deseamos y están tan al final de la lista que terminamos por olvidarlas?

Si cargar con tareas de más nos hace vivir menos, tendremos que repartirlas de manera equitativa y justa, o renunciar a hacerlas y aprender a vivir renunciando. Es que no se puede todo. No sin ningún coste. Y vaya, es que

EL SEXO D. C. (DESPUÉS DE LA CRIATURA)

> *el coste es la vida misma. Y esa vida es donde nos encontremos con ese sexo gozoso (no exigente) que la ilumina.*
> *Vivir no es follar.*
> *Pero follar... follar sí es vivir.*

10 de noviembre de 2022

Noah cumplió tres años y, a lo largo de este año, he sentido que las conversaciones sobre maternidad me aburrían, los temas de bebés me resultaban ajenos y las lecturas de crianza me sonaban a un dogma tras otro. Me daba vergüenza reconocerlo. Ahora sé que es solo una etapa más, la salida de la nube puerperal. Mi foco de interés se fue moviendo y empecé a asomarme al resto del mundo otra vez. Esas emociones aparecían para proteger el espacio personal que estaba recuperando. Y después fueron bajando el volumen. De algún modo, mi sistema emocional puso en valor todo el tiempo y espacio que hasta ahora había dedicado a otro ser que, aunque aún me necesita, ya no lo hace del mismo modo. Siento que el fin del posparto trae esas respuestas para marcar un territorio recién reconquistado: tu mente, tu cuerpo, tu tiempo. De repente (si eres de las privilegiadas), hay un espacio. Es el momento de cuidar el espacio propio, de priorizar algunas de tus necesidades y deseos, pero ¿por dónde empiezo?

El despuerperio

Dice Paola Roig, en el capítulo «De la maternidad también se sale» del pódcast *La vida secreta de las madres,* que ser madre te genera tal confusión en la identidad que agarrarnos a etiquetas —por ejemplo, «Soy la madre consciente»— nos da tranquilidad. Pero esas etiquetas, demasiadas veces, se traducen en rigidez y derivan en culpas, exigencias y malestares. Todo eso, evidentemente, acaba alojado en nuestro cuerpo.

Por eso, cuando el posparto llega a su fin y empezamos a encontrarnos de nuevo a nosotras mismas, evolucionadas, se flexibilizan creencias a las que antes nos agarrábamos con uñas y dientes para ubicarnos. La flexibilidad nos aligera cuerpo y mente, pero cada una llegará a ella a su debido momento, pasados unos meses o unos años, porque la experiencia materna es diversa.

Tras el posparto llega el *despuerperio,* un concepto que escuché por primera vez en ese mismo capítulo y que Paola atribuye a la psicóloga Agustina Ramírez Bustos, a través del pódcast *Comadres*: «Ese momento de confusión, de no encontrarse, de no saber casi quiénes somos, después de los primeros meses/años de maternidad [...] y que también tiene que ver con preguntarnos e interesarnos por el mundo más allá de nuestro bebé». El despuerperio es ese momento en el que la maternidad deja de ser el centro de tu vida y te reencuentras con tu cuerpo y contigo, separada de la criatura. No hay que imaginarlo como un hito, sino como un proceso que tiene una duración distinta para unas y otras.

En mi caso comenzó con la recuperación del ciclo menstrual a los dieciséis meses de nacer mi hijo (entre embarazo y posparto, llevaba más de dos años sin ovular), junto con la decisión de iniciar el destete a los dieciséis meses y todo lo que empezó a colocarse después, poco a poco. Las conversaciones con mis comadres

EL SEXO D. C. (DESPUÉS DE LA CRIATURA)

vía WhatsApp, que nos salvaron el posparto con detalles concretos sobre fiebre, sueño, alimentación, lactancia, movimiento, destete, ya no giraban en torno a los bebés únicamente, sino que empezábamos a ocupar el espacio nosotras (y nuestra individualidad): nuestras fantasías, deseos, reencuentros o desencuentros sexuales con las parejas, opiniones políticas, relación con el cuerpo, lecturas, intereses o bromas variadas.

Viví enamorada de ellas todo mi posparto, como si esa amistad no pudiera terminar nunca de tan unidas que estábamos (¡así lo celebrábamos, y esta energía también es propia del posparto!), pero ahora entiendo que es natural que se fuera disolviendo poco a poco, que nos reagrupáramos en espacios más pequeños y alineados con nuestras vivencias, crianzas o preferencias personales. Allí nacieron algunas amistades profundas, pero una gratitud y amor infinito por cada una. Iniciado mi despuerperio, recuerdo un día en el que me di cuenta de que me estaba fijando en unos chicos mientras entrenaban (y esto me parecía sexy). Era la primera señal *evidente* de que mi interés sexual hacia fuera estaba despertando. Y digo «hacia fuera», porque muchos meses antes sí había sentido ganas de masturbarme al ver alguna película o serie (por ejemplo, la serie *Outlander,* que inicié en el posparto, fue tema de conversación erótica recurrente en nuestro grupo de madres).

Sin embargo, aunque las primeras relaciones sexuales con penetración tuvieron lugar meses antes, en un par de ocasiones, lo cierto es que mi cuerpo no las vivió con la fluidez ni la presencia que me es conocida y habitual. No era el momento, me decía. Quizá llegué a ellas más desde la mente que desde el cuerpo, desde el probar a ver qué tal. Me di cuenta de que, por haberle dado espacio, sin presiones —ni mías ni de mi pareja, como por desgracia a veces ocurre—, mi deseo por mi pareja empezó a aparecer con mis primeras ovulaciones, porque también mi mirada y atención empezaban a estar dirigidas hacia fuera.

A la vez, conectaba intensamente con mis ilusiones y deseos personales, anhelaba espacios para hacer planes sin mi bebé, celebraba la escuela infantil (con lo que me había costado tomar la decisión de llevarlo), pedía ayuda a los abuelos para salir con Sergi y flexibilizaba normas autoimpuestas que, de no haber cumplido meses atrás, me habrían conectado con una enorme culpa. El despuerperio me volvió a acercar a amigas no madres, no porque se hubieran ido, sino porque yo necesité durante un tiempo un buen chute de madres puérperas.

Hace unos días hablé de esto con mi amiga Adriana, y fue bonito que ella me dijera que durante esos años no había sabido cómo acompañarme y que se había sentido fuera, no desde el reproche, sino desde el «echarte de menos». Y es que, si decimos que con el aterrizaje en la maternidad todo se mueve, es que todo se mueve, también las amistades. Pero ningún cambio de etapa maternal es drástico —a excepción del paso del embarazo al posparto—, y la maternidad me ha enseñado, precisamente, a observar los ritmos naturales de las cosas. Los ritmos naturales de mi sexualidad.

Siento que mi treintena ha estado protagonizada por la reconquista de mi cuerpo, por colocarme en él y vivir desde él un buen número de experiencias de manera más consciente. Esta peripecia maternal me ha llevado a lugares de mí misma recónditos, pero la transformación me ha traído después a lo más alto. Aunque dude o me juzgue a veces, me gusta esta versión madre que soy. He acogido la experiencia, no sin resistencias, dolores y unas cuantas luchas internas.

La maternidad marea más que cualquier atracción de parque temático con sus buenos *loopings*. Temerarias, nosotras.

EL SEXO D. C. (DESPUÉS DE LA CRIATURA)

Tu sexualidad cambia como cambias tú

Hay pocas cosas en la vida que esperamos que sean inmutables. Cambiamos de ropa, de peinado, de cuerpo, de pareja, de ciudad, de casa, de amistades, de trabajo, de gustos, de carrera profesional... La vida es cambio y lo sabemos. Aunque a veces cueste.

Sin embargo, a nuestra sexualidad le exigimos que sea siempre igual. Que permanezca nuestro deseo como cuando teníamos veinte, era primavera y acabábamos de empezar una relación. Que siempre nos apetezcan los mismos encuentros, que siempre llegue el mismo orgasmo, que nuestro cuerpo siempre responda igual —igual que esas veces en las que nada importaba, nada nos preocupaba, nada nos molestaba—.

Olvidamos que esos primeros encuentros en los que podríamos pasar días sin comer o dormir, estando piel con piel bajo las sábanas, en los que la adrenalina nos mantenía en pie, eran realmente insostenibles.

Porque la vida cambia, nosotras cambiamos y, por tanto, nuestra sexualidad cambia. Y no a peor. Solo cambia. No será hoy igual que ayer ni que mañana. Y no pasa nada. Está bien.

Aprender a aceptar esos cambios sin la expectativa de lo que fue nos da permiso para descubrir nuevas formas, nuevos deseos. Nos enseña a reconocer lo que somos y lo que necesitamos.

Naturalizar el cambio sexual desde la curiosidad por entender qué hay hoy para ti ayuda a soltar frustración y

> *miedos. Dejar que nuestra sexualidad cambie —porque cambia— al ritmo que cambiamos nosotras, sin luchar contra ello, es el mejor regalo que nos podemos hacer para vivirla en plenitud.*
>
> *Esa es la única clave de una vida sexual plena. Aceptar y acoger el cambio y buscar el goce en cada etapa sin que nadie ni nada nos lo dicte desde fuera.*
>
> *Qué felices seríamos si dejásemos de creer que hay una forma única de vivir la sexualidad.*
>
> *Qué felices y qué libres.*

Es incoherente creer que, con todo el movimiento que genera la experiencia maternal en todos los aspectos de la vida, incluidos los vínculos y, por supuesto, la relación de pareja cuando la hay, tenemos que resistirnos, negar o temer los cambios en la vida sexual. Es imprudente dar esa idea por válida, porque nadie puede huir de los propios ritmos sin pagar un coste alto en forma de inhibición o de disociación, con todas sus consecuencias. Cuando pasamos por encima de nosotras nos consumimos. Y corremos el riesgo de desaparecer (ya no sabemos lo que nos gusta, lo que queremos, lo que necesitamos, ni encontramos nuestra motivación o goce).

La vida sexual cambia cuando eres madre. Es lo esperable. Pero a estas alturas del libro, ojalá haya conseguido transmitir el mensaje de que no es un problema. La sexualidad maternal/perinatal llegará poco a poco a su fin, a medida que el cuerpo materno deja de estar fusionado con la criatura —o a su entera disposición—, recuperamos nuestro ciclo menstrual, la criatura empieza a ocupar espacios propios y las madres recuperamos algunos de los nuestros. Y lo que encontremos en esos espacios nuestros en esta

EL SEXO D. C. (DESPUÉS DE LA CRIATURA)

etapa será crucial para propiciarlos/gozarlos o, por el contrario, para evitarlos o huir de ellos.

En el espacio propio que se abre con el despuerperio, podemos volver a conectar con la vida sexual y erótica *adulta*. Con el sexo. Con el sexo compartido. Pero nos tiene que apetecer volver ahí, y esto se da cuando lo que había ahí nos gustaba antes y cuando lo que nos ha mostrado el posparto acerca de nuestra pareja suma. Podría plantear, con flexibilidad, que si nos observamos con calma y no nos presionamos, es fácil que primero recuperemos el interés por lo erótico/sexual, después las prácticas a solas (masturbación y fantasía) y, con todo esto generando bienestar sexual, llegarán las ganas de compartirse con otro cuerpo. No está de más recordar que no requiere la misma energía física un rato de sexo a solas que el sexo compartido. Y no caigamos en el error de compararlos, porque no tiene sentido. Masturbación y sexo compartido son dos prácticas diferentes, exactamente igual de válidas, ni tienen que satisfacernos igual ni siempre apetecernos lo mismo, ¡no es una competición!

Pero es que la vida sexual no cambia solo cuando eres madre, sino también a lo largo de toda la vida. Habrá momentos en los que un proyecto nos entusiasme y requiera de mucha de nuestra energía, otros en los que nuestra salud pueda verse alterada, etapas dentro de la crianza más o menos exigentes, o situaciones en las que el estrés o ansiedad producto de vivir en este sistema ocupen demasiado espacio. Si nos acercamos a la sexualidad entendiéndola de forma global e integrada dentro de la vida, no nos paralizaremos ante sus distintas manifestaciones. Simplemente, aprenderemos a adaptarnos a cada momento vital, sin exigirnos responder a una realidad que no es la nuestra.

No podemos desconectar de la vida para practicar sexo. Porque el sexo ocurre siempre en un contexto. Un contexto amable y disfrutón lo puede propiciar. Uno difícil lo aleja. La mejor manera de subirle el volumen al sexo es empezar por subírselo a la cotidianidad. Eso implica colocar las prioridades y entender que el sexo no está aparte de ellas. Ver qué fichas podemos colocar para que la vida sea disfrutada y ligera. Si es que se puede. Porque si la vida no es ligera, es normal que el deseo sexual no aparezca. Y entonces, ojalá el sexo no se dé; por desgracia, muchas mujeres (por aprendizajes de género) han aprendido a tener sexo sin él.

Repito y repetiré: cuando el sexo tiene que cumplir una función es fácil que el deseo se desgaste.

Dejemos de mirar al pasado, de pretender que el sexo sea como al principio o como cuando era más joven o como cuando no tenía pareja o como he creído que debería ser o como en las series. Esto es una ficción que probablemente no ocurra. Y, mientras tanto, el bienestar sexual real, el alcanzable, sigue a la espera. En la confianza, la presencia y la seguridad para abandonarse está el goce. ¡Son los ingredientes para abrir el cuerpo! Igual que sentir que las responsabilidades del día a día son compartidas y que no cargamos con tareas de más. Y, aun así, la vida, en etapas, se pone exigente. No nos exijamos tener sexo, además. Porque también se agotará.

¿Es el sexo importante?

Es incoherente repetir como papagayos que «El sexo en una relación de pareja es importante», pero luego no poner intención en cuidarlo. Es cierto, nadie nos dijo cómo se hacía. Pero a veces hablamos en lenguajes distintos porque no nos paramos a plantear estas preguntas:

- ¿Cómo te gustaría que me acercara a ti?
- ¿Cómo te gustaría que te tocara? ¿Y cómo te gustaría que lo hiciera eróticamente?
- ¿Cómo te gustaría que te hablara? ¿Y cómo te gustaría que lo hiciera en tono erótico?
- ¿En qué momentos te sientes deseada/o y por qué?
- ¿Cómo te hace sentir percibirte deseada/o?

EL SEXO D. C. (DESPUÉS DE LA CRIATURA)

En el sexo nunca dejamos de aprender. Y ocupar un lugar humilde es, a la larga, la actitud más sexy que alguien puede tener. El sexo es un lugar para divertirse, para disfrutar. No es un examen que aprobar. Por eso no hay fórmulas que funcionen para todas las personas. El sexo es una práctica que requiere nuestra curiosidad, que debemos observar a lo largo de la vida y que tendremos que explorar si la queremos disfrutar. ¡Hay que probar!

Repetimos que el sexo es muy importante, pero no sabemos por qué. A veces lo decimos por miedo a que sin especificarlo no ocurra. Desear y ser deseadas/os es un anhelo humano, pero si de verdad le damos importancia al sexo, nos toca aprender a mimarlo sin presiones ni prisa. Tenemos toda la vida para ello, pero no dejemos de hacerlo.

Sexo y amor son idiomas distintos

No esperes a que se te despierten las ganas

Puedes hacer el baile sensual.
Ponerte la ropa que le gusta.
Decirle mil palabras sexis.
O hacer el pinopuente.

Pero si tu pareja no está receptiva,
no depende de ti.
Lo que no significa que dejes de cuidar el vínculo, la expresión afectiva.

De la misma manera, cuando una persona acude junto a su pareja a consulta «por falta de ganas», es común que llegue con la expectativa de que una sexóloga tendrá la fórmula mágica para despertarlas.

No hay fórmulas mágicas.
Aunque sí un trabajo interesante de explorar la erótica.
Porque si yo no sé entrar en ese modo,
si no me conecto de forma cotidiana con las ganas,
si no me permito dar rienda suelta a fantasías que me enciendan,
si no me doy ese espacio,
si no me atrevo a ponerle mirada sucia —como me gusta decir en broma— al mundo,
si no me doy motivos para los ratos de placer, en el sentido más amplio y consciente...,

¡nadie lo hará por mí!

Y a veces, antes de explorar la erótica, toca conquistar el permiso. También forma parte del despertar sexual.

Demasiadas veces hemos escuchado eso de que a las mujeres nos tienen que seducir, enseñar, hacer gozar..., tanto que nuestra erótica ha quedado en manos ajenas. Alimentada, encima, por el mito del amor romántico que nos cuenta la milonga de que si alguien nos ama nos sabrá satisfacer. Y nadie sabe. Pero todo el mundo puede aprender.

EL SEXO D. C. (DESPUÉS DE LA CRIATURA)

> *La receptividad me la trabajo yo.*
> *Las ganas, las alimento yo.*
> *La libido, la atraigo yo.*
>
> *Y si tampoco sé, también lo puedo aprender. Y ya desde ese lugar mutuo, entramos si nos apetece en el juego de la seducción. Pero hay que dejar de poner «esa tarea» en otro tejado. Porque desde allí, además, perdemos autonomía erótica y la capacidad de potenciarnos y hacernos (a nosotras mismas) GOZAR.*

Una de las limitaciones para vivir una sexualidad gozosa en pareja pasados los años es confundir sexo y amor. Y se confunden mucho, principalmente porque los hemos aprendido unidos. Damos por hecho que lo que nos convierte en una pareja es el sexo, porque si no fuera por el sexo, seríamos amigas/os, y la amistad, además, parece dar menos puntos en el ranquin relacional del sistema. Evidentemente, la premisa es falsa y entraña muchas trampas.

Lo que suele diferenciar a la pareja de otros vínculos o modelos relacionales es que compartimos con ella muchos aspectos que conforman nuestro día a día: romanticismo/afecto, sexualidad/erótica, convivencia, economía, crianza, cuidados, apoyo en situaciones personales difíciles, proyecto vital, planes de futuro, ocio... de una manera horizontal, es decir, adulta y acordada. Esta es la teoría de lo que una pareja saludable debería ser, pero muchísimas relaciones de pareja, especialmente las heterosexuales, no son horizontales.

Cada pareja podrá compartir unos u otros aspectos, pero es bastante común compartir todos, aunque pocas veces de manera consciente y acordada, sino más bien por inercia, por una cuestión cultural. Puede que algunos de esos aspectos los compartamos con otros vínculos, por ejemplo: compartes crianza con tu madre, pero no romanticismo; compartes cuidados con una amiga, pero no economía; compartes preocupaciones con tu terapeuta, pero no proyecto de vida común. Pero es realmente complicado compartir todo eso con más de una persona a la vez. Lo que no significa, en ningún caso, que sea mejor esto que compartir distintos aspectos con distintos vínculos, lo que pasa es que estamos menos habituados a estos modelos relacionados que giran en torno a la colectividad y que implican una mejor comunicación y mayor gestión (también una mayor red de sostén, claro).

Por ser el modelo de pareja duradera con el que, generalmente, más aspectos compartimos, esta se convierte en una de las personas que más nos conoce y a quien más conocemos. Al mismo tiempo, en uno de los modelos relacionales más vulnerables, porque ¿qué pasa cuando ese vínculo que ocupa tanto espacio y tiempo no es horizontal? ¡Carga mental, desgaste y pérdida de salud! ¿Qué pasa ante una separación? Implica esfuerzo emocional, pero también económico reconstruirse. ¿Qué pasa ante una situación de maltrato? Se da un aislamiento que dificulta salir del ciclo de la violencia.

Decir que si no practicamos sexo somos como compañeros de piso —o sea, que solo convivimos— minusvalora lo que un espacio de pareja saludable y consciente debería ser. Compartimos muchas cosas, y el sexo, si lo cuidamos, puede ser una de ellas. Pero ni es un pilar ni debe ser el sostén de la relación. En todo caso, el sexo es un lugar de disfrute y placer separado del vínculo romántico. Por supuesto, hay parejas cuyo vínculo está tan desgastado que solo conviven o sobreviven, y el coste emocional de estas situaciones puede ser enorme si no esclarecemos lo que nos hace seguir juntas y resolvemos la situación buscando alternativas sostenibles.

EL SEXO D. C. (DESPUÉS DE LA CRIATURA)

No, lo que te hace pareja no es el sexo.

Aunque tener sexo con tu pareja sea deseable.

La realidad es que deseamos compartir con la pareja multitud de cosas que, en conjunto, no solemos compartir con nadie más: afectos, corporalidad, sexo, crianza, cuidados cotidianos, proyecto de vida común, convivencia, economía, responsabilidades, ilusiones, miedos, preocupaciones, incertidumbres. El sexo no nos hace pareja. De hecho, tenemos sexo a lo largo de la vida con personas que no son parejas. Y es estupendo. El sexo es una práctica íntima y divertida que, por supuesto, es maravilloso compartir con la pareja. Pero no es el pilar de una relación, es más bien la consecuencia de un buen cultivo erótico individual y conjunto. Pensar que cuando hay amor el sexo es algo que ocurre solo tiene dos consecuencias directas:

1. No hago nada para cultivar el deseo y el sexo, porque creo que aparecerán.
2. Cuando el deseo escasea o falta, empiezo a dudar del amor.

Sexo y amor avanzan por líneas distintas. A veces esas líneas se cruzan. Otras veces no. El sexo puede llevar al amor —entendido, aquí, como interés romántico— o no. Y el amor puede llevar al sexo o no. Amor y deseo son idiomas distintos y para poder entenderlos tenemos que aprenderlos y practicarlos.

Lo que más aleja a las parejas de la satisfacción sexual es la presión constante por la idea preconcebida de pareja.

Cada pareja es un sistema.

Cada pareja es un equipo.

Cada pareja es un mundo.

Y cada pareja debería negociar sus propios pactos.

Pero no todos los pactos sirven para todo el mundo por igual y eso no hace a una pareja mejor ni peor. ¡La cantidad de veces que el malestar viene originado porque no encajamos con la normatividad!

Es muy saludable sentarse a reflexionar sobre lo que necesitamos. Es necesario expresar nuestros valores y deseos. Y cuando lo hagamos habrá que trabajar la flexibilidad. En demasiadas ocasiones no explicitamos nuestros anhelos sexuales, nuestros gustos, nuestros miedos…, como si la buena pareja fuera telepática (es la milonga que nos cuenta el mito del amor romántico). Y como no hablamos, cada parte de la pareja tendrá su marco de lo que debería ser la relación. Un *debería* que, raramente, se cumple y que provoca mucha frustración. Así que, en vez de mirar hacia fuera para validarnos como pareja, el trabajo más hermoso y transformador es entender quiénes somos en verdad y qué necesitamos en cada etapa que transitamos. La pareja está en continuo cambio y evolución. ¿Y cuántas veces nos sentamos con ganas y amabilidad a revisar nuestros pactos?

Deja de exigirte encajar con un ideal de pareja que tiene mucho sexo (sea cuanto sea ese mucho para ti). ¿Para qué quieres tener más sexo? Si la respuesta es «Para estar tranquila» o «Para que mi pareja esté más tranquila», estás instrumentalizando el sexo, estás esperando que cumpla una función, en vez de buscar gozarlo. Cuando no te apetece tener sexo (motivos aparte), *no quieres tener más sexo*. Obvio, ¿no?

Entonces, ¿*tú quieres tener más sexo*? Muchas veces la respuesta es: «Pues a ver, ahora no, si quisiese tener más sexo, puesto que mi pareja sí quiere, lo tendría». Cuando tantas veces se llega a consulta con la intención de practicar más sexo, ¿cuál es el motivo real? A veces es más interesante entender por qué no tengo ganas, y poner la energía en transformar eso que me las quita, que centrarnos demasiado en aumentar las ganas (con la expectativa de que hay fórmulas que lo hacen posible).

Separarse no es un fracaso

¿Sabes eso que se solía decir sobre «tener hijos para arreglar la relación»? Mejor no lo pruebes. Tener criaturas sacude la realidad de una pareja y no solo pone de manifiesto las dinámicas que venían ocurriendo, sino que les sube el volumen al máximo. Las rutinas cambian, el cansancio aumenta, los tiempos encogen y los quehaceres ensanchan. Y nos queda poco espacio común. Cuando somos primerizos, todo esto ocurre de sopetón, así que necesitamos un tiempo de adaptación, trabajo en equipo, muchas conversaciones y capacidad para reconocer y ajustar lo que no nos funciona como pareja y familia. Tener criaturas pone a prueba el vínculo de pareja.

En todo tipo de relaciones puede darse un reparto de tareas desequilibrado, pero en el caso de las parejas heterosexuales, este reparto desigual de las responsabilidades y quehaceres está inclinado, demasiadas veces, hacia el mismo lado. Las madres asumen más responsabilidad que los padres, y la carga mental hace mella en su salud: «No puedo más» es un comentario bastante común. «Es como si tuviera dos hijos» también lo es. Una relación de pareja no puede sostenerse saludablemente si no hay dos personas adultas al volante. Y muchas parejas se rompen por esto. Cuesta hablar, buscar soluciones y no caer en un bucle de reproches. La falta de corresponsabilidad es una de las causas principales de conflicto en las parejas y produce un nivel de desgaste que, si no se ajusta, termina por romper el vínculo. En este sentido, quise preguntar a mi compañera Paola Roig, psicóloga perinatal, qué puntos comunes se encuentra en su consulta en los casos de separación.

«La parte más difícil del camino es hasta llegar a decidirlo, porque el concepto de "separación" da mucho susto, aún se vive como un fracaso, como que no estás cumpliendo algo o te estás rindiendo o estás perdiendo la partida. Una separación supone varios duelos, no solo el duelo de la pareja, que es la persona a la que has escogido para emprender este camino, sino el del proyecto familiar que te habías imaginado —explica Paola—. Otra cosa que veo con frecuencia es que los mismos motivos de conflicto o los desacuerdos que había en la relación ocurren también durante la separación. Es decir, lo mismo que te molestaba de tu pareja es fácil que te siga molestando como expareja. Y puede ser difícil sobrellevarlo. Ahora la situación se te pone delante con más claridad, pero ya no tienes ese amor para intentar transitarlo o para adaptarte. Algo que creo que puede dar mucha paz es dejar de luchar con esto. Si esta persona no cambió durante la relación, seguramente no va a cambiar ahora que estáis separados, así que es mejor no seguir esperando que sea una persona diferente».

Hoy en día, por suerte, más parejas se separan porque tenemos claro que, en muchos casos, es mejor para todos hacerlo que seguir adelante con problemas que no conseguimos solucionar y que nos roban el bienestar. Separarse implica atravesar y colocar cambios en nuestra vida que pueden dar miedo y generar incomodidad o malestar. Pero una vez que hayamos podido solventar las cuestiones logísticas y materiales, que nos pueden llevar un tiempo, es importante recordarnos que separados estaremos mejor.

«La separación supone cambios tanto emocionales como materiales y logísticos. Y esto desestructura. El simple hecho de poder llegar a hacerte la pregunta "¿Quiero separarme?" ya implica todo un proceso. Y que puedas permitirte el sí como respuesta también es otro camino muy difícil. Recuerdo a una amiga que se separó y me dijo que necesitaba un año para colocarse emocionalmente, integrar este duelo y poder resolver cuestiones logísticas sobre el trabajo o la vivienda. Y es que lo material y lo emocional suelen ir de la mano. Una separación es un proceso, no nos separamos y mañana ya está, hay que elaborar muchas cosas».

EL SEXO D. C. (DESPUÉS DE LA CRIATURA)

Muchas parejas que llegan a una consulta sexológica creyendo que lo que les genera conflictos es el sexo se dan cuenta de que el conflicto está en la corresponsabilidad y, precisamente, por eso el sexo no funciona. Aunque no sea este el motivo principal que lleva a las parejas a separarse, hay quienes no llegan a una consulta a esclarecer los motivos de su ruptura y terminan separándose con el discurso de que lo que no funcionaba era lo sexual. Contarse eso es, a veces, una tapadera. Una manera de no hacerse cargo o no mirar más allá. Ya hemos visto que, en la mayoría de los casos, cuando lo sexual antes de tener criaturas funcionaba y después no, los problemas suelen ir por otros derroteros. Ahora bien, en los casos en los que sí es así, subrayo que romper una relación porque el espacio sexual no es satisfactorio ni nos convierte en peores personas, como a veces escucho, ni tampoco en personas insuficientes por no cumplir las expectativas/deseos que la pareja tenía, que también lo escucho. Sea cual sea el motivo que nos lleve a la separación, será lícito. Porque la cuestión aquí es cómo nos separamos.

En este sentido, Paola añade: «Igual que parece que exista una única manera respetuosa de criar, una única manera respetuosa de tener pareja, también parece que creamos que hay una única manera respetuosa de separarse. Hay una parte fundamental, que es mantener a los niños al margen, no hacer que elijan bando, no crearles un conflicto de lealtades, no usarlos en nuestro conflicto. Pero sacando estas cuestiones, que para mí son negligencias del camino, separarse no quiere decir que, al cabo de un mes, puedas estar haciendo planes con tu ex y los niños. Igual no puedes. Igual necesitas un tiempo, o una persona que os ayude a mediar, o igual durante un tiempo necesitamos comunicarnos menos y hablar solo de cosas que tengan que ver con las criaturas. Hay que respetar los tiempos y las maneras de cada cual».

En demasiadas ocasiones, por esa influencia del mito del amor romántico que nos hace pensar que el éxito de una relación es que dure para siempre, tardamos en tomar la decisión de separarnos y pasamos meses o años de desgaste que acaban no solo con la salud del vínculo, sino también con la salud propia. El sexo es, a veces, una consecuencia de ese desgaste. Separarse nunca es un fracaso. Es más, a veces, es el mejor regalo que nos podemos hacer: a nosotras mismas e, incluso, a nuestras criaturas.

«Otra angustia muy fuerte en las separaciones es el daño que creo que les va a causar a mis hijos. Es importante tener en cuenta que no solo las separaciones hacen daño. La separación va a causar un malestar en las criaturas, porque ellos cuentan con tener a los progenitores en casa y cuando esto cambia genera un malestar, igual que cuando hay una mudanza, un cambio de escuela, etcétera. ¡Pero no un trauma! No tiene por qué ser un trauma cuando es bien acompañado. A veces parece que por estar juntos no generamos malestar, pero una pareja en la que haya muchos conflictos o que se relaciona de una determinada manera va a ser un ejemplo que los niños van a ver y un referente que van a interiorizar, y eso también puede ser dañino y parece que no lo tenemos en cuenta. El daño que hace, si lo acompañamos, forma parte de su camino y de su historia de vida, igual que de nuestra historia de vida formaron parte de otros malestares».

Hay vida (y sexo) después del posparto

La intimidad se cultiva fuera de la cama, para poder gozar después en ella.
Te miro [no mucho]. Me correspondes.
Te beso [un poco]. Me correspondes.

EL SEXO D. C. (DESPUÉS DE LA CRIATURA)

Te toco [lo justo]. Me correspondes.
Penetración.
Este es el abc de la sexualidad normativa al que nos condena un sistema en el que sexo, mitos, culpa y vergüenza navegan en el mismo barco.
¿Por qué tener sexo si nada me invita a ello?
¿Qué me motiva a desearlo?
¿Cómo se encienden las ganas?
¿Qué mantiene despierta la posibilidad?
¿Cómo alimentar la llama erótica?
La intimidad se cultiva fuera de la cama, para poder gozarla dentro.
Y que se entienda cama *como cualquier lugar que invite al goce.*
Solas o acompañadas.
Hay que cultivar MUCHO, para follar A VECES.
Y ni mucho ni a veces tienen nada de negativo.
Mucho no significa hacer un esfuerzo titánico. Mucho es currárselo, conectar con la seducción, mirar con ojos eróticos, seducir sin pretender nada más que disfrutar del cultivo. Es sembrar por placer soltando la expectativa de lo que se recolectará después. Es divertido.
A veces es indeterminado. Un lugar hacia el que puede llevar el cultivo, pero al que no lleva siempre. Porque si lleva siempre, se convertirá en abc.
El sexo es diversión, juego, placer, disfrute.
El sexo es también posibilidad, pero nunca certeza.
El sexo se busca, aunque no siempre se encuentra.
Y solo pensarlo, ya nos despierta.

> *Juguemos más.*
> *Esperemos menos.*
> *Y si follamos, que sea con deseo.*

—Oye, Sergi, ¿para ti la sexualidad ha cambiado después de ser padre? —le pregunté el otro día mientras comíamos. Como vi que iniciábamos una conversación interesante, le pedí permiso para grabarla, por si podía incluir reflexiones en este punto del libro.

—Para mí lo sexual no ha cambiado en sí, lo que han cambiado son los tiempos y las condiciones, porque hay un niño en casa. Creo que hemos pasado diferentes fases desde el posparto hasta ahora, pero mi atracción hacia ti o cómo yo te veo no han cambiado. Siento que la sexualidad se ha adaptado a las situaciones actuales, las necesidades del peque, las rutinas en casa, los momentos de más o menos cansancio, la complicidad entre nosotros por los ritmos del día a día...

—¿A qué te refieres con la situación de complicidad entre nosotros? —le pregunto con mucho interés.

—Quiero decir que, a lo mejor, la complicidad la buscas en momentos más puntuales porque, generalmente, está Noah en casa. Me refiero a hacer un plan específico, para el que buscamos estar solos o cuando ya está dormido. Cuando encontramos esos momentos de salir a cenar o hacer un plan juntos y relajados, pienso que será más fácil tener un encuentro sexual.

—¿Qué pasa si luego no se da?

—Si luego no se da, no pasa nada. Lo aceptas.

—¿Lo aceptas y ya está? ¿No le das más vueltas?

—Yo no le suelo dar más vueltas, porque cuando le he dado

vueltas hemos hablado sobre el tema y ahora, que soy una persona más madura en ese sentido, sé disfrutar de los momentos sexuales que compartimos y mi sexualidad para mí está bien. No tengo carencias. Creo que los ritmos cuando eres padre y cumples tu función de padre sabes que son estos. Súmale los ritmos del trabajo y que tengo una mujer que tiene mucho trabajo y mucho estrés —añade riendo—. Esto hace que entiendas y respetes los tiempos de cada uno.

—¿Y te acuerdas de cómo lo viviste en el posparto?

—El posparto yo lo viví con mucho respeto —dice tajante.

—¿Por mi cuerpo, por la situación, por el sexo?

—Va todo incluido, ¿no? No era el momento de acercarme sexualmente y tampoco tenía el foco puesto en eso. Mi atención no estaba puesta en la atracción sexual hacia ti, por mucho que te quiera o te quisiera en ese momento, estaba en cuidar, y mi propia sexualidad no entraba dentro de cuidar. Aunque podía tener ganas de acostarme contigo, no era una prioridad, y quería ser muy respetuoso, saber cómo te sentías, porque para mí todo era totalmente novedoso. Ya hemos hablado muchas veces de que cuando tú estás presente como padre y pareja, sobre todo en los inicios y con el tipo de crianza que nosotros queríamos tener, pecho a demanda, colecho, etcétera, estás más de cuidador, proveedor, y esa parte sexual es como que se te rebaja. Al menos, en mi caso, se rebaja. Es como si no tuviera importancia o no tuviera esa necesidad mi cuerpo. Las expectativas cambian y la atención se dirige a otro sitio. Sé que, fisiológica y hormonalmente, el posparto es un cambio muy grande para vosotras, pero a lo mejor tienes que ponerte un poco a leer sobre ello, porque nosotros no sabemos todo lo que os pasa.

—Claro, pero ¿cómo supiste todo esto de «los cambios» tú? ¿En ningún momento te rayaste o pensaste «Cuándo tendremos sexo» durante esos meses?

—No, yo creo que antes del parto tuvimos sexo las veces que surgiera...

—Encuentros genitales, fueron pocos —lo interrumpo—, pero me llama mucho la atención que tú no te acuerdes, que no los cuentes. Creo que esa actitud de tranquilidad tiene que ver con tu autoestima y con que vives en el presente. Es poco habitual.

—También creo que, con el tiempo, vas conociendo a tu pareja, entiendes sus *timings*, y además, en nuestro caso, sabemos la manera en la que entendemos cada uno la sexualidad, porque lo hablamos. Yo no soy un tío agobiante, porque nunca lo he sido con nadie, pero también entiendo que la sexualidad no es solo acostarme contigo. ¡Si me tengo que masturbar, me masturbo alegremente! ¡No tengo ningún problema! Luego podré echarte de menos o echar de menos el contacto y el sexo contigo, pero sí que es verdad que creo que la experiencia entre nosotros a lo largo del tiempo, antes del embarazo, y las ganas que tenía yo de tener un hijo, hicieron que encontrara fácilmente la comodidad en las nuevas realidades. Tenía muchas ganas de ser padre y creo que eso hizo que tuviera mucho respeto por la situación y por ti, la persona que me iba a hacer padre, que pusiera mucho empeño en que estuvieras lo mejor posible. Y mis expectativas o necesidades, que tampoco es que me las planteara, pasaron a otros planos.

—¿Te sentiste alguna vez rechazado o no deseado?

—No recuerdo haberme sentido rechazado o no deseado, pero es que tenía muy claro que las cosas no pasaban alrededor de mí, sino que pasaban alrededor de ti y de Noah. Estar en un segundo plano no me preocupaba, no me sentía infravalorado, sino que me sentía muy bien en mi función. Me sentía muy contento por tener una familia, por tener un hijo. Hace mucho entender el momento emocional que estabas pasando tú, saber que no era nada personal conmigo, sino que tú estabas viviendo tu proceso, tus nervios, tu estrés, tu cansancio..., y que lo sexual entre nosotros estaba en

EL SEXO D. C. (DESPUÉS DE LA CRIATURA)

otro plano. Un bebé es pequeñito, pero ocupa muchísimo espacio.
—No puede evitar una sonrisa. Sergi no solo deseaba, profundamente, ser padre, sino que además es un padre genial.

—¿Cómo viviste tú la primera vez que tuvimos sexo en el posparto?

—Creo que me dijiste que te apetecía, no recuerdo el día exacto, y que fuimos muy despacio, muy despacio. ¿Fue en la cama? ¿Habíamos dejado a Noah?

—No, esa vez fue mucho después. El primer encuentro fue en el quinto mes de Noah, un mediodía, mientras dormía la siesta en el carro. Y sí recuerdo que íbamos muy despacio, de forma un poco mecánica, con cierto miedo a las sensaciones que podía tener. Yo tenía curiosidad y cierto miedo a la vez. Y las sensaciones eran raras, poca lubricación, mucha sensibilidad… ¿Cómo lo viviste?

—De eso sí me acuerdo, más que practicar sexo era un poco un examen, una exploración. Yo estaba más en respetar el cuerpo, en respetar los ritmos, en saber qué tal. ¡No vas a entrar ahí como un vikingo! Lo viví un poco como si fuera una primera vez, una primera relación sexual, en la que estás pendiente del ritmo, de cómo está la otra persona, y de que sea un momento de disfrute compartido que genere continuidad, conocerte de nuevo, explorar juntos…, porque si lo fuerzas y todo sale fatal, evidentemente, no vas a tener ganas de hacerlo. Así que con respeto siempre, pero a tu ritmo. Mi cuerpo no ha pasado por todo ese proceso.

—Claro, es que hay una diferencia muy grande entre nosotras y vosotros o las parejas. Yo sí que siento que hubo una evolución muy grande, me encaja perfectamente en los tiempos del posparto, desde que recuperé la regla, se dio el destete de Noah y, a partir de ahí, empiezo a recuperar mi deseo. Hay un momento en el que pasados todos esos meses, un año y medio, empezamos a tener sexo mucho más intenso que antes, como con muchas muchas ganas. Pero durante ese primer año y medio fue una cosa muy puntual y que no fluía del todo bien, que me mostraba que mi cuerpo no estaba para eso. Yo recuerdo muy claros los tiempos, ¿tú lo recuerdas igual?

—No, yo no lo recuerdo igual. Solo recuerdo encuentros muy pausados y precavidos, pero no recuerdo que fuera malo. Quizá la información que tú volcabas en mí, sobre ti y sobre cómo se sentían otras mujeres en este momento, a mí me hacía ser más consciente de que realmente hay unos tiempos que son más largos de lo que solemos creer, que no son cuatro meses y ya tienes una vida sexual como antes.

—¿Crees que mi trabajo, mi manera de entender el sexo, han influido en tu manera de verlo también?

—Sí, claro. Diría que ha influido para bien en nuestra relación, para conocernos, para aprender, para avanzar juntos. Creo que siempre he sido una persona muy respetuosa sexualmente, pero me has ayudado a entender muchas cosas que quizá antes eran intuitivas y ahora las pongo en un contexto; por lo tanto, tienen como más fundamento, más explicación. Ahora es como que la lección te la sabes, pero no porque lo has leído, sino porque lo has interiorizado, y eso es un valor añadido. Tienes la razón y la causa de las cosas, y es más fácil entender el día a día, entender una relación, entender a tu pareja.

—¿Cómo vives el sexo ahora, cinco años después?

—Lo vivo con tranquilidad. Me gusta mi mujer —se ríe— y me encanta el sexo que tenemos. Soy muy adaptable, diría yo, me amoldo a tus ritmos. Pero conmigo tengo una sexualidad que me satisface también.

Destaquemos varios puntos de esta conversación que nos pueden ayudar a entender no solo la complejidad del momento que estamos viviendo y la cantidad de factores que influyen en el mismo, sino cómo todo está conectado y por qué es tan importante entender la sexualidad en el contexto en el que la estamos viviendo.

1. Cómo viva la otra parte de la pareja (otro/a progenitor/a) el posparto depende mucho de su relación consigo, de su autoestima. *¿Cómo se relaciona con el sentirse visto/a, validado/a, reconocido/a?*
2. Cómo entienda la *mapaternidad* y los cuidados y cómo se implica en sus funciones influye, también, en la mirada y expectativas que pone en su pareja, la madre. Cuando el padre (o madre no gestante) ejerce su rol y vive con plenitud su labor de cuidados, aumentan sus niveles de oxitocina y, por tanto, bajan los de testosterona. En este sentido, un padre/madre no gestante que cuida puede ver también disminuidos sus niveles de libido. *¿Cómo vive y ejerce los cuidados? ¿Cuál es la emoción que predomina en el desempeño de los mismos?*
3. Por otro lado, las ideas y creencias que tenga nuestra pareja sobre la sexualidad y el sexo, tanto a solas como compartido, estarán directamente relacionadas con cómo viva estos espacios durante el posparto y la crianza. *¿Cómo entiende y se relaciona con el sexo y con su sexualidad?*
4. Una persona que trabaja en su autoconocimiento emocional y que desarrolla diversas herramientas de regulación podrá aprender a relacionarse con el sexo de un modo no exigente y entenderá este espacio desde el bienestar, en vez de desde el miedo, y podrá ser asertiva y adulta a la hora de expresar una insatisfacción o un miedo. Sin embargo, cuando la gestión emocional es precaria, cuando me cuesta entenderme o hacerme responsable de lo que siento, es habitual cargar el malestar o frustración propios en la pareja, como si ella me debiera algo y tuviera que satisfacerme o cubrir mis necesidades. *¿Qué relación tiene con su salud emocional? ¿Conoce diversas*

herramientas de regulación emocional y las pone en práctica conscientemente?

5. La información que la pareja tiene sobre el posparto, sobre la experiencia *mapaternal* y sobre la crianza, unida al posicionamiento y apertura que tenga con respecto a dicha información, ¡son fundamentales! Si nuestra pareja lee, escucha, observa e investiga sobre el posparto y está abierta a la reflexión, al aprendizaje y a la transformación, podrá colocar el sexo compartido en un lugar de prioridad más ajustado, realista y sostenible. No se trata de no darle importancia, sino de entender el momento que se está viviendo y ver y empatizar con la experiencia materna, aunque no pueda experimentarla igual. *¿Maneja información realista sobre el posparto y la crianza y la integra en su día a día? ¿Empatiza contigo y muestra interés por conocer tu vivencia como madre?*

6. Decimos a menudo que el gran problema de la paternidad es que la mayoría de los hombres no ha tenido referentes paternos cuidadores. Esto es cierto. Cuando las mujeres se incorporaron al mundo laboral, no dejaron de ocuparse de los cuidados. Sin embargo, los hombres no hicieron lo propio, incorporarse a la esfera de lo doméstico, de lo cotidiano, de los cuidados. Por eso es importante recordar que, aunque un hombre no tenga el referente de un padre cuidador, casi todos tienen el de una madre cuidadora. Esa es la referencia que han de imitar. Sergi se crio con su madre y a través de ella ha aprendido a ocuparse, responsabilizarse y cuidar. *¿Cuáles son sus principales referentes cuidadores y qué mensaje heredó de ellos, ya sea verbalmente o con el ejemplo?*

7. Cuanto mayor sea la capacidad de vivir en el presente, es decir, *estar en lo que está pasando sin atraparse en lo que pasó o lo que pasará*, y de practicar una comunicación asertiva, empática y adulta, más posibilidades tendremos de entablar

EL SEXO D. C. (DESPUÉS DE LA CRIATURA)

conversaciones en torno a la relación y la sexualidad sin caer en los reproches ni en hacer responsable, de entrada, a la pareja de lo que nos ocurre. De este modo será más sencillo llegar a acuerdos, encontrarnos en puntos intermedios, cambiar lo que está en nuestra mano y, también, hacer renuncias. *¿Es capaz de comunicar lo que le preocupa sin atacarte ni hacerte, directamente, responsable a ti de su vivencia? ¿Puede entender lo que tú vives cuando se lo expresas?*

El sexo siempre me ha gustado, pero podría decir que, a medida que pasa el tiempo, se vuelve todavía mejor. Mi experiencia maternal revolucionó mi mirada hacia el mundo:

- Me enseñó a poner en valor (¡y a desear!) actitudes que se me habían pasado por alto hasta entonces. Por ejemplo, la intención de aprender a ser un buen padre, los valores personales que asoman cuando educas a una criatura, la capacidad de sostener y cuidar, el compromiso y la coherencia con el tipo de vida que desea, la facilidad al hacer renuncias en pro del hijo o del sistema familiar, la admiración y valoración de mi forma de *maternar*, igual que la capacidad de confrontar con respeto cuando algo no le gusta...
- Transformó mi manera de entender y mirar mi cuerpo, aunque me atraviese la lupa patriarcal, como a todas, pero con menos peso a medida que pasa el tiempo o, por lo menos, con más consciencia y compasión (¡y realismo!) cada año que pasa.
- Reorganizó mis prioridades y mis tiempos enseñándome que soy limitada, que no puedo llegar a todo, y retándome a elegir y reordenar, a poner límites.
- Impulsó mi carrera profesional motivada por crear una estructura de trabajo que me permitiera vivir y criar a mi manera.

A nivel sexual, la experiencia maternal me ha regalado presencia, aceptación del cuerpo, paciencia, autoconocimiento, lentitud, intensidad, celebración de los ratos, reconocimiento de lo bien que me sienta un encuentro sexual a solas o compartido. Ahora veo el sexo con menos exigencia, pero con mucho más valor. Un valor que puedo defender en mi vida sin pretender ajustarme al Guion Sexual. Siendo cien por cien sincera, la maternidad ha sido mi maestra en esto que digo yo de «dejar de contar el sexo para empezar a sentirlo».

Pero soy hija del sistema, igual que tú. También me pillo a mí misma repasando si hace mucho del último encuentro sexual o celebrando cuando la frecuencia es mayor o mi libido aumenta. Y no solo porque el sexo me siente fenomenal, sino porque he aprendido el mismo Guion que hemos aprendido todas las personas. Por eso, no me cansaré de decir en todos mis acompañamientos sexológicos que el camino de la deconstrucción es de por vida, que no hay una meta en la que, una vez que llegas, se apaguen todos las creencias y condicionamientos del sistema. El objetivo es que podamos tratarnos mejor, que aprendamos a construir *contradiscurso* (ideas distintas sobre lo sexual a nuestra medida, sin castigarnos ni culparnos) y que, poco a poco, nos sintamos bien en nuestra propia vivencia, buscando potenciarnos desde la motivación y la curiosidad, en vez de hacerlo desde la invalidación.

La maternidad ha sido una potente revolución sexual. No solo para mi vivencia propia, eso desde luego, porque es el origen del cambio, sino también a un nivel colectivo y global. La maternidad me ha enseñado lo que la sexualidad y el sexo son o deberían ser.

Estando en pleno posparto, durante la pandemia, unas compañeras de profesión (alguna con hijos e hijas mayores, otras sin) me invitaron a los encuentros que estaban organizando para hablar de la salud y las experiencias de las mujeres con perspectiva

EL SEXO D. C. (DESPUÉS DE LA CRIATURA)

feminista. La verdad es que quedaban para echarse unas risas online y contrarrestar el aislamiento al que nos condenaron los meses de confinamiento. A mí me invitaron a una sesión a la que llamaron «Las madres también follamos» y, una vez que me dieron la bienvenida, me preguntaron mi opinión sobre este reclamo.

Mi bebé debía tener entre seis y siete meses. Me había masturbado en contadas ocasiones, tenido uno o dos encuentros sexuales genitales compartidos, disfrutaba de mucha intimidad cotidiana con mi pareja, pero disponía de poca energía erótica. Entonces les dije: «Bueno, las madres follamos, pero menos, por lo menos en esta etapa». Y se rieron. Claro que las madres somos sexuales, claro que queremos gozar del sexo y que tenemos permiso para ello, claro que debemos plantarnos ante esa mirada judeocristiana de la madre desexualizada. Podríamos decir que hoy estamos más colocadas en ese reclamo. Sin embargo, no estamos tan cerca de darnos el permiso para no tener ganas, de no culparnos por ello, de entender los distintos porqués que existen detrás de no tener ganas, de no exigirnos o presionarnos para el sexo aun cuando no nos apetece. Darse permiso para no tener ganas es necesario para poder tener ganas.

Es difícil conectar con el deseo propio cuando te cuesta decir que no.

Las mujeres, muy habitualmente, tenemos dificultad para poner límites. Parece que nos cuesta esto del NO.

El sistema nos enseñó desde niñas que debíamos ser buenas y complacientes para que nos quisieran.

Y ahora resulta que para decir SÍ al sexo en pareja a veces hay que sentir ligero el decir NO muchas otras.

Hemos heredado la idea de que el sexo es algo que debe ocurrir para que una relación funcione.

Nos hemos habituado a cumplir con ese mandato como buenamente se puede, pasando por encima del deseo propio, para poder estar tranquilas y sentirnos seguras en el vínculo.

Hasta que llega un momento en el que reconectar con el deseo propio dentro de ese vínculo parece misión imposible.

Para poder reconectar, para encontrar el ritmo propio, hay que hacer un trabajo profundo de reconciliación con el NO. Atravesando la incomodidad y el miedo. Dejando mucho espacio para comprobar que no pasa nada.

Pero es que, a veces, sí ha pasado o sí pasa, y ahora parece más fácil pasarse por encima (porque lo puedo controlar) que sostener las consecuencias del NO, que nos han puesto en riesgo.

Y cada vez que el NO tiene consecuencias, se refuerza la dinámica.

Entonces, para reconectar con el deseo propio dentro de un vínculo es necesario, por un lado, identificar si hay espacio y es seguro decir NO en él. Y, por otro lado, identificar las creencias que me empujan a esforzarme todo el tiempo para cumplir las expectativas que se tienen de mí.

EL SEXO D. C. (DESPUÉS DE LA CRIATURA)

Entre la sobreinformación a la que nos vemos expuestas debido a las redes sociales, los ritmos rápidos del sistema y el porrón de mitos y creencias que nos hemos tragado sin masticar acerca de las relaciones y el sexo, nos enredamos otra vez en extremos que no son excluyentes. Hay mujeres que tienen ganas de sexo compartido con sus parejas en el posparto y muchas más que no. Y todo es válido por igual. Pero es que hay madres que reivindican sus ganas de follar, porque se sienten juzgadas por sus entornos o por la sociedad. Todas las experiencias conviven y se trata de que no demos por válida ni convirtamos en referente una sola.

Por mi aprendizaje en las consultas y mi observación sobre las madres y su relación con el sexo, soy más que consciente de la diversidad de buenas (y malas) maneras de entender la sexualidad. Y pongo encima de la mesa una generalidad: al principio de la experiencia materna, las madres conectan menos con el deseo sexual hacia fuera y, si el contexto es amable y la pareja corresponsable (¡que ojo, esto todavía no es lo más habitual!), pasado el posparto, recuperan un ritmo sexual similar al que tenían antes de ser madres (cuando tienen un solo hijo).

Con la bimaternidad (o más), tanto la carga de responsabilidad como el cansancio se acumulan, así que siendo el contexto el mismo (amable y corresponsable), suelen tardar más en recuperar su propio ritmo sexual, ¡pero llega!

Por otro lado, las madres que se separan y conocen a otras parejas sexuales, conectan con un deseo sexual muy intenso, que en muchas ocasiones había permanecido dormido años, ¡viven una especie de adolescencia sexual, pero ahora siendo más sabias, más maduras y estando más conectadas con sus cuerpos! Diré, medio en broma y medio en serio, que las madres separadas ¡son una bomba sexual!

Las madres solas, por su parte, viven su deseo sexual con menos presión, aunque a su vez con mayores dificultades para encontrar espacios en los que poder ligar o encontrarse con otras personas.

Y dentro de cada *categoría*, hay tantas experiencias como mujeres y contextos existen.

¿Cómo viven las madres el sexo?

Hace unos meses planteé esta pregunta a través de las redes sociales para visibilizar la variedad de experiencias y emociones asociadas al respecto. Pedí también que se especificara la edad de la/s criatura/s, y la información es superesclarecedora. Las respuestas fueron numerosas, un regalo de sabiduría sexual colectiva. Ojalá las voces de las madres suenen cada vez más alto. Sufriríamos mucho menos.

He querido ordenar los testimonios por edades de las criaturas más pequeñas para observar el relato a lo largo del tiempo. Dejo para el final aquellos comentarios que no especifican la edad de los hijos e hijas, pero que son igualmente valiosos.

1. 1 mes y 2 años. No me llama la atención, prefiero hacer otras cosas y me siento culpable.
2. 1 mes y 2 años. Con mi primer hijo, el deseo sexual tardó en llegar. Con el segundo, ya ha vuelto.
3. 4 y 20 meses. Me cuesta entrar en el *mood* del sexo, estoy cansada y tengo poco espacio para mí.
4. 4 y 22 meses. Llevo nueve meses sin sexo ni ganas de tenerlo.
5. 5 meses. Sexo inexistente. Libido cero. Tampoco ninguno hace movimiento para que exista.
6. 5 meses. Cero ganas, pero me fuerzo para conectar con mi pareja.

EL SEXO D. C. (DESPUÉS DE LA CRIATURA)

7. 5 meses y 2 años. No hay ni un minuto en el que no tenga a alguno encima. Ni tengo sexo ni lo extraño, tanto a solas como en pareja.

8. 6 meses. Buena, aunque me apetece menos (por el cansancio), disfruto de ese momento de conexión.

9. 7 meses. Deseo nulo. Nada de conexión con el cuerpo.

10. 7 meses. Sexo inexistente. Cero ganas por mi parte.

11. 7 meses y 3 años. Agobiada en este segundo posparto por lo esquivo de mis orgasmos. También es difícil encontrar momentos.

12. 7 meses, 8 y 13 años. ¿Sexo? El padre está de baja paternal, aburrido. Estamos en crisis de pareja por el estrés.

13. 8 meses. Hemos tenido sexo una vez, hace una semana. Estoy tan cansada que no hay ganas.

14. 8 meses. En el parto y durante los primeros veinte días posparto, sentí un deseo sexual imperante. Libido asociada al vínculo con mi bebé y con mi esposo. La lactancia y el contacto piel con piel han sido deliciosos para mí. Es energía libidinal de conexión con la vida. Se ha regulado bastante mi relación ansiosa con el sexo.

15. 8 meses. Inexistente.

16. 8 meses y 4 años. Cero, cerísimo libido.

17. 9 meses. No encuentro tiempo y cuando lo hay, me apetece más descansar o socializar con las amigas.

18. 9 meses. Cero libido/oportunidad.

19. 10 meses. Nada de deseo con mi pareja por falta de espacio, de tiempo, de intimidad... Me masturbo en la ducha.

20. 10 meses. Cero libido. No hemos retomado el sexo aún.

21. 10 meses y 2 años. Inexistente. Cero libido.

22. 11 meses. Terrible. No me apetece sexo, me apetece estar sola.

23. 11 meses. En lactancia materna, y mi deseo está volviendo poco a poco. Pero cuando mi pareja no hace nada en casa, desaparece.

24. 11 meses y 4 años. Ningunas ganas. A veces, por cansancio.

25. 1 año. Nos deseamos, pero estamos cansados al final del día, sin opción de espontaneidad.

26. 1 año. Hemos tenido sexo en tres ocasiones contadas, extrañas, con cuidado y un poco de dolor. No me apetece y a él sí.

27. 1 año. Inexistente.

28. 1 año. Casi forzada cuando la niña duerme. Es el único momento y no siempre se puede.

29. 1 y 4 años. Sin ganas.

30. 13 meses. No he vuelto a tener relaciones por falta de energía, de oportunidad, de libido…

31. 13 meses. No quiero que me toquen ni tocarme. Tengo el cuerpo roto.

32. 14 meses. A veces tengo ganas, pero es imposible por logística y por enfriamiento de la relación.

33. 14 meses. Sin sexo desde dos meses antes de parir. No me apetece.

34. 15 meses. Cuesta mucho encender la libido. Ni en pareja ni para masturbarme.

35. 16 meses. Sorprendida porque tengo cero ganas. Yo hubiera estado bien sin sexo los 16 meses.

EL SEXO D. C. (DESPUÉS DE LA CRIATURA)

36. 16 meses. En lactancia materna y con baja libido. Tengo ganas de caricias y de más amor.

37. 18 meses. No me apetece nunca.

38. 18 meses y embarazada. No ha cambiado mucho. Me hace feliz ver a mi pareja en el rol de padre.

39. 20 meses. Ahora plena y disfrutona, cuando hay tiempo.

40. 21 meses. Se da poco, pero cuando se da es más intenso.

41. 2 años. Comenzando a encontrarme en el deseo y en mis nuevas maneras de recibir placer.

42. 2 años. Rara, diferente, como si siempre tuviera un reloj detrás. A la vez, más placentera, sabiendo más de mi cuerpo y siendo más consciente. Quizá soy más egoísta en los encuentros en pareja.

43. 2 años. Sin libido.

44. 2 años. Deseo casi inexistente. Empiezo a buscar espacios para el sexo, a ver si así vuelven las ganas.

45. 2 años. Después de una gran crisis identitaria, es mil veces mejor ahora.

46. 2 y 4 años. Siento necesidad de reconectar con el sexo y mucho deseo de probar cosas nuevas.

47. 2 y 5 años. Poca libido y poco tiempo para ello. No es algo que me preocupe, porque, de vez en cuando, sí puedo.

48. 2 y 5 años. No hay sexo desde hace mucho, creo que por la maternidad, el desempleo, la preocupación económica, el cuerpo descuidado...

49. 2 y 5 años. Mucho más centrada en recibir y relajarme. Cuesta, pero es lo único que me apetece (a veces).

50. 2 y 5 años. Tengo cero ganas de sexo y el cien por cien de respeto por parte de mi pareja, lo que me ha hecho amarlo más.

51. 2 y 6 años. Cero sexo y el padre no aguanta más. La relación se tambalea.

52. 3 años. Escasa y, cuando se da, apenas se disfruta.

53. 3 años. Me sentí presionada por su padre en el posparto. Ahora hace un año que estoy separada y voy reconectando, sin prisa.

54. 3 años. Vivo el sexo mejor que nunca. Vuelvo a conectar con mi cuerpo al cien por cien.

55. 3 años. El sexo es ahora una responsabilidad más.

56. 3 años. Apenas tengo ganas y no sé cómo volver a encontrarme.

57. 3 años. A raíz de conocer mi ciclo a través de la búsqueda del embarazo, el sexo mejoró por ganar en autoconocimiento.

58. 3 años. 24/7 con él. La libido es un unicornio. Padre corresponsable. Sin abuelos.

59. 3 años. Una vez al mes, extremo cansancio diario.

60. 3 años. Placer más pausado, como con menos prisa y más duradero.

61. 3 años. Ganas por debajo de cero. Ni sola. Quinto plano en mi vida.

62. 3 y 5 años. Va mejorando, pero pasar de madre a mujer me cuesta.

63. 3 y 6 años. No me apetece casi nunca, me muero de sueño y pereza.

EL SEXO D. C. (DESPUÉS DE LA CRIATURA)

64. 3, 8 y 10 años. Yo me digo que cuando deje de estar cansada será un sexo mejor.

65. 3 años y medio. Vuelvo a disfrutar y tener ganas.

66. 4 años. Va por oleadas desde la catástrofe hasta la lujuria.

67. 4 años. Poquísimo deseo/sexo. ¿Una vez al mes? ¡Cuanto más dejas, más cuesta volver!

68. 4 años. Prácticamente no tengo deseo sexual y siento rechazo.

69. 4 años. A veces, medio te pones porque hace demasiado tiempo que no hay sexo (sin presión ni queja) y la verdad es que es genial.

70. 4 años. Tengo ganas menos a menudo, pero buen sexo y orgasmo. A veces, tengo más ganas de dormir.

71. 4 años. Ha disminuido mucho en estos años.

72. 4 y 7 años. Libido inexistente y me siento triste.

73. 4, 7 y 9 años. Mala, desconectada, limitada.

74. 5 años. A veces me apetece, pero estoy tan agotada que mira, para mañana ya si eso.

75. 5 años. Libido muy cambiante durante el ciclo.

76. 5 años. Está mejorando mucho, pero ha sido un camino lleno de discusiones y cansancio.

77. 5 años. Actualmente es más placentera, más consciente, sensorial y detallista.

78. 5 años. Escaso. Vivo agotada.

79. 6 años (gemelos). Prácticamente inexistente.

80. 6 años. Diferente. Siento que tengo menos libertad. Antes era más fácil encontrar momentos de intimidad.

81. 6, 8 y 9 años. Ahora fantástico, pero ha sido al salir del túnel de los niños pequeños.

82. 6 y 10 años. Ahora estoy a *full* con el sexo, pero hasta hace dos o tres años estaba desconectada del placer.

83. 7 años. Mejoró muchísimo. Después de tener a mi hija y atravesar la gestación y el parto, mejoró mi relación con mi cuerpo y mi sexualidad.

84. 8 años. Con mi pareja (el padre) tengo cero ganas, pero con gente nueva me apetece mucho más.

85. 8 años. Hemos tenido sexo diez veces en este tiempo. Cero, cero ganas.

86. 11 años. Bastante rara. Por una parte, siento deseo. Por otra, el cuerpo no me acompaña.

87. Posparto sin dormir + lactancia materna a demanda = disminución de libido y de mis ganas de coito.

88. Monoparental. Hasta que tuvo lugar el destete, a los dos años y medio, tuve cero libido y lo viví perfectamente, porque no había presión en casa. Ahora será complicado el sexo compartido, por carga y falta de ocasiones de conocer a alguien.

89. Menos frecuente, pero equilibrada con mi pareja e igualmente gozosa.

90. Estoy en expansión total, con muchas ganas. En proceso de abrir la pareja y más conectada al placer que nunca.

91. Entre que el bebé está con nosotros 24 horas y que yo no tengo ninguna gana, diría que fatal. Tenemos cero sexo.

92. Sexo inexistente. Estamos agotados los dos, nos hacemos fuertes juntos, porque sabemos que es una etapa.

EL SEXO D. C. (DESPUÉS DE LA CRIATURA)

93. Menos de lo que me gustaría, pero cuando encuentro el momento lo sigo disfrutando igual.

94. Ahora tengo otro tipo de orgasmos, más profundos e intensos.

95. Fue difícil. Me costó años, pero ahora puedo disfrutar de mi vida sexual.

96. Creo que no lo voy a vivir nunca más en mi vida y estoy preocupada por mi relación.

97. Una vez por semana, aproximadamente.

98. Puedo masturbarme y, muy ocasionalmente, podemos tener relaciones en pareja.

99. Me veo incapaz de tener sexo.

100. Ganas nulas. Pasé a ser totalmente inexistente.

101. Nada fluido, todo forzado. Hay amor, pero no deseo sexual, creo que por ambas partes.

102. Escaso y malo.

103. Mejor que antes de ser madre. Menos frecuencia, pero mucho más placer y más ganas.

104. Al inicio, cero. Necesitaba reencontrarme y amar mi nuevo yo. A los dos años y medio, empezó a despegar todo.

105. ¿Sexo? ¿Qué es eso? Solo en sueños.

106. Tan poca libido que siento que el sexo me trae más problemas que placeres.

107. Menos por alguna interrupción por la aparición de los peques, seguimos igual.

108. Ahora mismo ocupa el último lugar en mi lista de prioridad. Casi es más un cumplir.

109. Mi vivencia es un parto excelente y rápido, pero una mala praxis con episiotomía innecesaria. Desde ahí, nada ha sido igual que antes y cada vez hay menos interés. Súmale el cabreo por lo gratuito del daño.

110. Regular, apenas tengo ganas, y cuando las tengo y coincido con mi pareja, no me concentro.

111. Distinta, ha cambiado, el cansancio hizo que disminuyera por completo. Después de dos años voy recuperando algo, pero ni de lejos como era antes. Tengo dos hijos.

112. En pareja, puro trámite. En soledad, mucho mejor.

113. Necesito estar muy tranquila y eso no pasa. Si no pasa, no me apetece.

114. Dar siempre a otros y nunca me llega. Tengo tres hijos menores de 6 años. No deseo a mi pareja ni a otro.

115. Mala. Necesito otras cosas, no encuentro espacio...

116. Desconexión de mí y de mi cuerpo. Necesidades básicas no cubiertas. Imposible gozar.

117. Sin libido. No encuentro el momento. Me resulta incómodo.

118. De día, imposible. De noche, agotada. El 90 por ciento de las veces lo hago por mi marido.

119. Menos prioritaria.

120. Muy diferente, libido baja y falta de ocasiones.

121. En cuanto a ganas, igual o mejor.

122. Bloqueo.

123. La masturbación llegó antes que el coito.

124. Un agendar día, porque no encuentro el momento.

EL SEXO D. C. (DESPUÉS DE LA CRIATURA)

> 125. Mejor que antes, por tener más autoconsciencia de mí, de mi cuerpo y de disfrutar el presente.
>
> 126. Desde mis partos, que han sido buenos, ¡mucho mejor!
>
> 127. Me apetece mucho, pero me cuesta bajar a tierra y sentirme libre de responsabilidad para darme al placer.
>
> 128. Recuperando la libido tras siete años de crianza y dos criaturas. El yoga me está ayudando.
>
> 129. Menos frecuente, desde luego, pero mucho mejor, más placentero y conectado.

Estoy segura de que te habrás podido identificar en algunos de estos testimonios. Quizá hasta podrías dar respuesta y aliento a muchos de los malestares compartidos. Si hay una expresión que se repite más es, sin duda, «Tengo cero libido». Y es curioso que, aunque la disminución del deseo durante el posparto y los primeros años de crianza sea una experiencia extrapolable a la mayoría de las madres, nos invalidemos, culpemos y forcemos a practicar sexo que no nos apetece, para seguir sosteniendo el (falso) relato popular de que somos mujeres ¿liberadas?, ¿modernas?, ¿buenas parejas?, ¿que merecen ser amadas?

No me preocupa la libido de las madres en estos contextos concretos: cansancio, falta de corresponsabilidad de las parejas, carga mental, falta de espacios propios, cultura sexual mitificada, invalidación de los ritmos propios... Me preocupa la falta de libido crónica autopercibida, consecuencia de querer encajar en trajes que no son el nuestro. Si queremos conectar con el deseo sexual —porque el sexo sume, recordemos—, debemos darnos permiso para no tener ganas, en primer lugar. Después valorar el tipo de relación que tenemos y, solo si es equilibrada y madura, empezar a priorizar espacios de bienestar personal, revisar mitos y creencias limitantes sobre el sexo, tomar tiempo para mover el cuerpo con gusto, cuidar espacios de intimidad compartidos y empezar a subir el volumen a la libido vital. En caso de que la relación de pareja en la que estamos no sea equilibrada, si nos daña, si nos quita salud y energía, mejor no tener sexo.

La cantidad de sexo no refleja la salud de tu relación

Cuántas veces. Cuánto tiempo. Cuántos orgasmos. Cuánto duró. Cuánto tardas. Cada cuánto. Cuánto. Cuánto. Cuánto…

¿Cuándo apartaremos la mirada cuantitativa de nuestra vivencia sexual? Quizá la tenemos tan insertada que no nos libraremos de ella fácilmente. Pero desde luego, si aprendemos a identificarla y creamos *contradiscurso*, es decir, la desmontamos, será más fácil desinflarla o no darle tanto crédito. Es cierto que escucharás a profesionales que te digan que sí, que practicar sexo un número concreto de veces mejora tu relación. Ya será más difícil que encuentres acuerdo en cuántas veces son esas. También escucharás que el sexo es importante. Muchas menos veces, encontrarás la justificación de por qué el sexo en sí es tan importante, porque demasiado a menudo confundimos intimidad con sexo. La intimidad no es solo importante, sino que es la experiencia que fortalece el vínculo.

Después de muchos años acompañando vivencias sexuales, puedo decir que, como profesional, a mí no me da ninguna información saber cada cuánto tienes sexo o la cantidad de encuentros sexuales que tenéis a la semana, al mes o al año. No encuentro vínculo directo alguno entre la cantidad de sexo y la salud de la relación. Hay parejas que practican más sexo que otras y lo hacen conectadas con la exigencia y el miedo. Hay parejas que practican más sexo porque les encanta y lo gozan. Hay parejas que practican menos sexo y tienen una relación estupenda, repleta de momentos de intimidad. Hay otras que practican menos sexo y se sienten desconectadas, frustradas, porque viven muchas dificultades o desencuentros en la relación.

Si damos por válida la creencia de que se puede medir el sexo, estamos aceptando que hay un número correcto o más adecuado de veces. Y que este número habla, por encima de la vivencia subjetiva de las personas. ¿Y si una pareja practica sexo una vez al año y se siente estupendamente? Es muy posible que hablen poco de ello públicamente para evitarse los juicios. Entonces, ¿si una pareja practica sexo una vez al año y lo vive con malestar, lo vamos a achacar al número o vamos a mirar de forma amplia lo que hay detrás de su vivencia? El número solo nos conecta con la exigencia, no con el placer. El número responde al Guion Sexual.

Lo que de verdad importa es cómo te sientes u os sentís con vuestras prácticas.

Si te sientes u os sentís satisfechas.

Si te sientes u os sentís conectadas.

Si te sientes u os sentís deseadas, seducidas, amadas, respetadas, miradas, escuchadas.

Son muchas las parejas que llegan a consulta esperando follar más y enseguida entienden que la clave es follar mejor. Con más ganas, con más presencia, con más fluidez y placer. Es posible que si disfruto más, quiera repetir más. Pero ese *más* no lo dicta ningún manual. Yo creo que esta debería ser la maravilla, también, de la terapia sexual. Que recoloque, libere y deje de lado esas ficciones que nos contaron, pero que nada tienen que ver con la satisfacción sexual.

En las consultas me gusta ajustar expectativas. Y en este caso, tengo la necesidad de subrayar que esta forma transformada (¡y liberada!) de mirar lo sexual forma parte de un camino de aprendizaje. Por eso no está de más recordar que no podemos pasar de la apatía o el malestar a la plenitud sexual sin atravesar un camino de reaprendizaje. Porque en esta sociedad de la inmediatez, nos hemos llegado a creer que también podemos cambiar la sexualidad a golpe de clic.

Vivir a golpe de clic.

Quiero esto. Clic.

Como esto. Clic.

Imagen. Clic.

Titular. Clic.

Me pregunto si no lo estamos aplicando ya a todo. Hasta al aprendizaje, al crecimiento.

Y al sexo.

Parece que en este paradigma actual el camino es un lastre. Pensamos que podemos pasar de un estado de desconexión a uno de consciencia sin atravesar un espacio de incomodidad, cuestionamiento, prueba y error. Para dar así con algunos aciertos. Parece que ya no permitimos la duda, el fallo, la torpeza, la vergüenza. Que solo nos queremos quedar con la perfección. Y es justo en la incertidumbre donde deberemos abrazarnos más. Estar más atentas. En ese no saber qué me pone, qué me da placer, cómo expresarlo, cómo darlo, cómo preguntar, qué le gustará a la otra parte, cómo moverse y encontrarse en la fusión con otro cuerpo. Cómo buscar mi placer sin pasar por encima el placer de otra. Cómo dar placer sin pasarse por encima una. Ese sentirse sexy, pero no encajar en *lo sexy*. Ese no sentirse sexy, pero querer hacerlo. Ese no saber seducir y morirse de ganas. Ese entender el cuerpo como válido, merecedor, suficiente..., y a la vez sentir en las entrañas la eterna lucha. Ese querer fluir con toneladas de creencias limitantes pegadas a la piel de las que hay que descargarse poco a poco y con mucho mimo.

La plenitud sexual, el sexo como parte de nuestra salud y

bienestar, como un lugar que nos potencia y eleva (solas y acompañadas), no se cuantifica y tampoco se aprende en un manual, ni en una terapia, ni en un documental. Se aprende transitando el camino, abrazándose, escuchándose, cuestionándose, observándose, permitiéndose..., con una misma, con otras... y sí, recurriendo, a veces, a lo anterior.

Menos números. Más presencia. Más humildad. Más calma. Más permiso. Más goce.

No es mejor tener más deseo que tener menos

Otra de las consecuencias de haber normalizado un modelo sexual patriarcal y androcéntrico es que se da por hecho que tener más libido es, en cualquier caso, mejor que tener menos. ¡Otra vez nos ponemos a contar y nadie cuestiona esto! Pasamos por alto (o desconocemos) que el deseo es multifactorial, para empezar. Y que también es dinámico, en segundo lugar. Del mismo modo que entendemos que hay personas con ritmos de sueño distintos, otras con niveles de hambre diferentes y unas más sociables que otras..., ¡también hay personas con unos niveles de deseo u otros!

Además, los niveles de deseo están influidos por un contexto determinado, una educación, una cultura, unas creencias, unas emociones y también unos parámetros fisiológicos (como, por ejemplo, los hormonales o la toma de ciertas medicaciones). Y por cierto, aunque los ritmos naturales de una persona también son dinámicos, no debemos tomar como referencia, en ningún caso, los ritmos del enamoramiento. ¡Que lo hacemos a menudo! No se puede asumir que el ritmo sexual del enamoramiento sea nuestro ritmo natural, porque esa alteración no es sostenible en el tiempo.

Pensar que tener más deseo es sinónimo de salud sexual es otra trampa tremenda y una idea peligrosa para nuestra autoestima sexual, porque nos obliga a encajar dentro de un molde patriarcal prefabricado que genera sufrimiento en muchas personas: tanto las que tienen menos como las que tienen más ganas. Porque además esos niveles de libido se piensan subjetivamente relacionados con otra persona. No solemos hablar de mucha o poca libido en relación con una misma, por ejemplo. De ahí el sufrimiento, como consecuencia. Porque quienes tienen más ganas se sienten frustradas e insatisfechas, dejando su deseo en manos de otra persona, y quienes tienen menos se cuestionan, se comparan, creen que algo les pasa y se sienten exigidas y presionadas. Un bucle del que necesitamos salir integrando una nueva mirada más amplia, diversa, realista, positiva y confiada a lo que es el deseo en realidad.

Creer que tener ganas de sexo más veces es mejor responde al Guion Sexual, según un modelo tradicionalmente masculino que también hace aguas y crea en muchísimos hombres un enorme malestar por no encajar con lo que de ellos se espera.

Para disfrutar del sexo hay que plantar cara a los relatos sexuales patriarcales que se meten en nuestras camas con normas absurdas y presiones insanas que son una herramienta de control. Mientras sigamos haciendo el papel que nos enseñaron a desempeñar, el sistema se sostiene como está.

El mayor problema sexual es el sistema

Hay cuestiones que se repiten una y otra vez en terapia sexual, especialmente en tiempos de crianza:

«¿Qué me pasa para no tener, ni siquiera, interés en cultivar mi propia erótica?».

«¿Por qué lo sexual me da pereza?».

EL SEXO D. C. (DESPUÉS DE LA CRIATURA)

«¿Es posible que, si mi pareja no me dice nada, yo viva no tener sexo con tanto alivio?».

Y casi todas las veces mi conclusión es la misma: el mayor problema sexual que tenemos hoy en día es el sistema. Me encuentro una y otra vez a mujeres que están en etapa de crianza, agotadas, que van de un lado para otro a toda prisa, quemadas en el espacio laboral, con parejas (demasiadas veces) no corresponsables, que terminan siendo madres también de estas y que disponen de poco o nada de tiempo para ellas mismas o, menos aún, para hacer cosas que les gusten o motiven. Y, cuando lo tienen, están tan cansadas o se sienten tan culpables que, al final, no se comprometen con ninguno de sus *hobbies* en el tiempo.

Entonces, que en estos contextos lo sexual no sea ni de lejos una prioridad o, incluso, que dé pereza o no provoque interés me parece absolutamente normal. El problema es que muchas de estas mujeres no lo entienden como una consecuencia de su contexto —¡o de su relación, directamente!— y se pasan mucho tiempo en lucha con su falta de motivación (sexual por su pareja) e intentan ponerse el sexo como una tarea más que realizar junto con ir, por fin, al gimnasio, comer más sano o terminar un libro que empezaron, pero no las engancha. Y yo insisto: no podemos vivir el sexo desde ahí si queremos disfrutarlo. Ni el sexo, ni leer novelas, ni hacer ganchillo o apuntarte a clases de baile debe vivirse como una exigencia. Todas estas cosas deben motivarnos, ilusionarnos, recargarnos y vivirse como un disfrute propio, de tal manera que, cuando el cansancio reina en nuestro día, podamos dejarlas de lado sin culpas.

El descanso es una necesidad primaria.

¿Y por qué el problema sexual más grande que tenemos hoy es el sistema? Porque vivimos vidas que nos dejan poco margen. Porque hasta cuando tenemos tiempo de ocio, lo llenamos rápidamente de planes y compromisos que, seguro, nos apetecen, pero que nos mantienen en la misma dinámica.

«No puedo cuidar a mis amigas tanto como querría y las veo de Pascuas a Ramos».

«Así que, si este fin de semana los astros se alinean, no puedo faltar aunque esté agotada».

«Hace mucho tiempo que no vemos a tales familiares y, cuando nos juntamos, las criaturas lo pasan fenomenal. Así que como el domingo no tenemos plan, vamos a organizar algo».

«Llevamos meses diciendo que tenemos que comprar lámparas para la casa, así que como no hemos quedado con nadie este finde, podemos ir al centro comercial».

«Estos días festivos no hemos organizado nada, así que vamos a aprovechar para limpiar los armarios y cambiar la ropa de verano a invierno».

¿Te suena algo de esto?

Dice la psiquiatra Marian Rojas:[56] «Soy una gran defensora del aburrirse. Ningún genio de la historia ha descubierto nada en un momento de estrés frenético. Es en la paz, en la serenidad, en el aburrimiento, cuando surge la creatividad». Necesitamos aplicar esto al sexo también. Porque si no dejamos espacio para que el deseo aparezca, si seguimos llenándonos de estímulos rápidos que nos permitan desconectar durante unos minutos del caos diario, si para lo único que nos queda energía al final del día es para tirarnos al sofá a ver una serie o para fregar los platos porque si los dejas ahí, por la mañana te estresarás más aún… ¿De dónde creemos que va a brotar la planta del deseo, si la tierra está seca y desnutrida? De veras, muchas veces el problema que tenemos no es sexual o no lo es en primer lugar. Puede ser el espacio en el que el problema nos explota en la cara, pero no podemos ocuparnos de qué nos pasa con la sexualidad sin observar en qué contexto la estamos viviendo.

---

56. Marian Rojas Estapé, *Cómo hacer que te pasen cosas buenas*, Barcelona, Editorial Planeta, 2018.

EL SEXO D. C. (DESPUÉS DE LA CRIATURA)

El sistema predefine el ritmo y el guion de la vida.

El sistema te coloca una mochila con unas instrucciones que dictan lo que el sexo debe ser para ti, según si eres hombre o mujer. Pero no solo el sexo, sino el ocio, el placer, el tiempo libre y el disfrute.

El sistema marca una lista de prioridades que promete reconocimiento y valía personal, también según si eres hombre o mujer.

El sistema reparte roles de género y responsabilidades y, ¡sorpresa!, provoca carga mental.

El sistema, en definitiva, nos chupa mucha energía y ha encontrado un gran negocio en ofrecernos píldoras instantáneas para recargar y no cuestionar demasiado (Instagram, TikTok, Netflix, Amazon...). Dopamina a golpe de clic.

Nada está organizado para que tengas tiempo para aburrirte. Hoy en día no.

Por tanto, nada está organizado para que te tomes tiempo para definir qué deseas hacer tú con tu tiempo.

Tampoco tienes tiempo para ratos de presencia nutritiva, de intimidad, de escucha con la persona que tienes al lado. O no te quedan ganas. O la intimidad está tan desentrenada que resulta incómoda. O tu pareja te tiene hasta el coño. Y así pueden pasar años hasta que, claro, llega un día en que te cuesta recordar qué fue lo que os unió.

Sinceramente, y sin olvidarme de los privilegios que tenemos unas y otras no, te digo que tomando consciencia nace la posibilidad de cambio. Pero ¿qué pasa? Que si cambiamos la mirada empezaremos a ver, y a quien primero vamos a ver es a quien se encuentra más cerca. Y si lo que vemos no nos gusta, ¿realmente tenemos un problema por no desearlo? Si la pareja evade responsabilidades, si el trato no es bueno, si no te ve o no te escucha, si no es un adulto funcional..., ¿qué espera/s?

Pero el *problema* es el sexo.

Piénsalo. *¿El problema es el sexo?*

«Pobre sexo», digo yo.

El deseo sexual es, demasiadas veces, la consecuencia de un contexto amable, unos vínculos seguros y una buena relación con una misma. Y si alguno de estos factores se tambalea, hay que poner el ojo ahí. Si no te sientes motivada para cultivar tu erótica propia aunque, *a priori*, este fuera un tema importante para ti, mira a tu alrededor. Intenta no cargarte la mochila rápidamente y echarte a andar sola montaña arriba. Puede que sea una etapa y la tengas que transitar. Va a haber etapas. Y si, independientemente de la etapa, compartes tu vida con alguien poco amable y motivador que te descarga más que te recarga, no te exijas, además, tener sexo. Porque no querer tenerlo es una información que mereces escuchar.

Sexo gozoso tras años de relación

Venir a consulta sola porque solo tú tienes el problema sexual.

Venir a consulta sola porque tu pareja no tiene dificultades con su sexualidad.

Venir a consulta sola para que tu pareja esté mejor contigo.

Venir a consulta sola porque tu pareja no necesita trabajar nada.

Venir a consulta sola porque tus ganas no son suficientes, aunque sea tu pareja quien se siente insatisfecha.

Venir a consulta sola porque arrastras la creencia

EL SEXO D. C. (DESPUÉS DE LA CRIATURA)

> *de que tener más ganas es mejor que tener menos ganas.*
>
> *Venir a consulta sola porque «Mientras haya algo que cambiar, tengo el control».*
>
> *Qué miedo si no.*

Algo que he aprendido con el paso de los años acompañando distintas vivencias sexuales es que resulta poco habitual que estas sean dificultosas en una pareja y el trabajo pueda hacerlo solo una de las partes para revertir la situación. Y digo que «lo he aprendido» porque que vengan *solo ellas* es algo muy frecuente y, al principio, lo aceptaba así. Es más, la predisposición de la pareja a participar en el trabajo y a hacerse cargo (de estar en contacto, de agendar las sesiones, de enviar los ejercicios propuestos o de hacer los pagos) es para mí un dato relevante y me da información sobre cómo abordar la situación. Y es que, si la vivencia de la sexualidad compartida en pareja no es satisfactoria, ambas partes deberán hacerse responsables y observar qué pueden aprender o aportar. Si una de las partes no está dispuesta, que las hay, tocará hacerse preguntas acerca del compromiso e implicación que existe en la relación. La vivencia de la sexualidad compartida es siempre cosa, por lo menos, de dos.

Pero incluso antes de decidir que «hay una dificultad que se quiere trabajar», muchas personas cargan con la idea de que hay que renunciar al sexo como si fuese el precio que deben pagar por una relación duradera. Esta creencia está muy extendida. *¿Hay que renunciar al sexo gozoso tras años de relación?* Estoy segura de que la pregunta no te dejará indiferente ni te resultará ajena, y nos sirve para identificar las creencias (limitantes) que tenemos sobre el sexo una vez que pasa la etapa del enamoramiento. La cultura en la que vivimos, a través de los mitos del amor romántico, nos vuelve adictas al enamoramiento y nos deja sin recursos para gozar lo que viene después, el amor. Especialmente en lo que al sexo se refiere.

Hace un rato, mientras dormía a mi hijo, escuchaba una entrevista a la escritora Milena Busquets[57] en la que, ante la pregunta de si el amor merecía darlo todo, decía: «Yo ahora estoy sola y es igual de duro estar sola que estar con alguien a quien amabas locamente y ya solo te interesa porque comprasteis una casa preciosa un día». Y añadía: «El amor no es sano, el amor te puede hacer muchísimo daño». Te recomiendo que no te quedes con las frases aisladas, porque la conversación es superinteresante.

Yo voy a usar estas frases para hacerte reflexionar. ¿Amor o enamoramiento? ¿Qué papel crees que juega el sexo en cada uno? Siento que entendemos el sexo como el pegamento del enamoramiento, y una vez que la relación ha pegado, ya no sabemos qué hacer con él. Sé, porque lo trabajo día a día, que el asunto del lugar que ocupa el sexo en las relaciones de pareja afecta a muchísimas personas. Y la emoción desde donde suele pensarse o habitarse el sexo pasados los años es el miedo, el desdén, la desmotivación. Cuando, precisamente porque el sexo es un espacio de ocio, diversión y placer, no debería ser así.

No creas que mi vivencia debería ser la tuya o que es la mejor o la única válida, pero quiero compartirte cómo lo entiendo yo y, por experiencia en consulta con parejas, cómo lo planteo de cara a acompañarlo sexológicamente.

1. ¿Sientes que tu relación es fácil?

Que tu relación sea fácil está directamente relacionado con tu

---

57. Coco Dávez, *Participantes para un delirio*, Podimo, entrevista a Milena Busquets.

EL SEXO D. C. (DESPUÉS DE LA CRIATURA)

energía disponible. Confieso que rara vez me siento identificada con el relato que tiene la gente de las relaciones. A mis treinta y siete años, y antes de estos últimos trece que dura mi relación actual con Sergi, he vivido unas cuantas. Ninguna fue fácil. A veces, por mi no disponibilidad emocional; otras —otra más bien—, por la no disponibilidad de mi expareja. El sexo generalmente funcionó bien en todas. En alguna era lo único que funcionaba. Pero si algo tenían en común todas esas relaciones es que no me sentía bien en ellas (te hablo de ello en profundidad en *Feminidad salvaje. Manifiesto de una sexualidad propia*).

Llegué a pensar que el sexo funcionaba, precisamente, porque yo no estaba del todo tranquila, porque también me tragué sin masticar la creencia de que la tranquilidad es aburrida y mata el sexo, otro regalito envenenado del mito del amor romántico. Tampoco tenía referentes que pudieran darme una versión alternativa, porque las parejas que llevan años juntas no suelen hablar de cómo viven el sexo. Si acaso, algún reproche suelto o alguna broma subida de tono que no necesariamente refleja la experiencia emocional que hay detrás. La cultura popular ha robado al sexo toda su emocionalidad y afectividad. Nos lo venden como un acto mecánico en el que trasmutar todas nuestras mierdas diarias y fingir que somos la repera durante unos minutos. Por eso luego tantas veces nos quedamos con sensación de vacío.

Cuando llegué a mi relación actual, herida pero cicatrizando, todo era fácil. Yo sospechaba. No era posible que las cosas fluyeran o yo las sintiera tan sencillas y ligeras. Había mucha disponibilidad. Las conversaciones eran claras. El interés era real y las ganas de hacerlo bien, llevaran a donde llevaran, también. Por eso, cuando alguien me pregunta cuál es la clave, no sé qué responder. ¿Acaso hay claves? Me temo que no. O no más allá de que una buena comunicación es fundamental y un buen lenguaje emocional es imprescindible para sentir conexión y plenitud.

Y esa tranquilidad y ligereza nos permite crear un clima de cercanía e intimidad. Al final, resulta que la tranquilidad es sexy.

2. ¿Formáis un equipo?

Vamos con cuestiones más logísticas. Formar un equipo implica afrontar la vida dándonos apoyo mutuo. Habrá momentos en que necesitamos recibirlo y otros en que nos salga darlo. Y lo voy a subrayar de nuevo: para tener una vida sexual gozosa a lo largo de los años de relación, el reparto de tareas y responsabilidad de cada miembro de la pareja respecto a la vida común debe ser no solo equilibrado, sino idealmente negociado. Es más, me gusta plantear que, aunque no a todas las personas se nos da bien lo mismo o sabemos hacer las mismas tareas —por ejemplo, colgar estanterías, planchar, cocinar, hacer cambios de armario por temporadas—, es superrecomendable que, al menos, probemos a hacerlo. Por un lado, por aprendizaje y, por otro, porque nos permite poner en valor las funciones de nuestra pareja, además de que genera autonomía, porque si en un momento dado uno de los miembros de la pareja no puede hacerlo —¡imagínate que te lesionas!—, nos permite redistribuir las tareas. Más de una vez he preguntado en los grupos qué es lo más sexy que tu pareja puede hacer y ¿sabes qué se repite más?

«Cariño, acabo de limpiar el baño».

3. Intimidad no erótica

> *«Solo se acerca cuando busca sexo»*, me dicen.
> *¿Cómo podemos esperar deseo si no dejamos espacio a la sorpresa, a la posibilidad? Si nos sabemos de sobra*

EL SEXO D. C. (DESPUÉS DE LA CRIATURA)

el camino: parto de aquí y llego aquí. Parece que, para las parejas, el tramo entre punto y punto con los años es más corto.

¿Cómo podemos apelar al deseo erótico si no hay espacio para el juego (ese que no lleva necesariamente al sexo genital), si no nos tocamos (sin que las caricias lleven necesariamente al sexo genital), si no nos miramos con ganas (sin que irremediablemente un cruce de miradas pretenda acabar en un encuentro genital)?

¿Cómo nos podemos apetecer, cuando encima ya no somos novedad, sin tocarnos, sin conquistarnos, sin seducirnos?

La caricia, el juego, la mirada intencionada, las palabras cómplices... deberán estar presentes de manera cotidiana independientemente de si derivan o no en un encuentro genital. Porque un caso frecuente en consulta sexológica es este:

—Es que ella no me toca, pero ni siquiera puedo ya tocarla sin que me rechace la caricia.

—Es que él solo me toca cuando quiere sexo, y sexo es igual a coito.

Nos buscamos sin encontrarnos. Nos oímos sin escucharnos. Y puede parecer difícil desprenderse de la mochila de todo lo que la pareja ha hecho o dicho mil veces para mirar con ojos renovados. Pero es posible cuando ambas partes se comprometen con el cambio e inician un proceso de aprendizaje, identificación de creencias, eliminación de mitos y, sobre todo, una

> *reconquista de la ilusión y la confianza: «Estamos juntas en esto».*
>
> *El juego forma parte de la esencia humana. Solo lo tenemos que recordar. Nos podremos realinear y reencontrar cuando podamos hablar de sexo sin reproches y con humildad. Y para ello es revelador entender de dónde venimos, cómo hemos aprendido a relacionarnos con el sexo y cómo eso ha influido en las relaciones que tenemos y en la forma de percibir a los demás. Dejemos de esforzarnos por sentir curiosidad por un juego del que nos sabemos de sobra el final. Empecemos por romper las normas y volvamos otra vez a jugar.*

Desde mi lado de la silla en los acompañamientos, no deja de asombrarme la cantidad de veces que las parejas llegan angustiadas porque no practican tanto sexo como creen que deberían (o como querrían) y, sin embargo, apenas comparten intimidad cotidianamente. ¿Tan poco valoramos el sexo? ¿Tan profunda es la creencia de que el sexo debe encenderse como quien enciende la luz?

Antes mencionaba a Milena Busquets, que también dice: «El amor es una putada». Error. Entendemos por amor lo que, en realidad, es enamoramiento. Y nos relacionamos con un miedo que te cagas a que ese estado alterado de conciencia temporal (por suerte, temporal) se termine. En el estado químico del enamoramiento, toda nuestra energía va dirigida a la persona con la que se está dando el idilio. Estamos chutadísimas. Es lo que, en el ámbito de las no monogamias, se conoce acertadamente como *energía de nueva relación* (que, por cierto, me gusta aplicar a los inicios del vínculo con nuestro bebé). Pensamos en esa persona, fantaseamos con esa persona, anticipamos cómo será encontrarnos con esa persona, nos excitamos imaginando qué le haremos o nos hará. Nos curramos mucho mucho el estar cachondas, la verdad. Y cuando esa energía pasa —nos consumiríamos si no—, ya no tenemos herramientas para cultivar nada. Entonces, cual yonquis del enamoramiento, vamos desenfocando poco a poco la relación creyendo que, por un lado, debería mantenerse siempre en ese nivel imposible o, por el otro, la pasión debería darse sin hacer nada. *El enamoramiento es una putada, ¡en todo caso!* Sobre todo, cuando lo convertimos en la medida de todas las cosas. ¿Es que no te acuerdas de todo lo que hacías en estado alterado/enamorado de conciencia para encender tu fuego?

Tengo claro que el sexo puede funcionar y ser increíble e intenso pasados los años siempre y cuando cuidemos, potenciemos y cultivemos, primero, nuestra intimidad no erótica: cómo nos tocamos, cómo nos miramos, cómo nos hablamos, cómo nos acercamos, qué planes nos proponemos (sin exigencia, con flexibilidad, con disfrute).

4. ¿Cómo ha sido la evolución del sexo en la relación?
¿Funcionaba el sexo desde el principio y se fue desconfigurando? ¿Fue siempre un espacio con carga? ¿Fue difícil al principio y empezó a funcionar con el tiempo? ¿La confianza mejora o empeora el sexo en vuestro caso?

El sexo debería ser un espacio ligero. El sexo es un espacio de juego, de diversión. Si no, ¿qué buscamos ahí? Y que sea sencillo no quiere decir perfecto, mucho menos que responda al Guion Sexual. Somos humanas, tenemos nuestros días, y la sexualidad está en constante evolución. Pero ningún deseo responde a exigencias. Ninguno. ¿Por qué en el sexo pretendemos que sí?

Hay personas que no encajan sexualmente, es una realidad.

Por desgracia, venimos de una tradición en la cual lo que excitaba a una mujer era indiferente, porque debía estar disponible sexualmente para el hombre. Era el pacto. Y de eso no hace nada, ¿medio siglo? Esos son nuestros referentes. Pero ¿qué pasa si no encajamos sexualmente? En algunos casos podemos aprender. Pero en otros es una cuestión de química, de gustos o de ambas. Entonces hay que valorar qué lugar le damos al sexo, qué importancia individual tiene para cada persona.

Hay personas para las que el sexo funcionaba al principio y, poco a poco, dejó de funcionar. Es importante ver cada contexto. ¿Qué es lo que más veo yo? Que el problema son las expectativas. Empezamos a contar y dejamos de disfrutar. El deseo cambia con el paso del tiempo. La intensidad del principio desaparece. Entonces podías estar disponible incluso para el mal sexo. Pero pasado el enamoramiento, lo que hay te tiene que motivar. Si no, es insostenible esa fascinación por el otro cuerpo sin beneficio egoísta. *El deseo es egoísta*. El deseo responde a una motivación *egoísta*. Yo espero recibir algo de mi deseo. Si no lo recibo, desaparece. La performance del enamoramiento se evapora y lo que queda debe molar. Si mola, entonces hay un problema de expectativas y exceso de cuantificación. La buena noticia: se trabaja. Si pasado el periodo de enamoramiento (de excitación vital y química que te potencias con tus expectativas) te das cuenta de que, en realidad, no gozas, ¡tenemos un problema que abordar!

Para que funcione con el paso de los años, ¡el sexo te tiene que gustar mucho!

¿Cómo lo vivo yo? El sexo funcionaba muy bien desde el principio. Con la confianza (y aún en fase de enamoramiento) mejoró. Y llegado el amor maduro, estable, como el sexo es algo que nos gusta individualmente y lo sabemos (nos encanta juntos, pero nos encantaba antes por separado), la motivación persiste. Nos lo curramos. Jugamos. La clave: deja de contar. La cuestión no es cuánto, de veras, sino cómo. Cuando vivimos el sexo con esa ligereza, sin las presiones del Guion Sexual, apetece mucho más.

5. ¿Cómo vives el sexo propio?

¿Cómo te llevas con el sexo de manera individual? ¿Te conoces en ese espacio?

Por aquí continúa la cosa. En *Feminidad salvaje*, le dedico dos capitulazos a hablar de la masturbación porque considero que es un tema crucial para vivir la sexualidad con bienestar. Uno de los más potentes avivadores del deseo que están a nuestro alcance es el sentir que el sexo te aporta, que te pertenece y que puedes acceder a él para disfrutar de sus beneficios cuando quieras. A mí me enorgullece decir que cuido de mi espacio sexual con consciencia.

Otro error frecuente, gentileza del mito del amor romántico, es caer en la trampa del sexo compartido como Sexo de Verdad y entender la masturbación como práctica que está en el banquillo por si la *buena* no funciona. Creer que si tienes pareja *deberías* tener ya todos tus deseos (sexuales) cubiertos es una fuente de frustración asegurada. Pensar que tu pareja es la dueña (o responsable) de tu satisfacción pone en riesgo tu bienestar sexual. Y sentir que, cuando estás en pareja, masturbarse está mal o es poco menos que una infidelidad, como hay quien piensa, es limitante y empobrece tu sexualidad.

Disfrutar del sexo compartido a lo largo de la vida es como cuidar un jardín. Tendremos que regar, abonar, eliminar las plagas, limpiar, informarnos, prestar atención, para que puntualmente florezca. Además, nunca florecerá del mismo modo, porque intervienen en el estado de ese jardín multitud de factores. Lo que no cambia es que, si queremos disfrutar de un jardín hermoso, los cuidados deberán ser cotidianos. Y uno de los nutrientes que más le gustan al jardín de la sexualidad es el del autoplacer.

¿Cómo podemos mejorar la relación con la masturbación?

- Llena tu biblioteca erótica de recursos (fantasías, recuerdos, escenas…).
- Nunca dejes de estimular tu sentido del tacto. ¡Todos los sentidos! Busca conectar con el placer a través de cada uno de ellos para ampliar tus registros. Para potenciar nuestra erótica, necesitamos hacer más grande nuestra relación con el placer.
- Y, en esta línea, algo importante es poner en valor todos los placeres corporales. ¿Te he dicho ya que las personas que más disfrutan del sexo y que mejor se relacionan con su sexualidad son, en general, personas disfrutonas?
- No dejes de ser, nunca, dueña y señora del espacio de autoplacer. No dejes que nadie te diga lo que está bien o no lo está para ti y tu disfrute. No permitas que nadie, ni los mitos heredados, te quite el permiso para disfrutar de tu propio cuerpo. No caigas en la trampa de ver la masturbación como una práctica sexual que no debería ocurrir cuando tienes pareja. Tampoco caigas en la mentalidad de la escasez sexual, esa por la cual cuando aparece el deseo o hay excitación, nos lleva rápidamente a aprovecharlo en pareja, ¡porque vete a saber cuándo vuelve!
- Créeme. Cuanto más disfrutes de tu cuerpo, más amplia sea tu biblioteca erótica, más orgasmos te regales, más permiso te des para entrar en contacto con todo eso, más cerca estarás de darle a la sexualidad el espacio de bienestar que merece ocupar en nuestras vidas, menos te exigirás y mejor te relacionarás con el sexo.

Solo cuando sientas que es algo interesante para ti, podrán nacer las ganas de compartirlo.

6. ¿Has entrenado la *mirada sucia*?

¿Sabes ponerte las gafas de la fascinación? ¿Has aprendido a hacer *zoom* y a enfocar los planos que te despiertan?

Cuando hablo de *mirada sucia*, me estoy reapropiando del concepto *sucio* que tradicionalmente se ha asociado, con connotación negativa, a todo lo relacionado con la sexualidad por influencia de la cultura judeocristiana. Y cuando me apropio del término, puedo resignificarlo con humor. Mirar sucio es mirar con intención erótica, buscando aquellas cosas de la persona que nos resultan deseables.

A mí me encanta mirar a mi pareja como si fuera la primera vez que la veo. Me encanta observarla en su individualidad, haciendo cosas suyas, propias. Me fascina que haya espacios que disfruta sola o sin mí. Esto es *compersión*, deleitarte con el deleite de otra persona. Me produce curiosidad su evolución a lo largo de los años, conocerla en distintas etapas. Pero, además, hay muchos planos que enfoco y me gustan. Me gusta el movimiento de sus manos o sus brazos. Me gusta su cuello o su espalda. Me gusta cerrar los ojos y escuchar su voz. Me gusta cómo me toca (no solo en el sexo).

Debemos mirar a nuestra pareja como un ser erótico independiente. No es nuestro. Su sexualidad no es nuestra. Su erótica no nos pertenece ni somos responsables de ella. Es la única manera de seguir fascinándonos con el paso de los años. Porque un deseo, cuando se cumple, deja de ser un deseo. Así que para que el deseo siga vivo, hay que dejar de intentar capturarlo.

7. ¿Vives cansada?

¿Qué niveles de cansancio existen en tu día a día? ¿Cómo te relacionas con la pereza?

El ultimísimo punto de esta lista trata de pasar a la acción, de vencer la perecilla del día a día, que nos desconecta, nos amodorra, nos acomoda. El sexo debe sumar. Aunque haya veces torpes, raras, que no. ¡Que somos humanas! Ya sabemos que si el sexo no suma es normal que no haya ganas. Pero si suma y no hay ganas (no hablo de cuántas ganas, no caigas en la trampa otra vez), entonces falta energía. Podría matizar, de nuevo, muchas cosas. Pero voy directa a una. Sí, si el sexo te gusta, te suma y funciona con tu pareja, solo te queda vencer la perecilla en esos momentos que son un *quizá*. ¿Con qué sensación te quedas después de practicar sexo? A mí me motiva mucho recordar esto para vencer al cansancio, desperezarme y energizarme.

Por otro lado, da mucho gusto y poderío buscar, jugar, seducir, proponer. Pero ¿qué pasa cuando el malestar viene de buscar y no encontrar? Hay que escuchar ese malestar, no evitarlo ni taparlo. ¿Qué hay detrás? ¿Falta de mirada? ¿Falta de reconocimiento? ¿Falta de valor? ¿Frustración? Podemos usar nuestro excedente de ganas con nuestras manos y nuestro cuerpazo, podemos trabajar en poner nuestro valor o reconocimiento en otros espacios o resignificar el valor sexual, podemos entender nuestro deseo... y también podemos tomar las riendas si esa incompatibilidad en nuestros ritmos sexuales es inviable. Sí, puede que las partes de una relación no tengan ningún problema individual con el sexo y que el problema sea la diferencia de ritmos que no podemos gestionar. Entonces, no queda otra que afrontar con valentía que no es posible continuar la relación sin malestar. Y ojo, porque sentir malestar o querer dejar una relación por insatisfacción sexual no te convierten en una mala persona. Cada cual coloca el sexo en un lugar de relevancia y prioridad que es propio. Lo importante es ser conscientes de este lugar, que coloquemos al sexo allí desde el bienestar y no desde el miedo, y que podamos ser asertivas a la hora de compartirlo con la pareja. Igual de lícito es darle al sexo un lugar de mucha importancia como de poca. Pero es fundamental comunicarlo sin despreciar la opción contraria.

EL SEXO D. C. (DESPUÉS DE LA CRIATURA)

En resumen. Entiendo el sexo como una consecuencia. Ahora bien, también creo fundamental explorar cómo se sentía ese espacio al principio y cómo fue evolucionando, de qué manera nos relacionamos con el sexo a nivel individual y qué recursos tenemos para enfocar y fascinarnos por la otra persona. Dar por hecho que el sexo empeora o desaparece con el paso del tiempo es la mejor manera de quedarnos de brazos cruzados para ver cómo nuestro espacio sexual se consume lentamente. El sexo evoluciona y cambia como lo hace la relación y como lo hacemos cada persona. No podemos pretender que, ante la evolución de todas las esferas de la vida, el sexo siga igual. Y, sin embargo, que el sexo cambie no es sinónimo de empeorar. Quizá si evitamos poner tanta energía en evaluar nuestro vínculo a través del sexo, como si fuera un constante examen, dejemos algo disponible para cultivarnos y fascinarnos con lo que hay.

Existe la creencia de que el sexo empeora con el paso del tiempo. Y qué pena. Porque es una creencia muy limitante.

Muchas veces se habla de tener menos encuentros sexuales como si significara lo mismo que que el sexo va mal o es peor. Y es que hemos aprendido a contar el sexo, en vez de cuidarlo. Así, es imposible vivirlo en plenitud.

El sexo gozoso no entiende de cuánto, *el sexo gozoso entiende de* cómo. *Cómo os sentís, cómo disfrutáis, cómo os comunicáis, cómo os seducís, cómo os buscáis y cómo os relacionáis con vuestra erótica propia (esto es fundamental).*

Nadie nos ha enseñado a cultivar el espacio erótico

en pareja y, por influencia de una cultura en la que el sexo es un tabú y a la vez un falso indicador de éxito —lejos de los cuidados, los aprendizajes, la creatividad, la presencia o la escucha—, creemos que el sexo va a ocurrir siempre espontáneamente solo porque un día ocurrió así.

Cómo se viva el sexo durante la etapa de enamoramiento no es representativo de cómo sucederá con el tiempo —cuando lleguemos al amor maduro y conquistemos la intimidad y la calma—, ni tiene por qué ser mejor.

Al principio, llegamos al encuentro erótico con todas nuestras expectativas. Hemos dedicado horas a proyectar e imaginar cómo será en función de nuestros gustos y fantasías. A veces el sexo funciona como deseábamos y otras no. A veces podemos aprender a encajar, otras no encajamos y ya está.

A medida que ganamos intimidad y que el sexo y la persona dejan de ser novedad, demasiadas veces dejamos de fantasear, seducir, proponer... ¡Dejamos de cuidar la sexualidad!

Creemos que el sexo pasará solo por el hecho de querernos mucho (mejor es querernos bien) y, poco a poco, nos olvidamos de mirarnos con gafas eróticas, de jugar, de conquistar.

El sexo, con el paso del tiempo, podría ser más pleno. La confianza, la calma, la seguridad y la intimidad son buenos ingredientes para gozar.

Pero si dejamos de cuidarlo, ¿qué podemos esperar?

EL SEXO D. C. (DESPUÉS DE LA CRIATURA)

Desplantes radicales para conquistar el buen vivir

Septiembre de 2024. Parece que, después del verano, todo se ha puesto en marcha y los ritmos nos atropellan otra vez. Supongo que es así cada inicio de curso escolar. En ciudades como Madrid, el mes de agosto es delicioso (al menos, para mí): no hay casi gente y los ritmos son inusualmente lentos. Las que tenemos criaturas aún (sobre)vivimos a la primera semana de septiembre, no lectiva, como podemos, porque la verdadera rutina empieza cuando empieza el cole. Después, al cabo de pocos días, nos encontraremos otra vez con el piloto automático puesto: despertadores, desayunos, transporte, llegar a tiempo al cole, llegar a tiempo al trabajo, horas de oficina, comer como puedes, llegar a tiempo al cole, rutinas de tarde, cenas, ratito para ti (con suerte) y volver a empezar deseando que llegue el viernes.

Solo de escribirlo me siento triste. Porque reconozco que esa es la rutina de muchísimas personas a mi alrededor y, puesto que soy consciente, yo lucho para escapar de ella. ¡Me niego a aceptar que la vida adulta sea eso! Esto me recuerda a la película *Inside Out 2*, cuando Alegría dice apenada: «Quizá hacerte adulto es conectar menos con la alegría». Menuda llorera me entró.

A mí mi rutina me sienta bien (o más bien que mal), pero mi respuesta emocional va por otros derroteros. Me gusta muchísimo mi trabajo, me siento afortunada por el momento profesional que estoy viviendo, soy dueña de mi tiempo, puedo dedicar tiempo a escribir —que es mi sueño— (aunque suponga renunciar a otras cosas) y disfruto de ratos diarios para mí. Pero, aun así, siento ansiedad. Y en determinados momentos, como ahora, aparecen las taquicardias porque dentro de tres horas debería salir pitando a recoger a mi hijo. ¡¡¡Dentro de tres horas!!!

Gran parte del motivo por el que llevo en terapia un año es

precisamente este. Estoy agobiada en el presente por lo que va a pasar en el futuro próximo (horas o días) y, cuando ese futuro se hace presente, nunca es para tanto. Dejo cada día el despacho con la sensación de que no he hecho todo lo que querría —aunque he hecho demasiadas cosas— y que, cuando llegue a casa y se duerma mi criatura, me pondré otro ratito. Esa opción me calma en el presente, pero es una trampa. La parte buena es que luego nunca me pongo (¡menos mal!). La parte mala es que este *modus operandi* se ha convertido en mi dinámica habitual y, de forma inconsciente, vivo como si todo mi tiempo debiera estar dedicado a mi trabajo. No lo creo (¡ni quiero!), conscientemente, pero vivo como si sí. Y cambiarlo no es tan rápido como creí tiempo atrás.

Vivir como si tuviera siempre algo por hacer me produce ansiedad —he aprendido a verla como una amiga, porque me avisa de que *así no,* aunque sea tremendamente incómoda—, pero ese estado de ansiedad sostenido en el tiempo me termina tensando el cuerpo, me provoca contracturas, dolores, y es el peor enemigo de mi artritis reumatoide, enfermedad autoinmune que me diagnosticaron a través de un primer brote en febrero de 2022.

No quiero vivir así. Qué pereza. Pero ¿cómo se deja de vivir así?

Esta cuestión aparece una y otra vez en los acompañamientos sexológicos. Porque, evidentemente, o eres muy consciente de esto y pones energía en afrontarlo, o el espacio del placer, que es el motor de la vida, la guía que nos muestra que estamos en el buen vivir, se empieza a difuminar y desaparece.

Hay veces que tenemos que cortar por lo sano.

Meses atrás, en una sesión, pregunté a una pareja qué creerían que pasaría si dedicaran a su relación la misma energía y espacio que le daban al trabajo. «¡Estaríamos muy bien, seguro!», dijo ella. Y es que, a veces, damos por hecho las relaciones como si fueran a estar ahí a toda costa, cuando no es así. Es más, lo

EL SEXO D. C. (DESPUÉS DE LA CRIATURA)

saludable es que no sea así. Es evidente que atravesaremos etapas y fases, pero no podemos olvidar nuestra escala de prioridades y es muy interesante que, cuando esta se pone encima de la mesa en consulta, casi todas las personas colocan sus relaciones como la mayor de las prioridades, pero luego no viven respetándolas, porque «Ya habrá tiempo»: el mes que viene, el año que viene, cuando el negocio vaya mejor. Cuando estas situaciones llevan a la separación y esta ya es irreversible, más de una persona conecta con lo que podría haber hecho o con lo que, desde un presente doloroso, querría hacer.

Así que un primer paso es identificar cuándo esto está ocurriendo y poner el foco en qué sí podemos hacer ahora para ser coherentes con nuestra escala de prioridades. No está exento de malestar, porque tenemos tan integrado el chip productivo que, cuando estemos disfrutando, *viviendo*, es habitual que lo hagamos con una voz interior machacona que nos dice: «Deberías estar haciendo no sé qué». Y ojo a otra trampa, porque en ocasiones nos genera más malestar renunciar a hacer algo que atender nuestra escala de prioridades. Esto se debe a que partimos de la falsa premisa de que no hay consecuencias cuando no cuidas una relación como merece (esto ocurre especialmente en las relaciones familiares y de pareja, por ser las más normativas y las que siempre asociamos al amor incondicional —aviso, el amor no es ni debe ser incondicional—).

Entonces, volviendo al buen vivir, es importante que seamos conscientes de cuál es nuestra escala de prioridades y aprendamos a vivir, en la medida de lo posible, en coherencia con ella. Nos llevará nuestro tiempo, pero a veces podremos hacer desplantes radicales directos a la raíz.

Por ejemplo, hace unos días en casa se nos complicó la rutina de acompañar al peque a dormir y, como además estaba muy revolucionado, tardó bastante en hacerlo. Sergi y yo habíamos organizado una de nuestras citas nocturnas en las que preparamos juntos la cena, a veces nos tomamos un vinito, nos damos una alegría al cuerpo y ya, si nos apetece, nos ponemos un capítulo de la serie que estemos compartiendo (¡esto siempre es lo último!). Estos momentos me cambian la energía por completo (poco se habla de la capacidad que tiene el goce para regularnos y devolvernos la salud) y además son fundamentales para alinearnos y conectarnos como pareja, para sacudirnos el día a día y la rutina.

Pero esa noche las cosas no salieron como queríamos y cuando Sergi consiguió dormir a Noah era tardísimo y yo estaba ya haciendo la cena con el runrún: «Qué tarde vamos a cenar», «No nos va a dar tiempo a ver una serie», «Con lo que me apetecía este rato», bla, bla, bla. Sergi me pilló cortando cebolla, se colocó detrás de mí, me abrazó y me besó. Mi cuerpo respondió con gusto al contacto, pero mi mente... erre que erre. Como soy muy consciente de que, a veces, tenemos que hacer un desplante directo a nuestros automatismos, me dejé llevar. Estaba disfrutando de sus caricias. Pero entonces apareció la siguiente idea: «Estoy cortando cebolla, así que me van a oler las manos a cebolla». Y esa idea me generaba rigidez. Se lo dije y me respondió: «Me da igual, lávate las manos y ya está, ¿no?».

Tenía dos opciones: cortarme el rollo a mí misma cuando a mi cuerpo le apetecía ese rato de goce o dejarme llevar, aunque no fuera en las condiciones que considero óptimas. ¡Elegí la segunda opción, y después me sentí ligera, libre de bucles mentales, alegre y con ganas de seguir con el plan aunque fuera tarde!

Nunca me arrepiento de haber elegido el placer (debería recordármelo más). ¡El sexo también puede ser sanador! Y cuando lo elijo (el placer, en general), refuerzo seguir eligiéndolo —siempre que sea posible, porque a veces no lo es— cuando los planes no salen como espero o cuando estoy siendo incoherente con mi escala de prioridades, incluso con mis necesidades. Cada vez que

EL SEXO D. C. (DESPUÉS DE LA CRIATURA)

elegimos bien estamos un paso más adelante en el camino hacia la recuperación del buen vivir.

Así que si necesitas huir de tu cotidianidad fantaseando con planes que te alejen de ella dentro de unas semanas o meses, en las próximas vacaciones o durante el fin de semana, te propongo que empieces a poner en práctica los desplantes radicales a tu sistema de creencias automáticas. Rétate, por lo menos, a hacer un desplante a la semana. Que un día, solo uno, dejes la lavadora y te sientes a descansar, que dejes la comida de mañana sin hacer por un rato de buen sexo, que te vayas de la oficina sin haber terminado el informe, que te tires al suelo un rato a jugar o apagues el móvil cuando entres en casa. ¡Un día! ¡Y a ver qué tal! Puede que después conectes con las consecuencias del no hacer, pero no te rindas, vuélvelo a intentar.

Y después de todo, si el sexo te gusta, voy a insistir en esta parte. Porque luego lo gozas y te sienta genial.

Es hora de que dejemos de pretender que todo esté hecho y colocado para ya luego disfrutar.

Follar con alegría

A la cama vamos con todo: la vergüenza, los tabúes, los miedos, la culpa, las creencias, la educastración *recibida, los debería, los no debería, las expectativas, el mito del amor romántico..., ¡con todo! ¡Como para disfrutar así! Tantas cosas metemos entre las sábanas que no hay manera de centrarse en el placer, simple y llanamente.*

El camino de vuelta pasa por identificar el equipaje que cargamos y nos dificulta el goce para vaciarlo poco

> a poco. Es imposible disfrutar con tanto peso. Así que no queda otra que desandar lo que nos ha traído hasta aquí para volver a abrazar el sexo ligeras.
> Porque hay que ser más suelta para gozar.
> Porque gozar es follar ligeras.
> Porque hay que quemar los debería.
> Porque toca desprendernos de tantos dramas para follar con alegría.

Aleja la culpa de tu sexualidad.

Porque donde hay culpa, no hay disfrute.
Aunque no te apetezca tener sexo.
Aunque quieras disfrutarlo a solas.
O ni eso.

Aunque tengas sueño.
Estés cansada.
O te duela la cabeza.
Porque sí, a las mujeres nos duele la cabeza de verdad.
No por no querer follar.

No sientas culpa por tus fantasías.
Ni por lo que te erotiza.
Ni por no querer poner eso en práctica.

No sientas culpa si dices que no, porque cada cual debe atender sus miedos.

EL SEXO D. C. (DESPUÉS DE LA CRIATURA)

Tampoco si dices que sí.

No te sientas culpable por desear.
Ni por seducir.
Ni por si son muchas o pocas personas.

Piensa qué harías si solo dependiera de ti.
Para qué te darías permiso.
Con qué placeres te deleitarías.

Y recuerda, siempre, que puedes desear un café, molerlo, calentarlo, prepararlo en tu mejor taza..., y cuando la tienes delante, decidir que ya no te apetece porque hace mucho calor.
Lo mismo con el sexo.

La culpa sexual, cuanto más lejos mejor.

EPÍLOGO

Vamos a ponérnoslo fácil

Octubre de 2024. Hace semanas que mi hijo me repite que trabajo mucho. Lo siento como un puñal. Intenté explicarle que estaba escribiendo un nuevo libro y que escribir es un sueño para mí, pero que también requiere esfuerzo. A él le parece bien si acabo pronto y ya puedo jugar o leerle, aunque sean libros míos de los que me toca saltar párrafos no aptos para su corta edad. Dice que quiere ser escritor, así que, en el fondo, no debe parecerle tan mal —¡eso me digo!—.

Acabo de enviar el manuscrito y estoy llorando a moco tendido mientras escucho la canción *Ay mamá* de Rigoberta Bandini. He recurrido a esta canción cada vez que me sentía atascada con el texto o me vencían las dudas. Hace unos días mi amiga Geraldine Leloutre, fotógrafa, directora creativa y madre, me hizo unas preguntas para desatascar unas dificultades creativas. Me preguntó, entre otras cosas, qué sentimiento principal pretendía que se llevara la lectora. «Permiso y tranquilidad. Que no eres rara, como creen muchas madres. Confianza en el proceso y ampliación de la mirada a la sexualidad propia. Consciencia de la maternidad (primeros años) como una etapa de nuestra sexualidad que, si te permites vivir respetando tus ritmos, supone una oportunidad para transformar tu vida sexual», fue mi respuesta. Transformarla a mejor, porque si a algo te empuja la maternidad, una y otra vez, es a la presencia y a la escucha del cuerpo. Y si hay algo que necesita cambiar urgentemente en nuestra manera de vivir la sexualidad si queremos vivirla en plenitud es, precisamente, la falta de presencia. Estamos habituadas a vivir huyendo.

«¿Y qué es lo que te da miedo de la obra? ¿Qué querrías esconder o que no se notara?». He aquí el fantasma junto al que he estado escribiendo durante meses. Y si he podido dejar de verlo, a ratos, ha sido gracias a tantos textos y reflexiones que escribí durante el posparto. Firmé este libro hace años, tras publicarse *Feminidad salvaje. Manifiesto de una sexualidad propia*, y desde el principio mi mayor miedo ha sido que resultara esencialista, heterocentrista o no acogedor de la diversidad de experiencias maternales que hay, al centrarme, sobre todo, en la experiencia maternal fisiológica (embarazo, parto y posparto). ¿Me da miedo porque, quizá, en parte lo es? ¿La maternidad no es, en una de sus versiones, una experiencia esencial que se moldea en cada contexto? ¿Tengo yo suficiente experiencia o suficientes referencias para hablar de maternidades no normativas estando dentro de la norma? No. Hay otras compañeras que lo han hecho (como María Llopis en su tremendo *Maternidades subversivas*) y otras que lo harán. Porque ya no hay quien calle la voz en alza de las madres.

Yo solo puedo poner al servicio mi experiencia personal y, sobre todo, la profesional, que gira en torno a las vivencias que he querido trasladar a estas páginas, intentando no dejar fuera ninguno de los planteamientos que me encuentro en consulta. Cosa que, también, ha sido misión imposible. ¡Y mira que he escrito un libro mucho más largo de lo que preveía!

Por otro lado, también me daba miedo decepcionar a quienes viven experiencias muy distintas de las que hablo menos o ni siquiera menciono. Empecé el libro poniendo por delante mi intención de escribir para todas, pero pronto vi lo poco humilde de ese propósito, así que decidí escribir desde mí. Desde mí como madre y desde mí como profesional. Pero, a pesar de todas las cosas de las que sí he hablado, tan necesarias de visibilizar, me pesan, inevitablemente, todas a las que no he llegado. De muchas, ni siquiera seré consciente. Parece que continúo actuando bajo los hilos del mito de la *superwoman*, que con tanto ahínco critico. Pero es que ¿acaso puedo yo librarme del mandato? No puedo ser la voz de todas, pero todas las voces a las que pueda acceder serán parte de mí. He ahí mi compromiso.

He disfrutado, me he retorcido, he sufrido, he luchado y me he liberado con este libro. Ahora será un proyecto que quedará abierto a los aprendizajes, experiencias y referencias que están por llegar. Igual que la experiencia materna, la escritura sobre maternidad me ha mostrado que soy humana e imperfecta de una manera muy nítida. Menuda lección de humildad, la escritura. Y la maternidad.

Hace unos días, a través de Andrea Ros, me topé en Instagram con este maravilloso texto de Nicola Jane Hobbs:

> Cuando era niña, no conocí a ninguna mujer relajada. ¿Mujeres exitosas? Sí. ¿Mujeres productivas? Infinidad. ¿Mujeres ansiosas, asustadas y arrepentidas? Montones de ellas. Pero ¿mujeres relajadas? ¿Mujeres tranquilas? [...] ¿Mujeres que priorizan el descanso, el placer y el juego? ¿Mujeres que no tienen miedo de ocupar un espacio en el mundo? ¿Mujeres que se dan permiso incondicional para relajarse? ¿Sin culpa? ¿Sin disculpas? ¿Sin sentir que necesitan ganárselo? No estoy segura de haber conocido a una mujer así. Pero me gustaría convertirme en una.

Un resumen del lugar en el que las madres estamos: exigencia, falta de tiempo, agotamiento, culpa. «En consulta, veo a las madres ahogadas», dijo Paola Roig en otro capítulo de su pódcast. En este sistema, las madres habitamos un lugar donde difícilmente cabe el goce. Así que quizá, para acercarnos al buen vivir, debamos replantear nuestros objetivos y perseguir la tranquilidad, priorizar el descanso y promover el placer. Hacer menos. Llegar a menos. Pero estar y sentir un poco más. Salir de la rueda de vivir para trabajar para vivir. Es la única manera de que el follar (no falocéntrico ni normativo, sino amplio y gozoso) ocupe un lugar. Hablar de sexualidad y maternidad, al fin y al cabo, no es tan diferente de hablar de sexualidad sin más. ¿Casi cuatrocientas páginas para concluir esto? Entiéndeme: es que, al hablar de maternidades gozosas, estamos hablando de placer y, por tanto, caminando hacia el bienestar sexual ¡pero desde senderos desconocidos por el patriarcado, inexistentes en el Guion Sexual!

Con la maternidad, el contexto cambia, la perspectiva cambia, nuestras gafas cambian..., pero seguimos necesitando lo mismo: tranquilidad, descanso, placer..., ¡soltar! ¿Te preocupa tu vida sexual? ¡Persigue la tranquilidad! ¡Prioriza el placer! Si no puedes, ¿cómo pretendes gozar?

Insisto.

¿Para qué?

¿Para quién?

Las madres queremos disfrutar, ¡y este sistema, demasiadas veces, nos lo impide! Pero... ¡no lo dejemos de intentar! La vida va de gozar. Y yo de esto no me olvido. Mis mayores batallas a lo largo de mi experiencia maternal se han dado entre dos partes de mí: la Sonia de los *debería* y la Sonia de los *desearía*. Y aunque esta última no pueda ganar siempre, ya es un gran desplante al sistema que pueda escuchar su voz, primero, y atender sus reclamos de forma imperfecta, después.

Puede que el sexo pleno pase por abrazar la vulnerabilidad propia. También por saber acoger y mimar la ajena. Todo un reto. Puede que para disfrutar plenamente tengamos que entregarnos a lo desconocido. Navegar la incertidumbre. Explorar sin mapas. Puede que para gozar tengamos que soltarnos la melena y, con ella, también el control.

El sexo, en esencia, tiene la capacidad de despojarnos de algunas máscaras. O de mostrarnos otras tantas, quizá. Pero el sexo gozoso, en el fondo, nos conecta con nuestro yo más blandito. Más *atravesable*, ¿no? A la vez, la paradoja de regalarnos al mismo tiempo un enorme poderío.

Pero en este sistema, ser vulnerables nos pone en peligro. A unas nos expone al peligro, a la violencia, al dolor. Basta echar un vistazo a los medios en los últimos tiempos. A otros, a la fragilidad, a la burla, al quiebre de la masculinidad hegemónica. Esperamos este movimiento como agua de mayo.

«Si te gusta el sexo, que sea lo justo para ÉL», aprendimos nosotras. «Si no te gusta el sexo es que no eres un hombre. Follar. Follar. Y contar», les dijeron.

Nos enseñan a evitar la vulnerabilidad. A escondernos.

¿Cómo dejarnos atravesar por el goce con esa armadura puesta? La sexualidad es una frecuencia a través de la que nos llegan mensajes contradictorios. El mayor de los placeres. El más grande de los peligros. ¿Quizá tengamos que escuchar, sin miedo, las dos?

A través de la razón podemos afrontar y reparar la *educastración* heredada. Pero algo más antiguo y profundo se aloja en nuestro cerebro inconsciente. El susurro de la vergüenza, el miedo, la culpa.

Nos llevará toda la vida desmontar el mandato, pero se trata de modificar nuestra herencia transgeneracional.

Eso sí. Déjame decirte que hay un camino. Un camino tan incómodo, a veces, como emocionante otras tantas. Un camino tan poco sexy, a veces, como erótico otras. Un camino pesado, a veces, como divertido y apasionante otras.

En ese camino deberemos equiparnos con escucha, sostén, cuidado, mimo, comprensión, aliento. También nutrirnos de reconocimiento y motivación. Todas deberemos caminarlo para, a pesar de las dificultades o mandatos, reconocernos vulnerables, humildes, y darnos el permiso para, *a nuestra manera*, gozar.

La maternidad es una gran maestra, porque nos conecta desde el primer minuto con nuestra más profunda vulnerabilidad. Uf. Cómo me gustaría volver, en ocasiones, a esos momentos de piel con piel, al abrazo gozoso del porteo, al placer del olor de un lactante. Y cómo cambia el día cuando sumerjo mi nariz en su cuellito de niño o acaricio su pelo al dormir. Qué distinto se ve el mundo cuando te invade la ternura, cuando se impone la presencia, cuando te inunda el orgullo y la admiración por estos pequeños seres. Pero también por nuestras parejas, cuando formamos un equipo. ¡Cómo une y acerca fascinarnos juntas y caminar a la par! A veces siento que desear a mi pareja es inevitable, ¡es que la admiro!, ¡es que su función como padre y compañero es espectacular! ¿Tu pareja te dice que quiere resultarte sexy? ¡Que asuma responsabilidades!

La maternidad nos pone blanditas y, con consciencia y algo de privilegio (no olvidemos esto último), deberemos vencer el impulso automático de colocarnos demasiado rápido esa armadura que nos permite sobrevivir disociadas, pero que luego nos impide gozar.

Ojalá todas pudiéramos vivir la maternidad sin armaduras.

Ojalá todas pudiéramos vivir el cuerpo como un lugar seguro.

No lo olvides.

Si te abres a la experiencia, la maternidad es una oportunidad de oro para revolucionarte, para transformar tu sexualidad.

Para gozar.